Monika Specht-Tomann / Andreas Sandner-Kiesling

Schmerz

Monika Specht-Tomann /
Andreas Sandner-Kiesling

Schmerz

Wie können wir damit umgehen?

Walter

Für Bärbel und Werner

Bibliografische Information der Deutschen Bibliothek
Die Deutsche Bibliothek verzeichnet diese Publikation in der Deutschen Nationalbibliografie; detaillierte bibliografische Daten sind im Internet unter http://dnb.ddb.de abrufbar.

Druck und Bindung: Clausen & Bosse, Leck
ISBN 3-530-40171-4
www.patmos.de

Inhalt

Vorwort

Chronische Schmerzen verändern Menschen, oft so stark, dass sie selbst von ihren Angehörigen nicht mehr wieder erkannt werden. Sich mit diesen gepeinigten Patienten auseinander zu setzen wird für die begleitenden Therapeuten – unabhängig von ihrer Profession – zu einer großen Herausforderung. Für Angehörige und Freunde sowie für das gesamte soziale Umfeld eines Patienten ist der Umgang mit einem unter chronischen Schmerzen leidenden Menschen eine enorme Belastung. Diese Belastung kann dazu führen, dass der Betroffene neben seinem körperlichen Leid noch weiteres »psychosoziales« Leid erfährt, was in Folge seinen Schmerz noch weiter verstärkt.

In den letzten zehn bis fünfzehn Jahren hat sich unser Grundverständnis von Schmerz stark gewandelt. Chronische Schmerzzustände werden als eigenes Krankheitsbild angesehen. Ergebnisse intensiver Forschungstätigkeit und Erfahrungen aus der Begleitung schwer kranker und sterbender Menschen in Hospiz- und Palliativeinrichtungen führten zu einem neuen Schmerzverständnis und einer neuen Sichtweise der Schmerzkontrolle. Spezialisten unterschiedlichster Fachgebiete wenden sich nun verstärkt dem Thema Schmerzbehandlung zu.

Schmerz ist eine Befindlichkeitsstörung und veranlasst die Betroffenen häufig, den Arzt aufzusuchen. Die Therapie von Schmerzen gehört damit zu den Kernaufgaben und zum Selbstverständnis eines jeden Arztes, für den es kaum etwas Befriedigenderes gibt, als die Entspannung und das Glücksgefühl im Gesicht eines erfolgreich therapierten Schmerzgepeinigten zu sehen. Doch der Weg zu einer effizienten Schmerztherapie ist oft mühsam und verlangt neben großem medizinischen Wissen und hoher sozialer Kompetenz auch umfassende Kenntnis jener Faktoren, die das Schmerzerleben mit beeinflussen, beispielsweise die Trauer. Trauer ist eine natürliche Reaktion des Menschen auf Abschied und Tod. Trauer ist auch Schmerz und Leid – eben psychischer Schmerz und psychisches Leid. Das Wissen um die Prozesse und Abläufe in der »Trauerarbeit« sollte heute ebenfalls zum selbstverständlichen Standard in der professionellen Begleitung gehören.

Beide Autoren dieses Buches kommen aus Berufsfeldern, in denen Schmerz eine wichtige Rolle spielt: als Arzt und Schmerztherapeut sowie als Psychologin und Physiotherapeutin beschäftigten sie sich seit vielen Jahren mit diesem Thema. Begleitung und Therapie schmerzkranker Patienten sowie betroffener Angehöriger zeigte beiden, dass sehr oft unbewältigte Trauer wesentlich dazu beiträgt, dass der Schmerz chronifiziert und die Therapie damit zunehmend schwieriger bzw. ineffizienter wird. Dieses Wissen um die im Schmerzpatienten ablaufenden Trauerprozesse schafft oft erst jene Basis, von der aus ein moderner und effizienter Schmerztherapieansatz möglich wird.

Es ist uns ein Anliegen, wissenschaftliche Erkenntnisse aus dem Bereich der Schmerz- und Trauerforschung sowie konkrete Erfahrungen aus der Begleitung von Schmerzpatienten möglichst vielen Menschen zugänglich zu machen. Nach dem Motto »Aus der Praxis für die Praxis« sollen Beispiele aus der Behandlung und Beratung von Schmerzpatienten die theoretischen Ausführungen praxisnah beleuchten (alle Namen in den Fallbeispielen wurden geändert).

Als Einstieg haben wir den Text eines Betroffenen – Martin Krusche – gewählt. Er spiegelt die Welt und das Innenleben eines Schmerzpatienten wider und verweist in deutlicher Sprache auf die gesamte Problematik rund um einen Schmerzpatienten – angefangen von körperlichen Qualen bis hin zu dem Gefühl der Ausgrenzung.

Mit einem kurzen Einblick in Leben und Werk einer großen Therapeutin – Miriam Goldberg – schließen wir das Buch ab. Viele Schmerzpatienten, auch Martin Krusche, haben durch die Begegnung mit ihr einen neuen Zugang zu ihrer Schmerzsituation entdeckt und Linderung erfahren. Miriam Goldberg, selbst eine

Schmerzgeprüfte, konnte in ihrer Bedeutung als begleitende Therapeutin nur dadurch wachsen, dass sie sich auf ihre eigene Schmerzgeschichte ganz bewusst und aktiv einließ. Dadurch hat sie nicht nur durch ihre besonderen therapeutischen Fähigkeiten zahlreichen Schmerzpatienten geholfen, sondern wurde vielen zum Vorbild auf ihrer Suche nach einem sehr persönlichen Umgang mit Schmerzen und einem Weg aus dem Leid.

Monika Specht-Tomann
Andreas Sandner-Kiesling

Anstelle einer Einleitung: *Schmerz*

von Martin Krusche

Der Autor des nachfolgenden Textes, Martin Krusche, Jahrgang 1956, wurde vor Jahren mit seinem Motorrad beim Abbiegen auf einer Landstraße von einem nachfolgenden LKW »übersehen« und überfahren. Ein LKW-Rad kam auf seiner rechten Körperhälfte zum Stehen: *»Das war das ›Ding‹. Und von da an sind Dinge passiert – das hat alles übertroffen, was ich mir je hätte vorstellen können …«*

Martin verbrachte viele Monate in klinischen Einrichtungen: Intensivstation, Chirurgie, Rehabilitationszentren. Sein Weg zurück ins Leben war von zahlreichen körperlichen und seelischen Schmerzzuständen geprägt. Neben den intensiven Bemühungen, wieder sitzen, gehen – einfach wieder »funktionieren« zu können, setzte er sich auch gedanklich intensiv mit dem Thema Schmerz auseinander. Daraus entstanden verschiedene Texte, die in ihrer Härte und Schärfe zwar verstören und irritieren mögen, aber einen ungeschönten Blick in die Welt Schmerzgeplagter ermöglichen und helfen können, ihre Situation besser zu verstehen.

Leben. Und dass es Sinn macht. Steht das außer Diskussion? Ich hoffe es.

Die Annahme, was ein »würdiges Leben«, ein »lebenswürdiger Zustand« sei, wird meist mit dem Grad und der Verlässlichkeit von Schmerzfreiheit verknüpft. Schmerzfreiheit im Sinne eines Wohlbefindens, das in einer langfristigen Balance bleibt. Wer aus solchen Ideen heraus Schmerzen kennen lernt, die einen überwältigen, einem die Sinne rauben, verliert sehr leicht alles, was davor als sicherer Boden vertraut war, für Momente, für länger, manche für immer.

Das behaupte ich aus einer Erfahrung und einer Erinnerung heraus. Für Stunden, Tage – was weiß ich! – ist ein Grauen über mich hereingebrochen, welches diese Balance mit einer Wucht zerschlagen hat, von der ich mir davor noch keine Vorstellung gemacht hatte. Ich erinnere mich an peinigende Angst, unerträgliche Schmerzen und einiges mehr, was mir nicht fassbar erscheint. Ich bangte darum, diese Balance, meine Leiblichkeit, die Schmerzfreiheit, die Freiheit vom Schrecken, kurz mein Leben zurückzubekommen – oder was ich bis dahin für mein Leben hielt.

Über Schmerz zu reden, der uns erträglich ist, dessen Dimension und Ende uns absehbar erscheinen, erschöpft sich bald. Aber wie sieht es mit dem anderen Extrem aus? Auf welche Übereinkünfte dürfen sich Menschen berufen, die kurz- oder langfristig außergewöhnlichen Schmerzen ausgesetzt sind? Mich interessiert aus eigener Betroffenheit besonders jene Dimension der Schmerzerfahrung, die einen in der vertrauten Welt an einen anderen Platz rückt, also ver-rückt. Mich interessieren die Konsequenzen von Vorfällen, die an Positionen heranführen, hinter die man nicht mehr zurückgehen kann.

Aber wie soll man etwas fassen, das sich auf tausenderlei Arten zutragen kann und das in seinen Konsequenzen noch mehr Varianten kennt? Ich habe einen Begriff gewählt, der es mir erlaubt, mich mit anderen Menschen über die Folgen jenes Schreckens zu verständigen, der einen dort erschüttert, wo Worte nichts gelten: die Überwältigung. Egal was geschehen ist, wie es geschehen ist und an wem es geschehen ist: Wenn man in diese Zone geworfen wird, wo vorherige Vorstellungen ebenso versagen wie die eigene oder fremde Kraft, das Geschehene – die Peinigung, die Zerschlagung, das, was einen auszulöschen droht – abzuwenden, vollzieht sich die Überwältigung. Vielleicht in einem Vorfall von wenigen Augenblicken oder einigen Minuten. Vielleicht in einem Prozess, der sich Jahre nahm. Völlig egal!

In der Überwältigung ist jeder Außenstehende auf eine bestimmte Art erhaben und sollte sich dieser »Vormacht« bewusst sein. Man kann von dort »draußen« nicht zu den Überwältigten hingehen, sondern muss überlegen, was man dazu beitragen kann, ihnen den Rückweg in eine Konsens-Realität zu erleichtern. Denn das trennt vor allem die radikalen Schmerzopfer von den Schmerzfreien: Man bewohnt keine gemeinsame Realität mehr.

Mein Weg durch die Überwältigung hat, bildlich gesprochen, in einem Aufenthalt auf einem fremden, kalten, feindseligen Planeten gegipfelt. Der Rückweg von dort ist bis heute nicht abgeschlossen – ich bin nun bald eineinhalb Jahrzehnte unterwegs. Es bleibt diese Trennlinie, über die von beiden Seiten her so viel herauszufinden ist.

Was bedeutet es, wenn in körperliche und seelische Ganzheit eine Schneise geschlagen wird? Es vollzieht sich eine Transformation, der eine Entfremdung folgt. Die erste Entfremdung besteht darin, dass man nie mehr der sein wird, der man davor gewesen ist. Die Radikalität dieser Überwältigung durchdringt Betroffene vollkommen. Die zweite Entfremdung ist der Riss zwischen jenen Menschen, die auf solche Art transformiert wurden, und jenen, die das nicht kennen. Er tut sich besonders zu denen hin auf, die einem nahe und wichtig sind. Man verliert die alten Bindungen. Man ist nicht mehr so, wie man früher in ihren Herzen war. Die Angehörigen ahnen das Geschehen und wehren es meist ab.

Die meisten unter uns tendieren dazu, sich nach einer »Normalität« zu sehnen, in der man unter guten Bedingungen sein Leben bewältigen kann. Manche von uns werden dem entrissen und verlieren diese günstigen Bedingungen. Schmerz ist die leibliche Begleitmusik solchen Unglücks. Normalität ist ein kulturelles Gut, Wandlungen unterzogen und auch verhandelbar. Normalität ist bloß eine Annahme darüber, was und wie unser Leben sei. Eines steht allerdings fest: Das Leben ist auf beiden Seiten der hier angedeuteten Trennlinie!

Teil 1
Schmerzen verstehen

Was ist Schmerz? Erklärungsmodelle

Das Wort Schmerz ist in unserem Sprachgebrauch fest verankert. Kinder, Jugendliche, Erwachsene, alte Menschen – sie alle kennen nicht nur den Begriff Schmerz, sie verbinden damit auch alle ganz bestimmte Erfahrungen und Empfindungen. Schmerzen sind in gewissem Sinne Lebensbegleiter. Wissenschaftler, Philosophen, Künstler, Dichter – sie alle haben in der ein oder andern Form versucht, sich dem Phänomen Schmerz anzunähern. Siegfried Lenz beispielsweise schreibt:

> *Jeder kennt seine Wirkung, jeder weiß, wozu er uns bringen kann. Wir schreien, wimmern und weinen vor Schmerz, wir stöhnen und ächzen, jammern und klagen, zittern und beben, der Schmerz verschlägt uns die Sprache und lässt uns tanzen, er lässt uns hadern und zerreißt uns, er entstellt uns und – verklärt uns mitunter.*
>
> *(Lenz, 2000, S. 10f.)*

Das Thema Schmerz hat Menschen zu allen Zeiten bewegt, beschäftigt und letztlich auch fasziniert. Zum einen liegt der Grund in der zentralen Bedeutung, die der Schmerz in seiner Warn- und Schutzfunktion für das Überleben und Weiterleben des Einzelnen und der Menschheit hat. Zum anderen steckt im Schmerzerleben eine Intensität, die außergewöhnliche Kräfte freisetzen kann. Schmerz hat in der Welt der Philosophie, Religion und Kunst ebenso seinen Platz wie in den Naturwissenschaften. Der Schmerz wird auch als so genanntes »Elementarphänomen« bezeichnet und zählt zu den großen Menschheitsfragen.

Ein Blick zurück in die Geschichte macht dies deutlich.

Schmerz gestern und heute

Die Auffassungen darüber, was denn nun Schmerz ist, wie und warum er entsteht und wie er zu behandeln ist, haben sich im Laufe der Jahrhunderte verändert. Ein wesentlicher Schlüssel zum Verständnis von Schmerzzuständen lag in vielen Kulturen in der Mythologie. Im alten Ägypten beispielsweise wurden Schmerzen als Strafe für die Beleidigung der Götter angesehen. Auch bei den Griechen gab es eine enge Verflechtung zwischen religiösen Vorstellungen und Interpretationen von Schmerz. Man kann darin Versuche sehen, das Unerklärliche und Unfassbare von Schmerz und Leiden begreifbar zu machen. Gleichzeitig wurden Handlungsmöglichkeiten aufgezeigt, den Schmerz abzuwenden, aufzulösen, zu beseitigen. Gebete, Opfergaben oder rituelle Waschungen waren ebenso üblich wie Zauberhandlungen zur Linderung körperlicher Beschwerden. In den antiken Hochkulturen – etwa in Mesopotamien, Ägypten oder China – waren es in erster Linie so genannte Priesterärzte, die als vermittelnde Instanz zwischen den Schmerzgeplagten und den strafenden Göttern standen. Diese Vermittler können als die ersten Schmerztherapeuten gelten. Sie genossen hohes Ansehen und großen sozialen Einfluss.

Neben dem Verständnis von Schmerz als Götterzeichen, Strafe und Fluch werden jedoch bereits in Homers Ilias (ca. 700 v. Chr.) Schmerzen als die »bellenden Hunde der Gesundheit« bezeichnet. Das Aufkeimen rationaler Denkansätze im alten Griechenland wirkte sich nach und nach auch auf die Schmerztheorien aus. Von Aristoteles bis Platon haben sich alle großen Denker Griechenlands mit dem Phänomen Schmerz befasst. Besonders den Arbeiten von Hippokrates (460–370 v. Chr.), der auch als »Vater der Medizin« gilt, ist es zu verdanken, dass Krankheits- und Schmerzzustände von magisch-religiös begründeten Vorstellungen getrennt wurden. Die Wiege der »Entmystifizierung« des Schmerzes liegt also im alten Griechenland.

Das zunehmende Wissen über Anatomie, Physiologie und Pathologie, das auch in alten römischen Schriften deutlich wird, erweiterte Schritt für Schritt die Schmerztheorien. Auf den Säulen der Chirurgie, Pharmazeutik und Diätetik wurden erste kausale Schmerztherapien entwickelt. Hier sei der römische Arzt Galen (3–64 n. Chr.) genannt, der neben Hippokrates zu den bedeutendsten Ärzten der Antike zählt. Als Arzt der Gladiatoren widmete er sich besonders der Linderung von Schmerzen.

Der Weg hin zu einem modernen Schmerzverständnis war jedoch noch lange nicht geebnet. In der frühchristlichen Leidenslehre wurden die Erkenntnisse der Griechen und Römer nicht anerkannt und als »heidnisch« abgelehnt. Leiden und Schmerz wurden im frühen Christentum als persönlicher Weg betrachtet, Schuld und Sünde zu überwinden und Erlösung zu finden. Dabei spielte die Passion Christi eine entscheidende Rolle. Alle Bemühungen, Schmerzen zu lindern, wurden als Versuche angesehen, sich dem gottgewollten Leiden zu entziehen. Für Thomas von Aquin (1224–1274) beispielsweise, den als Kirchenlehrer berühmt gewordenen Theologen und Philosophen, ist der Schmerz eine Eigenschaft der Seele, so wie die Freude. Beide »passiones« seien durch die Kraft des menschlichen Willens zu beherrschen. Er verweist eindringlich darauf, dass der Genuss in der »Beschauung göttlicher Dinge« eine Möglichkeit sei, Schmerzen zu ertragen.

Religiöse Dogmen bestimmten auch das Schmerzverständnis im Mittelalter. Selbst Paracelsus (1493–1541), ein wichtiger Vorreiter einer naturwissenschaftlich orientierten Krankheits- und Therapielehre, sah im Schmerz einen gottgewollten Zustand. Die Vorstellung von Schmerz als Strafe Gottes, von Schmerz als »Sündenkrankheit« und Erdulden als »Linderung« oder »Läuterung« brachte den Menschen noch weit bis ins 17. Jahrhundert viel Leid. So war der Einsatz von schmerzstillenden Mitteln lange Zeit von der Kirche verboten und alle, die Schmerzen lindern konnten, kamen in den Verdacht, mit dem Teufel im Bunde zu sein.

Erst die philosophischen Strömungen der Neuzeit (»cartesianischer Dualismus«) und die Befreiung der Wissenschaft von religiösen Dogmen (»Aufklärung«) machten eine Neubewertung des Phänomens Schmerz möglich und leiteten die Schmerzforschung im engeren Sinne ein. Schmerz wird seither als Alarmsignal körperlicher oder seelischer Fehlfunktionen verstanden. Ausgangspunkt der modernen Wissenschaft rund um den Schmerz waren die Arbeiten des Nobelpreisträgers Sherington (1857–1952), in denen der Schmerz als integraler Bestandteil des zentralen Nervensystems angesehen wurde.

Schmerz – Mechanismen und Modelle

Wir wissen alle, was es heißt, Schmerzen zu haben. Aber wissen wir auch, was Schmerz eigentlich ist?

- Schmerz ist, wenn es weh tut – sagt der Volksmund.
- Schmerz ist eine nach Intensität und Qualität reich abgestufte Skala von körperlichen Empfindungen, die alle mit starken Unlustgefühlen verbunden sind und durch äußere Reize oder krankhafte Vorgänge ausgelöst werden – sagt das Lexikon.
- Schmerz ist ein unangenehmes Sinnes- und Gefühlserlebnis, das mit aktueller oder potenzieller Gewebeschädigung verknüpft ist oder mit Begriffen einer solchen Schädigung beschrieben wird – so die Definition der Internationalen Schmerzgesellschaft (IASP).

Diese und andere Definitionsversuche machen vor allem zwei Dinge deutlich: Schmerzen sind erstens ein sehr *persönliches körperliches und/oder seelisches* Erlebnis. Schmerzen haben zweitens einen *Auslöser*. Dieser Auslöser muss nicht immer ein sensorisch oder physisch nachvollziehbarer Schaden sein. Auch die Erwartung eines Schadens – körperlich, seelisch oder sozial – kann zu einer Schmerzempfindung führen.

So selbstverständlich auf der einen Seite das Thema Schmerz im Lebensalltag verankert ist, so schwer zu fassen ist es auf der anderen Seite, wenn man sich den vielen Facetten dieses Themas zuwendet. Welche wissenschaftlichen Modelle gibt es, Schmerz zu verstehen? Wie ist es möglich, dass wir Schmerzen überhaupt empfinden können?

Schmerz wird überwiegend an der Körperoberfläche oder im Bereich eines inneren Organs durch verschiedene Reize ausgelöst. Diese Reize können Temperaturempfindungen sein, chemische Reize, Druck- oder Dehnungsreize. Im Bereich der Irritation werden Gewebshormone, so genannte Mediatoren freigesetzt, die die freiliegenden Nervenendigungen erregen. Fast überall in unserem Körper gibt es Nervenendigungen, die die Aufgabe haben, bei Schädigung Alarm zu schlagen. Man spricht auch von Schmerzrezeptoren (Rezeptoren = »Aufnehmer«), von Nozizeptoren (das lateinische Wort »noxa« bedeutet Schädigung). Bei einer Schädigung werden chemische Stoffe (Botenstoffe/Transmitter) freigesetzt und von diesen Schmerzrezeptoren aufgenommen.

Die Erregung eines Nervs wird als Schmerzinformation über eine Kette von Nervenzellen bis zum Rückenmark weitergeleitet, wo das erste Schmerzneuron endet. Der Schmerznerv schüttet dort weitere Schmerzüberträgersubstanzen (= Neurotransmitter) aus, die das zweite Schmerzneuron (tractus spinothalamicus: »TSA«) erregen. Dieses Neuron kreuzt von der einen Seite des Rückenmarks auf die andere Seite (»kontralateral«) und endet im Mittelhirn im Bereich des Thalamus und dem ihn umgebenden Gewebe. Vom Thalamus aus werden u. a. wichtige vegetative Reaktionen gesteuert. So verwundert es nicht, dass wir bei Schmerzen noch viele andere Körperreaktionen an uns bemerken können – etwa ein vermehrtes Schwitzen, Herzklopfen und damit ein Ansteigen des Blutdrucks oder rasches Atmen. Bevor wir uns der Empfindung Schmerz jedoch bewusst werden, muss das zweite Schmerzneuron im Bereich des Thalamus (dem »Tor zum Bewusstsein«) auf das dritte Schmerzneuron umgeschaltet werden.

Schmerzen werden uns also erst dann bewusst, wenn sie sich ihren Weg ins Gehirn gebahnt haben, wo alles verarbeitet und mit den vielen anderen Informationen, die das Gehirn zur Verfügung hat, verbunden wird. Hier entstehen Gefühle, die Schmerzen begleiten, hier werden feine Unterscheidungen in der Qualität der Schmerzen möglich, hier kommen Schmerzerinnerungen ins Spiel.

Den gesamten Prozess vom Schmerzreiz an der Haut oder

einem inneren Organ bis hin zum Bewusstwerden des Schmerzes durch das Ankommen des Signals in der Großhirnrinde nennt man Schmerzempfindung. Den Weg, den der Schmerzimpuls zurücklegt, bezeichnet man als Schmerzbahn. Die Schmerzbahnen bestehen aus unterschiedlichen Nervenfasern. Zum einen gibt es schnell leitende A-Delta-Fasern mit einer Leitgeschwindigkeit von ca. 20 m/s, zum anderen langsamer leitende C-Fasern mit einer Leitgeschwindigkeit von ca. 1 m/s, die den peripheren Nerven beigemischt sind. Abbildung 1 zeigt den Weg, den eine Schmerzinformation, die z. B. von zwei benachbarten Gelenksflächen ausgeht, zurücklegt.

Die verschiedenen Nervenverbindungen und »Verschaltungen« dienen dem Schutz unseres Körpers vor weit reichenden Schädigungen. Wichtig sind hier die so genannten Schutzreflexe. Stellen wir uns vor, ein Kind greift auf eine heiße Herdplatte: Schon im selben Augenblick, wenn es die Hitze an seiner kleinen Hand spürt,

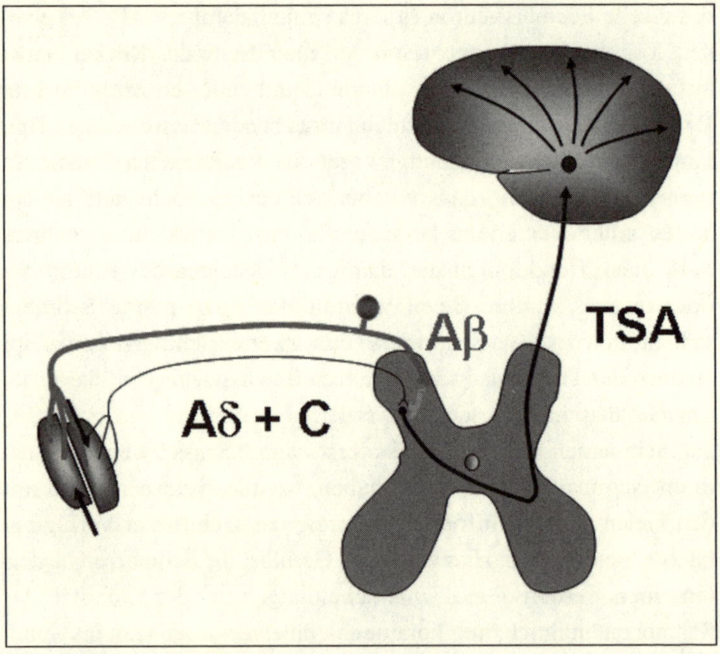

Abbildung 1: Die Schmerzbahn

wird es die Hand zurückziehen (»Wegziehreflex«). Hier hat die so genannte monosynaptische Schutzreaktion einen größeren Schaden verhindert. Noch bevor dem Kind bewusst wurde, dass die Herdplatte eingeschaltet ist und eine Gefahr für eine Verbrennung lauert, setzte der Schutzreflex ein. Monosynaptisch bedeutet, dass der Reiz über eine einzige (»mono«) Umschaltstelle im Rückenmark gleich als schädigender Reiz wahrgenommen und sofort in eine motorische Schutzreaktion umgeschaltet wird: Reizort und »Erfolgsorgan« (= Organ, das auf den Reiz reagiert) sind in diesem Fall identisch. Zu dieser Art von reflektorischen Schutzmechanismen gehören auch das Flucht-, Abwehr- und Angriffsverhalten als Reaktion auf vitale Bedrohung oder potenziell weit reichende Schädigung.

Sind Reizort und Erfolgsorgan verschieden, spricht man von polysynaptischen Schutzreflexen (= Fremdreflexen). Jeder von uns hat schon einmal erlebt, wie sich sein Augenlid reflexartig schließt, wenn beispielsweise der Wind Sand ins Auge bläst. Das Berühren der Hornhaut des Auges (= cornea) durch den Sand führt zu einem Lidschluss, um das empfindliche Auge zu schützen. Dieser Korneal-Reflex ist ein typisches Beispiel für einen physiologischen, polysynaptischen Schutzreflex. Bei diesen Reflexen sind viele (»poly«) Nerven und Umschaltstellen (»Synapsen«) beteiligt. Sie laufen unter Einbeziehung der Großhirnrinde und sind dadurch auch stärker durch höhere Hirnfunktionen modifizierbar: Das bedeutet konkret, dass sie erlernbar und durch Lernen veränderbar sind. Diese Art von Schutzreflexen spielt bei allen Anpassungsprozessen des Menschen an seine Umwelt und die damit verbundenen Gefahrenquellen eine wesentliche Rolle. In Form gelernten Schmerzvermeidungsverhaltens treten sie auch als Schadensfrühwarnsystem in Kraft. Darüber hinaus stellen sie einen wichtigen Ansatzpunkt in der Schmerztherapie dar (vgl. Teil 3) und erklären, warum beispielsweise verhaltens- oder gesprächstherapeutische Interventionen wirksam sein können.

Neben diesen Schutzreaktionen gibt es noch ein weiteres wichtiges System, das bei Schmerzen wirksam wird: Nachdem ein

Schmerzreiz im Großhirn angekommen ist, wird dem Menschen bewusst, dass er Schmerzen hat, und er kann bestimmte Abwehrhandlungen unternehmen. Gleichzeitig wird vom Groß- und Mittelhirn über den Thalamusbereich in Richtung Rückenmark ein schmerzlinderndes System aktiviert, die so genannte absteigende Schmerzbahn. Diese Bahn hat eine schmerzhemmende Wirkung. Nachdem sie mehrere Zentren im Mittelhirn und Hirnstamm durchlaufen hat, endet sie in jenem Bereich des Rückenmarks, den man als Hinterhorn bezeichnet. Hier werden die von der Haut hereinkommenden Schmerzreize in ihrer Weiterleitungsfrequenz reduziert. Dadurch werden weniger Schmerzimpulse weitergeleitet und die Betroffenen empfinden weniger Schmerzen. Diese absteigende Schmerzbahn wird durch die körpereigenen Opiatsysteme – das sind die Endorphine, Enkephaline und Dynorphine – aktiviert. Mit anderen Worten: Der Körper hat die Möglichkeit, bis zu einem gewissen Grad die Schmerzen selbst zu lindern. Diese Endorphine (oder endogene Morphine) entstehen aus Vorläuferproteinen, die in der Hypophyse oder in den Blutkörperchen gespalten werden.

Die bisher dargestellten Schmerzmechanismen und Reaktionen entsprechen dem »Reiz-Reaktions-Modell«, das die Spur des Schmerz auslösenden Reizes beschreibt und die durch den Reiz ausgelösten Schutzreaktionen des Körpers erklärt. Ein anderes Modell, das für die Schmerztherapie besonders bedeutsam wurde, ist die Gate-Control-Theorie, das so genannte Torwächtermodell. Auch wenn diese Theorie heute in vielen Teilen überholt ist, löste sie doch einen gewaltigen Umdenkprozess und den Beginn der Schmerzforschung im engeren Sinne aus.

Der aus Kanada stammende Psychologe Ronald Melzack und der aus London gebürtige Elektrophysiologe Patrick Wall stellten 1965 erstmals die Gate-Control-Theorie vor. Im Zentrum ihrer Überlegungen stand die Tatsache, dass sehr viele Informationen aus unserem Körper über das Rückenmark zu zentralen Verarbeitungszentren im Gehirn gelangen müssen – nicht nur Informationen über Schmerz. Der Zugang zum Zentrum – das »Tor« – ist aber schmal und so können nicht immer alle Informationen auf einmal hindurch.

Abbildung 2: Die Gate-Control-Theorie (aus: Husebö, 1999, S. 32)

Die Flut der Schmerzimpulse kann also durch andere Eindrücke – etwa durch die rasch weiter geleiteten Berührungsempfindungen – zurückgedämmt werden.

Das Modell besticht durch seine gedankliche Einfachheit. Doch gerade das stimmt heute leider nicht mehr, wie die neuesten Forschungsergebnisse gezeigt haben. Trotzdem wird es nicht zuletzt aufgrund seiner Einfachheit nach wie vor sehr gern zur Erklärung von Schmerzentstehung und Schmerzhemmung verwendet.

Die beschriebenen Schmerzmodelle beziehen sich in erster Linie auf den klassischen Schmerz, den man auch als akuten somatischen Schmerz bezeichnet. Darüber hinaus gibt es noch weitere Schmerztypen, die sich anhand dieser Modelle nicht so einfach erklären lassen und die auch einen anderen schmerztherapeutischen Ansatz verlangen. Somatisch ausgerichtete Schmerzmodelle reichen in aller Regel nicht aus, um dem komplexen Phänomen Schmerz angemessen zu begegnen.

In den letzten Jahren hat man sich in der Schmerzforschung

stärker dem biopsychosozialen Modell zugewandt und den Schmerz selbst als multidimensionales Syndrom beschrieben. Schmerzen sind mit einer Reihe von Veränderungen verbunden. Zunächst ist an verschiedene körperliche Zustände zu denken, die bei Schmerzen auftreten, wie Herzklopfen, veränderte Atmung, Schweißausbruch, gesteigerte Pulsfrequenz oder erhöhte Muskelanspannung. Aber nicht nur der Körper ist in Alarmbereitschaft versetzt, auch die Gefühlswelt reagiert, Gedanken schießen durch den Kopf und bestimmte Verhaltensweisen werden ausprobiert, um den Schmerz zu lindern. Diese Beobachtungen haben dazu geführt, die verschiedenen Schmerzaspekte – sensorischen, emotionalen, kognitiven und verhaltensbezogenen Aspekte des Phänomens Schmerz – sowohl einzeln als auch in ihrem Zusammenwirken näher zu erforschen (vgl. Abb. 3). Dabei werden folgende Bereiche genauer berücksichtigt:

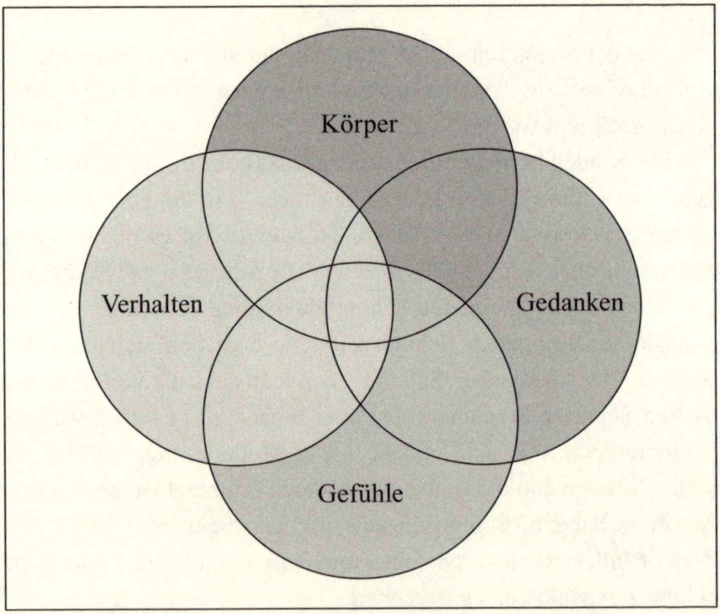

Abbildung 3: Das Zusammenspiel einzelner Schmerzaspekte

- **Sensorischer Aspekt:** Unterscheidungsmöglichkeit nach Charakter, Dauer, Intensität und Ort des Schmerzes.
- **Emotionaler Aspekt:** Begleitende Gefühle der Angst, Niedergeschlagenheit, Hilflosigkeit, Traurigkeit, Ärger und Gefühlsqualitäten wie unangenehm u. a.
- **Kognitiver Aspekt:** Bewertung der Situation, Erwartungen, Gedankenverbindungen, Erinnerungen, Katastrophisierung, Mythenbildung u. a.
- **Verhaltensbezogener Aspekt:** Handlungen, sprachliches und nichtsprachliches Ausdrucksverhalten, Medikamentengebrauch, Arzt- und Therapiewahl u. a.

Die Forschungsergebnisse der unterschiedlichen Fachdisziplinen (Medizin, Biologie, Psychologie, Sozialwissenschaften) erweitern nicht nur das Wissen über den Schmerz, sondern öffnen auch neue Wege in der Schmerztherapie.

Der Schmerz hat viele Gesichter: die verschiedenen Schmerztypen

Es gibt viele verschiedene Schmerzzustände, die Menschen klagen lassen. Um welche Art von Schmerzen es sich dabei handelt, ist für eine zielgerichtete Schmerzbehandlung von großer Bedeutung. Grundsätzlich ist zwischen den akuten und den chronischen Schmerzen zu unterscheiden.

Akute Schmerzen

Jeder von uns kennt akute Schmerzen:

- Wir rutschen mit dem Messer ab und schneiden uns – ein akuter Schmerz fährt in den Finger!
- Wir wachen morgens auf und spüren ein Pochen und Klopfen im Oberkiefer – akute Zahnschmerzen!
- Wir gehen spazieren, rutschen auf dem nassen Feldweg aus und stürzen – akute Schmerzen im Steiß lassen uns aufstöhnen.

Akute Schmerzen sind die Folge von Verletzungen oder von spezifischen Schädigungen. Sie begleiten bestimmte Krankheiten oder Prozesse, die an sich noch nicht pathologisch sind (z.B. Geburtsschmerz, Wachstumsschmerz). Nach einer gewissen Zeit und mit entsprechenden therapeutischen Maßnahmen verschwinden akute Schmerzen wieder. Akute Schmerzen sind wichtige Weggefährten. Sie entstehen immer dann, wenn wir durch innere oder äußere Einwirkungen gefährdet sind.

Ein typisches Beispiel für den akuten Schmerz ist auch der postoperative Schmerz. Für jeden ist nachvollziehbar, dass nach einer Operation auf Grund des Gewebeschadens Schmerzen auftreten. Diese Schmerzen haben eine Warnfunktion. Der Betroffene betrachtet sie als positiv und akzeptiert sie. Mit diesem Schmerz kann der Patient gut umgehen. Sobald der Betroffene eine falsche Bewegung macht, steigt der Schmerz und signalisiert dem Patienten warnend, dass er sich zurücknehmen und schonen muss. Hier hat der Schmerz eine physiologische, d.h. eine wichtige positive Bedeutung, er unterstützt den Heilungsprozess.

Hans N. wurde heute am Vormittag am rechten Knie operiert. Bei diesem Eingriff wurde ein Meniskus entfernt. Das operierte Knie schmerzt. Nachdem er postoperativ ein Schmerzmittel bekommen hat, ist der Schmerz erträglich. Hans weiß, dass er innerhalb von zwei Tagen deutlich weniger Schmerzen haben wird, und versucht, die Schmerzen in dieser Zeit zu »verschlafen«. Er weiß, warum er die Schmerzen hat, und kann sie akzeptieren. Sie hindern ihn, das frisch operierte Knie zu bewegen und sich durch eine falsche Bewegung weiteren Schaden zuzufügen. Er weiß auch, dass durch diesen Schmerz ein Heilungsprozess eingeleitet wurde, der ihm langfristig wieder eine schmerzfreie und völlig normale Bewegung erlauben wird.

Schmerz ist aber nicht immer nur ein Zeichen eines akuten Schadens. Schmerz kann auch das Zeichen oder der Wegbegleiter einer Veränderung sein.

Edith K., ein 12-jähriges Mädchen, klagt regelmäßig über Schmerzen in beiden Beinen. Die Schmerzen treten in der Nähe der Gelenke auf. Beunruhigt durch diesen regelmäßig auftretenden Schmerz besucht Edith mit ihrer Mutter den Kinderarzt. Der untersucht sie ausführlich und kann sie schließlich beruhigen. Er weist darauf hin, dass diese Schmerzen im Bereich der Wachstumszonen der Röhrenknochen auftreten. Sie sind ein Zeichen für ihren momentanen Wachstumsprozess. Edith muss damit rechnen, dass sie in den nächsten Monaten einige Zentimeter wachsen wird!

Beim akuten Schmerz treten typische vegetative Begleiterscheinungen auf, vor allem dann, wenn der Schmerz stark ist: der Betroffene schwitzt stark, dass Herz klopft oder rast, der Blutdruck steigt und die Atmung wird schneller (vgl. Tabelle 1).

Chronische Schmerzen

Im krassen Gegensatz zum akuten Schmerz steht der chronische Schmerz. Er hat seine normale, gesundheitsbegleitende, physiologische Bedeutung als Warnsignal verloren. Er wird vom Patienten als lästig, »nutzlos« und belastend betrachtet. Beim chronisch schmerzkranken Patienten hat die primär auslösende Ursache ihre Bedeutung eingebüßt. Ein besonders einprägsames Beispiel ist der so genannte Phantomschmerz, der nach Amputation einer Extremität oder Teilen davon auftritt. Patienten klagen dann über Schmerzen, die sie »eigentlich« gar nicht haben können, weil der entsprechende Körperteil nicht mehr vorhanden ist. Ein weiteres Beispiel wäre ein Bandscheibenvorfall und die in weiterer Folge auftretenden chronischen Rückenschmerzen.

Jens H., ein 42-jähriger Angestellter, leidet nach einem Bandscheibenvorfall seit vielen Monaten unter chronischen Rückenschmerzen. Als Herr H. den Schmerztherapeuten aufsucht, ist die Bandscheibe nicht mehr die Ursache der Schmerzen. Vielmehr kam es im Körper zu Umbauprozessen, die dazu führten, dass der Schmerz gleichsam »in sich selbst« erhalten blieb und zu einer eigenen Krankheit wurde. Herr H. ist ein chronischer Schmerzpatient. Die lang anhaltenden Schmerzen wirken sich sehr belastend auf seinen gesamten Lebensablauf aus. Er kann sich nicht mehr so bewegen, wie er es gewohnt ist, er kann beruflich seine Leistung nicht mehr erbringen, zieht sich am Arbeitsplatz zurück und ist dadurch oft existenziell gefährdet. Er zieht sich auch sozial immer mehr zurück. Er trifft sich nicht mehr mit seinen Freunden und wird für seine Mitmenschen »schwierig«, weshalb er gemieden wird.

Akuter Schmerz	Chronischer Schmerz
Schwitzen	Schlafstörungen
Tachykardie (= erhöhte Herzfrequenz)	Depression
Tachypnoe (= beschleunigte Atmung)	Anorexie (= Appetitlosigkeit)
Vasokonstriktion (= Engstellung der Gefäße)	Libidostörungen (= Störungen des Geschlechtstriebes)
Schlafstörungen	Obstipation (= Verstopfung)
Qual	Verlust an Lebensqualität
Gestörte Darmfunktion	Soziale Isolation
	Persönlichkeitsveränderung
	Arbeitslosigkeit
	Suizidgefahr

Tabelle 1: Begleitreaktionen auf Schmerz (aus: Zenz, Jurna, 2001, S. 566)

Bei chronischen Schmerzen treten auch massive körperliche und seelische Veränderungen auf, etwa Appetitlosigkeit, Verdauungsprobleme, Schlafstörungen, Lustlosigkeit oder Depression. In weiterer Folge können auch Selbstmordgedanken auftauchen und in letzter Konsequenz der durchgeführte Suizidversuch oder Suizid (vgl. Tabelle 1).

Wann ist ein Schmerz chronisch? Von chronischen Schmerzen spricht man bei einer Schmerzdauer von 3 bis 6 Monaten. Zum Bild der chronischen Schmerzen gehören auch jene Schmerzen, die nach Ausheilung einer Schädigung bestehen bleiben. Sie können sich bei lang anhaltenden schmerzhaften Erkrankungen entwickeln oder in

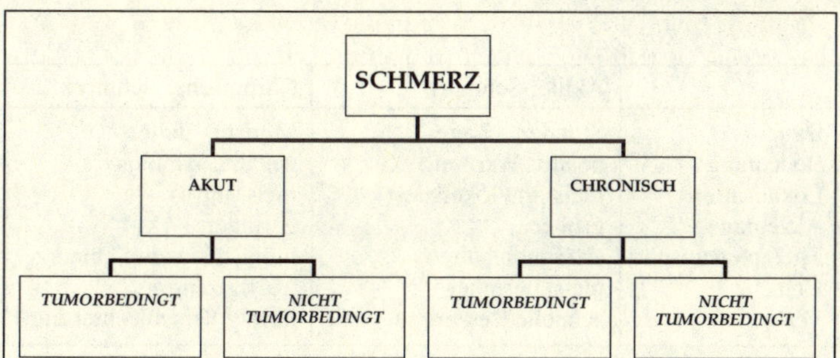

Abbildung 4: Grobeinteilung der Schmerzen

Situationen auftreten, in denen die Schmerzursache nicht (mehr) behandelt werden kann. Die Unterscheidungen der einem chronischen Schmerz zu Grunde liegenden Ursachen ist für die Wahl der Therapie wichtig (vgl. Teil 3).

In der Gruppe der chronischen Schmerzen unterscheidet man zwischen jenen Schmerzen, die durch einen Tumor (maligner Schmerz) bedingt sind, und Schmerzen, deren Ursachen nicht in einem Tumorgeschehen (nichtmaligner Schmerz) liegen, d.h. die Entstehung des Schmerzes wird hier auf die Existenz oder Nicht-Existenz eines Tumors bezogen. Die Art der Schmerzen kann jeweils einem der weiter unten beschriebenen Schmerztypen angehören. Bei Tumorschmerzen liegt oft eine Mischung aller Schmerztypen vor.

Wenn wir uns in unserem Bekannten- und Freundeskreis umsehen, werden wir sicher Menschen finden, die unter chronischen Schmerzen leiden. Oft handelt es sich um Personen, die an langwierigen Rückenschmerzen leiden, Bandscheibenprobleme haben (degenerative Wirbelsäulen- oder Bandscheibenerkrankungen) oder Abnutzungserscheinungen an den Gelenken (Arthrose, Arthritis). Manchmal sind es Menschen, die über Jahre von Kopfschmerzattacken geplagt werden oder in Folge ihrer Krebserkrankung Schmerzen haben, die zu ihrem Lebensalltag gehören.

Die Unterscheidung zwischen akuten und chronischen Schmerzen bezieht sich primär auf die zeitliche Dimension. Doch neben der Dauer lassen sich noch weitere Unterscheidungsmerkmale fest-

	Akuter Schmerz	Chronischer Schmerz
Dauer	Stunden – Tage	Monate – Jahre
Bedeutung	positiv, Warnung	negativ, »sinnlos«
Lokalisation	meist gut lokalisiert	meist diffus
Akzeptanz	größer	geringer
Therapiewunsch	erträglich halten	möglichst kein Schmerz
Ursache	meist peripher	häufig zentral
Verlauf	schnelle Besserung	häufig Verschlechterung

Tabelle 2: Unterschiede zwischen akutem und chronischem Schmerz (aus: Zenz, Jurna, 2001, S. 565)

halten, etwa der Grad der Lokalisierbarkeit, die Ursache, der Verlauf aber auch die Bedeutung und das Ausmaß an Akzeptanz beim Betroffenen (vgl. Tabelle 2).

Statistische Angaben

Der Statistik nach sind 17% der Deutschen, 21% der Österreicher und 16% der Schweizer im Laufe ihres Lebens von chronischen Schmerzen betroffen. Dabei klagen 18–30% über Rückenschmerzen allgemein, 15–16% über Kopfschmerzen bzw. über Knieschmerzen, 10–24% über »Kreuzschmerzen«, 8–14% über Schmerzen in den Beinen, 7–10% über Gelenksschmerzen allgemein, 7–9% über Schulter- oder Nackenschmerzen und 6–8% über Hüftschmerzen.

Bezogen auf die Schmerzursache sieht die Verteilung so aus: Die größte Schmerzgruppe ist mit 17–34% jene mit arthritischen Beschwerden. Bei weiteren 15–26% lassen sich die Schmerzen auf Bandscheibenschäden, bei ebenfalls 12–17% auf Unfälle, bei 7–13% auf Migräne, bei 8–11% auf rheumatische Arthritis, bei 6–8% auf Brüche oder Verformungen von Wirbelkörpern, bei 4–6% auf Zerstörung von Knorpel in Gelenken und bei 3–4% auf Operationen zurückführen (vgl. European Pain Survey, All-inclusive Pan-Europe Report 2003).

Europaweit durchgeführte Studien zeigen alarmierende Zahlen. Chronische Schmerzen sind nicht mehr isoliert anzutreffende Ausnahmezustände, sondern nehmen an Häufigkeit und Hartnäckigkeit zu! Man spricht sogar schon von einem eigenen Krankheitsbild, der chronischen Schmerzkrankheit.

Wo Schmerzen entstehen

Wichtig für die Planung der Schmerztherapie ist die Zuordnung der Schmerzen nach ihrer Entstehung. Hier unterscheidet man die folgenden fünf Formen des Schmerzes:

- Schmerzen bei Reizung des Gewebes: Oberflächenschmerz (somatischer oder nozizeptiver Schmerz),
- Schmerzen bei Schädigung von Nerven: Nervenschmerz (neuropathischer Schmerz),
- Schmerzen bei Schädigung innerer Organe: Eingeweideschmerz (viszeraler Schmerz),
- Schmerzen bei involviertem vegetativen Nervensystem (sympathisch vermittelter Schmerz),
- Schmerzen bei seelischer Störung: seelisch verursachter Schmerz (psychogener Schmerz).

Die einzelnen Schmerz-Begriffe stehen für jeweils unterschiedliche biologische Vorgänge, körperliche Zustände und seelische Erlebensweisen sowie für unterschiedliche Formen der Schmerztherapie.

Oberflächenschmerz

Den Oberflächenschmerz (auch nozizeptiver oder somatischer Schmerz genannt) lernt wohl jeder Mensch im Laufe seines Lebens kennen. Es ist beispielsweise der Schmerz bei einer Schnittverletzung an der Haut, einer Verbrennung oder einer Verbrühung. Es ist auch der Schmerz, der bei einer Unterkühlung auftritt oder bei einer Zerrung, einem Riss oder einer Dehnung der Haut und der betroffenen Gewebe.

> Max S. spielt begeistert Fußball. Er läuft übers Feld. Ein Pass kommt, das Tor ist nahe – plötzlich strauchelt er: ein Knacks, ein Schrei! Das Tor vor seinen Augen interessiert ihn nicht mehr, ihn interessiert nur noch sein rechter Außenknöchel. Die Knöchelspitze schmerzt (»primäre Hyperalgesie«), an Gehen ist nicht mehr zu denken. Seine Freunde helfen ihm zur nächsten Bank. Er lagert das Bein hoch und legt Eis auf. Trotzdem ist nach einer halben Stunde der gesamte Außenknöchel in einer blauen, geschwollenen Fläche verschwunden, die großflächig schmerzt

(»sekundäre Hyperalgesie«). Der Arzt im Krankenhaus bestätigt seine Befürchtung: Der Knöchel ist gebrochen. Max muss operiert werden.

Als Betroffener spürt man den nozizeptiven Schmerz gewöhnlich als hell, scharf, schneidend, stechend oder spitz. Der Schmerz ist gut lokalisierbar (primäre Hyperalgesie) und spricht dankbar auf die klassischen Schmerzmittel an. Hyperalgesie selbst wird als schmerzhafter Reiz definiert, der übermäßig schmerzhaft empfunden wird. Wenn die Reizung des Gewebes im verletzten Areal länger anhält, reagiert der Körper mit der Ausschüttung einer »chemischen Suppe«: einer Mischung von Gewebshormonen und Ionen. Dadurch kommt es zu einer Vergrößerung des schmerzhaften Gebietes, was man als sekundäre Hyperalgesie bezeichnet, das Ergebnis der peripheren Sensibilisierung.

Nervenschmerzen

Der Nervenschmerz oder neuropathische Schmerz ist sowohl für den Patienten als auch für den Therapeuten viel schwieriger zu bewältigen als der Oberflächenschmerz. Auch die Prozesse, die zu seiner Entstehung führen, lassen sich nicht mit den herkömmlichen Erklärungsmustern beschreiben.

Josef H. ist verzweifelt: Vor zwei Jahren hat er sich bei seiner Tischlerarbeit zwei Finger abgeschnitten. Eine breite Narbe an der Fingerwurzel war übrig geblieben. Nach einem halben Jahr begann die Narbe berührungsempfindlich zu werden. Diese Empfindlichkeit wurde immer schlimmer. Selbst ein Geschirrtuch, das die Narbe berührte, löste unerträgliche Schmerzen aus. Doch auch spontan, ohne äußeren Reiz, passiert Folgendes: Zuerst schießt der Schmerz blitzartig und unerträglich ein, wenige Sekunden später beginnt ein Brennen, das nach ca. 30 Minuten langsam verschwindet. Während dieser Zeit sitzt Josef blass und mit Schweißperlen auf der Stirn irgendwo im Haus und hält sich seine Hand. Kein Arzt, keine Therapie konnte ihm bisher helfen. Erst seit er eine Medikamenten-Kombination aus einem Antidepressivum und einem Antikonvulsivum verschrieben bekam, konnte er auf die ganz starken Schmerzmittel (Opioide) verzichten, von denen ihm schon ganz übel war und die bei ihm zu einer Verstopfung führten.

Bei Nervenschmerzen kommt es auf Grund einer direkten Nervenschädigung wie z. B. einer Durchtrennung, einer indirekten Nervenschädigung wie z. B. einer Quetschung oder durch eine entzündliche Erkrankung des Nervs zu weit reichenden Umbauprozessen sowohl im peripheren Nervensystem als auch im Bereich des Zentralnervensystems. Die Schmerzen werden in jenem Gebiet empfunden, das von dem geschädigten Nerv versorgt wird.

Bei der Durchtrennung eines Nervs beispielsweise an der Körperperipherie kommt es zu einer Narbenbildung und innerhalb dieser Narbenbildung zu Kurzschlüssen, die spontan zu Impulsentladungen führen können. Diese Entladungen werden als Schmerz empfunden (Spontanschmerz). Doch auch im Bereich der Durchtrennung selbst kann es zu Kurzschlüssen zwischen verschiedenen Nerven und Nerventypen kommen, z. B. zwischen einem Berührungsnerv und einem Schmerznerv (Berührungsschmerz, Allodynie).

Ein weiterer Prozess findet kurz vor dem Rückenmark in einem Nervenknoten, dem so genannten Spinalganglion statt, in dem sich die Zellkerne des 1. Schmerzneurons befinden. Hier kommt es im Rahmen des neuropathischen Schmerzes zu einem Auswachsen der sympathischen Nervenfasern in Form eines Körbchens um den Zellkern herum. Dieser Prozess wird »Sprouting« genannt. Auf diese Art und Weise kann es zu Kurzschlüssen zwischen dem sympathischen und dem somatischen sensorischen Nervensystem kommen. Damit lässt sich die Mitbeteiligung des sympathischen Nervensystems bei verschiedenen Erkrankungen wie etwa der komplexen regionalen Schmerzkrankheit (CRPS) erklären, die auch unter dem alten Begriff »Morbus Sudeck« bekannt ist.

Eine weitere Form des neuropathischen Schmerzes ist die so genannte Allodynie oder mechanische Hypersensibilität: Ein an sich nicht schmerzhafter Reiz wird als schmerzhaft empfunden. Im Volksmund wird dieser Schmerz auch als »Schmerz-Überempfindlichkeit« oder »Sonnenbrandschmerz« bezeichnet. Komplizierte Umbauprozesse im Nervensystem sind für diesen Schmerz verantwortlich. Bei diesen Prozessen treffen u. a. Berührungsnerven und Schmerzfasern zusammen, was zu einer Aufschaukelung des Schmerzsystems führt. Durch die Summe der anfallenden Reize werden einzelne Reize jetzt intensiver und länger empfunden. Für den Betroffenen bedeutet das, dass der Schmerz stärker empfunden wird und länger anhält. Dieser Prozess wird »Wind Up« genannt, das Resultat ist eine zentrale Sensibilisierung.

Vom Betroffenen wird der neuropathische Schmerz entweder als elektrisierend-einschießend bzw. explosionsartig bezeichnet und aufgrund seiner Intensität typischerweise als unerträglich empfunden. Oder er wird als brennend, dumpf und schwer lokalisierbar beschrieben und bei mittlerer bis höherer Schmerzintensität als sehr lästig empfunden. Da Nervenzellen als einzige Zellen des Körpers nicht nachgebildet werden, sind die einmal eingetretenen Schädigungen irreversibel. Die Schmerztherapie muss in diesem Fall andere Wege gehen als bei den anderen Schmerzformen.

Stimulierbarer Schmerz: Allodynie oder Hyperalgesie	Spontanschmerz
taktil: leichte Berührung (= dynamische Allodynie) leichter Druck (= statische Allodynie) thermisch (Kälte, Hitze) Windhauch	konstant (brennend) intermitterend-paroxysmal (= einschießend-elektrisierend) Parästhesien, Dysästhesien (= »Ameisenkribbeln«)

Tabelle 3: Neuropathische Schmerzformen

Eingeweideschmerz

Der Eingeweideschmerz oder viszerale Schmerz wird über seinen Entstehungsort definiert und bezieht sich ausschließlich auf Schmerzen, die im Brust- und Bauchraum auftreten. Es ist jener Schmerz, den man beispielsweise von Gallen- oder Nierensteinkoliken kennt. Aber auch Schmerzen in Zusammenhang mit einem Herzinfarkt, einer Blinddarmentzündung oder Sodbrennen fallen unter diesen Begriff. Im Vergleich zu somatischen Schmerzen leiten viel weniger Schmerzfasern diese Schmerzen. Das erklärt, warum sie weniger gut lokalisiert werden können und oft als diffus beschrieben werden.

> Martina P. liegt im Bett und krümmt sich. Im Kreuz liegt eine Wärmflasche. Heute ist wieder der Tag der Tage: Der erste Tag der Regelblutung! Martina fühlt sich elend. Sie spürt, wie sich ihr ganzer Unterbauch zusammenzieht. Schneidende Schmerzen durchzucken sie und dumpf ziehend schmerzt das Kreuz. An Aufstehen ist nicht zu denken. Martina rollt sich wie ein Embryo zusammen und zieht die Decke enger um sich. Sie hat herausgefunden, dass ihr lokale Wärme im Kreuz gut tut und auch eine sanfte kreisförmige Massage der Bauchdecke. Doch diese Hilfen reichen heute nicht aus. Martina nimmt eine Schmerztablette. Danach beruhigen sich die Regelbeschwerden (»Dysmenorrhoe«) und Martina fällt in einen tiefen, erholsamen Schlaf.

Organschmerzen werden manchmal auch auf andere Körperregionen projiziert, man spricht auch von so genannten übertragenen Schmerzen (»referred pain«). Der englische Neurologe Head (1861–1940) hat die nach ihm benannten Head'schen Zonen erforscht. Er fand heraus, dass sich jedem Organ bestimmte Hautareale (= Dermatome) zuordnen lassen. Schmerzfasern aus den Eingeweiden und aus bestimmten Hautarealen enden im Hinterhorn des Rückenmarks auf derselben Höhe an derselben Umschaltstelle. Diese »Zusammenschaltung« erklärt das Phänomen der übertragenen Schmerzen und hat seinen Ursprung in der embryonalen Entwicklung. Bei Erkrankungen, Entzündungen, Dehnungen oder Verletzungen innerer Organe können an den entsprechenden Hautgebieten Auffälligkeiten (pathophysiologische Phänomene) auftreten – etwa eine Überempfindlichkeit.

Viszerale Schmerzen werden im Gegensatz zu den anderen Schmerzformen häufig von einem Krankheitsgefühl begleitet. Auch die vegetativen Symptome wie Schwitzen oder Übelkeit zeigen sich besonders deutlich, und nicht selten kommt es zu Schockreaktionen. Die Beschreibung der Schmerzen kann je nach Organ bzw. Schmerzursache verschieden sein. Die bekanntesten Formen sind die kolikartigen Schmerzen, die wellenförmig beschrieben werden (z. B.: Gallenkoliken), die dumpfen, schwer lokalisierbaren (z. B.: »Bauchweh«) und die brennenden Schmerzen (z. B.: Sodbrennen). Eingeweideschmerzen können aber auch als helle, plötzlich einsetzend und als stechend-schneidend beschriebene Schmerzen im Brust- und Bauchraum charakterisiert werden, die mitunter auch mit Angstzuständen (»Todesangst«) einhergehen (z. B. beim Herzinfarkt).

Psychogene Schmerzen

Der psychogene Schmerz wird durch seelische Schwierigkeiten und Probleme ausgelöst. Man spricht in diesem Zusammenhang auch von Somatisierung oder somatoformer Schmerzstörung. Verlust- und Trennungserfahrungen, Depressionen oder massive Stressbelastungen bzw. Stressfehlverarbeitungen o. Ä. können vom Patienten als ein »körperlicher Schaden« oder als körperliche Schmerzen empfunden werden. Ein psychisches Problem wird als Schmerz ausgelebt. Da der Betroffene darüber meist Zuwendung seitens seiner Mitmenschen bekommt, also »belohnt« wird, beginnt über den so erhaltenen Krankheitsgewinn ein Teufelskreis, der die Schmerzen weiter aufrechterhält.

Theresia K. leidet seit Jahren an Kreuzschmerzen. Jede neuerliche Diagnostik brachte wiederum kein Ergebnis, doch die

Schmerzen wurden immer schlimmer. Mehrfach und immer ausgedehnter wurde Theresia im Lendenwirbelsäulenbereich operiert. Anfangs brachte dies jedes Mal eine Erleichterung. Aber nach wenigen Monaten kamen die alten Schmerzen wieder und meistens noch schlimmer als zuvor. Ihr Mann bemühte sich verzweifelt und aufopfernd, ihr zu helfen, und musste doch ohnmächtig zusehen, wie Theresia immer tiefer in ihren Schmerzzuständen zu versinken drohte. Theresia hatte viele Ärzte, Professoren und auch immer häufiger Chefärzte konsultiert – doch keiner konnte ihr helfen. Sie bekam sogar eine Schmerzpumpe eingebaut. Aber keine Füllung (womit auch immer!) brachte ihr Hilfe, statt dessen viele Nebenwirkungen.

Zuletzt wurde Theresia K. einer Schmerzkonferenz vorgestellt. Anfangs fühlte sie sich wie bei einer Verurteilung, bis sie merkte, dass sich die sieben Ärzte unterschiedlicher Disziplinen, die mit ihr an einem runden Tisch saßen, jeder einzeln aufrichtig um sie und ihr Schmerzproblem bemühte. Jeder nahm Theresia ernst und brachte seine fachliche Meinung ein. So fühlte sie sich zunehmend mehr angenommen und arbeitete aktiv an der Therapieplanerstellung mit. Das Therapieangebot bestand aus der Kombination einer medikamentösen Schmerztherapie, einer Bewegungstherapie und einer Gesprächstherapie mit Biofeedback.

Im Rahmen der Gesprächstherapie wurde ihr klar, in welchem Teufelskreis sie sich befand und dass eine versteckte Depression, die sie »als Kreuz« auf sich genommen hat, sie in den Schmerz und ihre Familie in die Verzweiflung trieb. Sie erkannte auch, dass jede der bisher angebotenen Hilfestellungen ihren Schmerz letztlich verschlimmerte. Im Rahmen eines längeren stationären Aufenthaltes konnte sie erfolgreich an ihrer Depression arbeiten und fand einen neuen Weg zurück in ein glückliches Leben mit ihrer Familie in ihrer vertrauten Umgebung.

Psychogene Schmerzen bahnen sich ihren Weg nicht nach einem eingefahrenen oder bekannten Muster. Vielmehr wird jeweils dort, wo ein Organ oder Organsystem besonders anfällig ist – man spricht in diesem Zusammenhang auch von Organschwäche –, ein guter Ankerplatz für den Schmerz entstehen. Andererseits haben die Orte, an denen sich psychogene Schmerzen manifestieren, häufig einen Symbolcharakter (= Psychosomatik im klassischen Sinn). Sie stehen gleichsam stellvertretend für etwas, das in dieser Form nicht ausgesprochen werden kann. Hinter Schulterschmerzen kann sich ein »Ich habe schwer zu tragen« verbergen oder hinter Herzschmerzen »Mir liegt etwas am Herzen«. Betroffene reagieren sehr sensibel auf das Anzweifeln ihrer Schmerzen und lassen sich oft zu rasch auf harte therapeutische Schritte (oft sind das »Schnitte«!) ein – auch um jeden Zweifel auszuräumen, sie könnten Hypochonder oder »Täuscher« sein.

Das Hineinwirken psychogener Schmerzen in den körperlichen Bereich macht es sowohl für den Betroffenen als auch für den behandelnden Arzt sehr schwer, eine hilfreiche Therapie zu finden. Oft werden Menschen massiven Eingriffen oder Operationen unterzogen in der Hoffnung, auf diese Art und Weise die Schmerzen zu beseitigen. Leider werden die psychogenen Schmerzen danach meist stärker und laufen erst recht Gefahr, chronisch zu werden. Auch wenn Begleiter bei einem Patienten eine Somatisierung vermuten, müssen die Schmerzen als für den Menschen real betrachtet werden. Er benötigt neben einer Psychotherapie oder Psychopharmakatherapie auch eine gute Schmerztherapie. An psychogenen Schmerzen Leidende brauchen eine besonders behutsame und multiprofessionelle Begleitung. Hier wird wieder sichtbar, wie wichtig und notwendig die Zusammenarbeit mehrerer Fachdisziplinen wird, um »einen« Schmerz erfolgreich zu therapieren.

Durch das sympathische Nervensystem vermittelter Schmerz

Gelegentlich kann das vegetative Nervensystem Anteil an der Schmerzaufrechterhaltung und -verstärkung haben, speziell das sympathische Nervensystem, das mit dem Fluchtreflex in Verbindung steht. Dieser Schmerz kann zusätzlich zu jeder der zuvor beschriebenen Schmerzarten auftreten.

Sofie T. hatte Pech. Als sie im Winter auf dem Gehweg ausgerutscht war, hatte sie sich das rechte Handgelenk gebrochen. Schon bevor ihr Gips abgenommen wurde, klagte sie über dumpfe Schmerzen und eine Schwellung im betroffenen Handgelenk. Als der Gips dann entfernt wurde, besserten sich die Beschwerden nicht – im Gegenteil, sie verstärkten sich. Die Hand wirkte im Vergleich zur anderen dunkler und angeschwollener. Auch die Haut war teigiger und glänzte mehr. Die Haare am Unterarm waren ausgefallen und Sofie bemerkte, dass die Fingernägel langsamer wuchsen. Das Schlimmste aber waren die Berührungsschmerzen. Nur wenn Sofie einen Seidenhandschuh zum Schutz vor Berührungen trug und ihre Hand nie unter die Gürtellinie hängen ließ, waren die Schmerzen erträglich. Bevor das Handgelenk zu versteifen begann, ging Sofie zu einem Schmerztherapeuten. Er stellte die Diagnose »Komplexes Regionales Schmerzsyndrom« und begann sofort mit speziellen Sympathikusblockaden (= Ausschaltung von Teilen des sympathischen Nervensystems durch Injektionen meist von Lokalanästhetika) am Hals (Ganglion Stellatum-Blockaden) auf der betroffenen Seite. Sofie spürte eine merkliche Erleichterung der Spannung in der Hand, die Schmerzen wurden erträglicher und die Haut wurde heller und wärmer. Mit jeder Blockade hielt der Effekt länger an, sodass Sofie kurz darauf unter einer leichten Analgetikatherapie (=Behandlung mit schmerzlindernden Medikamenten) mit einer vorsichtigen Physiotherapie beginnen konnte. Heute kann Sofie ihre Hand wieder ganz normal bewegen. Sie muss zwar noch ein wenig aufpassen und darf mit ihrer Hand nirgends hart anstoßen. Gelegentlich schluckt sie noch eine Schmerztablette, aber das Schlimmste ist überstanden!

Der so genannte »sympathisch vermittelte« Schmerz (Sympathikus = Teil des vegetativen Nervensystems) hat ausschließlich beim chronischen Schmerz Bedeutung. Hier werden zwei Formen unterschieden: der Sympathikus-abhängige chronische Schmerz und der Sympathikus-unabhängige chronische Schmerz. Diese beiden Zustände können bei jedem der anderen drei Schmerzkrankheiten, aber speziell bei neuropathischem Schmerz auftreten. Woran kann man diese Schmerzform erkennen? Betroffene beschreiben beispielsweise Schmerzen in einem Körperviertel oder einer Körperhälfte. Auch wenn es zusätzlich zu den Schmerzen zu auffälligen Haut- oder Durchblutungsveränderungen kommt, ist an einen sympathisch vermittelten Schmerz zu denken.

Der Schmerz als Freund, der Schmerz als Feind: Schmerzfunktionen

Biologische Schmerzfunktionen

Welche Bedeutung der Schmerz für unser Leben und Überleben hat, lässt sich am besten an jenen Patienten zeigen, die an einer Schmerzunempfindlichkeit leiden.

> Pia, ein kleines Mädchen, leidet an Schmerzunempfindlichkeit. Wenn sie hinfällt und sich die Knie blutig schlägt, zuckt sie nicht mit der Wimper – ein Weinen bleibt aus. Auch die Wundversorgung löst keine der bekannten Reaktionen aus. Sie sticht sich an Dornen, schneidet sich an spitzen Gegenständen, kommt mit Blutergüssen und Beulen nach Hause, macht Kinderkrankheiten und Erkältungen durch, ohne die bekannten Schmerzreaktionen zu zeigen. Als sie eines Tages mit ihrer kleinen Hand auf die glühende Herdplatte greift, zieht sie sich schwere Verbrennungen zu – ohne dass sie dabei etwas empfindet ...

Das Leben der Menschen, die keinen Schmerz empfinden, wird schon durch relativ kleine Anlässe massiv bedroht. Wenn die Signale ausfallen, die uns vor Gefahren warnen sollen, können wir auch nichts gegen schädigende Einflüsse unternehmen. Schutzlos sind wir den Angriffen von außen (z. B. Druck, Stoß, Verbrennung, Schnitte) und von Innen (z. B. Begleiterscheinungen von Entzündungen, Krankheitsprozessen) ausgeliefert.

Für alle Formen des akut auftretenden Schmerzes (vgl. S. 24 ff.) gilt, dass sie eine Warnfunktion übernehmen. Sie schlagen Alarm und senden wichtige Signale. In dieser Funktion gehören sie unverzichtbar zum Leben dazu, und zwar nicht erst dann, wenn ernste Verletzungen bereits passiert sind. So sorgen sie im Alltag dafür, dass wir unser Verhalten (z. B. Gehen, Laufen, Klettern, Radfahren, Heben) unseren Möglichkeiten anpassen. Sie dienen als wichtige Stoppschilder und helfen, allen »Über«-Situationen entgegenzuwirken: Überlastung, Überdehnung, Überbeanspruchung, Überforderung …

In anderen Fällen sind akute Schmerzen Boten von Krankheiten. Sie kündigen körperliche Ereignisse an, auf die wir reagieren müssen, um unseren Körper vor größerem Schaden zu bewahren. Beispiele hierfür wären etwa heftige Zahnschmerzen als Ausdruck eines entzündlichen Geschehens, Muskel- und Gelenkschmerzen als Begleiterscheinung von Grippe, Bauchschmerzen als Hinweis auf eine Darminfektion.

Manchmal sind akute Schmerzen auch in Begleitung physiologischer – also nicht krankhafter – Prozesse zu finden, die extreme Anpassungsleistungen erfordern. In diesem Zusammenhang sind beispielsweise die Schmerzen rund um den Geburtsvorgang zu nennen. Hier weisen die Schmerzen auf die besondere Situation hin und leiten ein spezielles Verhalten ein.

Die primäre Funktion des Schmerzes ist eine Schutzfunktion. Immer dann, wenn Schmerzen auftreten, lenken sie die Aufmerksamkeit auf den Ort des Geschehens. Sie deuten gleichsam mit dem Finger dorthin, wo es schmerzt: »Da passiert etwas!« (= Hinweischarakter des Schmerzes). Dadurch wird es uns möglich, genauer hinzuhören und auch die Warnung zu erkennen, die die jeweiligen Schmerzen zum Ausdruck bringen. Die Alarmglocken läuten: »Pass auf!« (= Warncharakter des Schmerzes). Schließlich kommt noch die Botschaft hinzu: »Ändere etwas!« (= Aufforderungscharakter des Schmerzes).

Schmerzen haben also eine eigene Sprache. Sie treten mit den ihnen zur Verfügung stehenden Mitteln in Kontakt mit uns. Sie sprechen zu uns und geben uns die Möglichkeit, auf drohende Gefahren zu reagieren. Dieser kommunikative Aspekt der Schmerzen ist im Zusammenhang mit Möglichkeiten der Schmerzlinderung bedeutsam (vgl. Teil 3).

(a) Samuel N. wundert sich seit einigen Tagen über Schmerzen im rechten Brustkorb. Er kann sich diese Schmerzen nicht erklären. Er hatte wohl in den letzten Tagen etwas Schnupfen und Husten. Eine Verbindung zwischen diesen Symptomen und den Schmerzen kann er nicht herstellen. Er überlegt sich, ob er sich irgendwo verhoben oder verrissen hat. Doch es fällt ihm nichts ein. Sein Hausarzt hört ihn mit dem Stethoskop ab und schickt ihn auf Grund des gehörten Reibegeräusches zum Lungenröntgen. Dieses bestätigt die Vermutung des Hausarztes. Im Rahmen der Atemwegsentzündung ist diese tiefer getreten, und es war zu einer leichten Lungenentzündung gekommen. Diese Lungenentzündung führte zu einer Rippenfellreizung. Das war es, was Samuel schmerzhaft gespürt hatte. Hier zeigt sich die Warnfunktion und Schutzfunktion des Schmerzes im Rahmen einer Entzündung.

(b) Klaus P. steht mitten in seinem Berufsleben und strotzt vor Vitalität. Aber seine Schmerzen im Kreuz behindern ihn bei seinen sportlichen Aktivitäten. Das Tennisspielen wird zunehmend schmerzhafter, es macht immer weniger Spaß. Seine Unternehmungen werden durch den Schmerz zunehmend beeinträchtigt und eingeschränkt. Die primäre Abklärung und Therapie auf Kreuzschmerzen hin brachte nicht den gewünschten Erfolg. Klaus hat weiterhin Kreuzschmerzen und beginnt zunehmend zu humpeln und zu hinken. Da sich diese Symptome verstärken, wird er mehrmals zum Röntgen geschickt, wo zuletzt beide Hüftgelenke mitgeröntgt werden. Es stellt sich heraus, dass Klaus an einer aseptischen Hüftkopfnekrose (»Morbus Perthes«) auf der linken Seite leidet. Aus unerfindlichen Ursachen kam es zu einem Knochenschwund und zu einer schweren Arthrose des Hüftgelenks. Diese Veränderungen hatte Klaus primär als Kreuzschmerzen empfunden und als diese sind sie zunächst fehlgedeutet worden. An diesem Beispiel zeigt sich sehr schön der Hinweis- und Warncharakter des Schmerzes: »Hier ist etwas passiert – pass auf!«. Auch der Aufforderungscharakter des

Schmerzes: »Ändere etwas« wird deutlich. Auf Grund des langsam schleichenden Krankheitsprozesses hat es entsprechend lange gedauert, bis die wirklichen Ursachen der Schmerzen erkannt wurden.

(c) Franziska T. wacht früh auf. Dumpf drückt ihr der Kopf, und dabei hatte sie gehofft, dass sie nach dem gestrigen Kopfschmerztag heute schmerzfrei sein würde. Schon das Aufstehen macht ihr körperliche Mühe. Unter großer Anstrengung schleppt sie sich ins Badezimmer, öffnet den Medikamentenschrank und schluckt dort die nächste Schmerztablette. Erst nach der vierten Tablette beginnt der Kopfschmerz etwas nachzulassen. Wenige Stunden später kommt jedoch der Kopfschmerz wieder und veranlasst Franziska, weitere Tabletten einzunehmen. Nachdem dieser Kopfschmerz über Wochen hin angehalten hat, wurde es Franziska zu dumm und sie konsultiert einen Kopfschmerzspezialisten. Im Rahmen des Diagnosegesprächs stellt sich heraus, dass Franziska auf Grund ihres anfänglichen Kopfschmerzes Unmengen an Schmerzmitteln zu sich genommen und auf diese Art und Weise einen so genannten medikamenteninduzierten Kopfschmerz ausgelöst hatte. Als Franziska der Zusammenhang zwischen der Medikamenteneinnahme und den dadurch ausgelösten Kopfschmerzen bewusst wird, ergreift sie die Möglichkeit, mit alternativen Heilmethoden diesen belastenden Dauerkopfschmerz in relativ kurzer Zeit in den Griff zu bekommen. Auch in diesem Fall kam der Schmerz seiner Schutzfunktion nach; nur Franziska T. konnte den Warncharakter »Pass auf« und auch den Aufforderungscharakter »Ändere etwas!« noch nicht recht deuten. Die richtige Interpretation wäre gewesen: »Schau gut hin, was du tust, weg mit den Tabletten – weniger ist mehr!«

Im Fall akuter Schmerzen können Menschen selbst oder mit Hilfe von Ärzten und Therapeuten auf die Warnung des Körpers reagieren. Sie erleben dann das Abklingen der Beschwerden. Die Schmerzen haben gute Arbeit geleistet, sind ihrer Aufgabe als Warnsignale nachgekommen und haben ihre biologische Funktion erfüllt. In diesen Fällen kann man vom Schmerz als Freund sprechen. Doch wie ist die Situation beim chronischen Schmerz einzuschätzen – Freund oder Feind?

Chronische Schmerzen: Die Schmerzkrankheit

Ganz anders stellt sich die Situation von Menschen dar, die unter chronischen Schmerzen leiden. Der chronische Schmerz ist vergleichbar mit einem Signalton, der nicht mehr abzustellen ist, mit einer ständig rot blinkenden Ampel, die ein normales Vorbeifahren unmöglich macht. Wenn Schmerzen über lange Zeit hinweg – über Wochen, Monate, Jahre – die Botschaften »Da passiert etwas!«, »Pass auf!« und »Ändere etwas!« vermitteln, verlieren diese Botschaften ihren Sinn. Zu oft haben Patienten schon ihre Aufmerksamkeit auf den Ort der Schmerzen gelenkt. Zu sehr haben diese Schmerzen sie zu vorsichtigen Menschen gemacht, die ihren Bewegungs- und Handlungsspielraum nach und nach verkleinerten. Zu oft haben sie erfahren müssen, dass sie dem Schmerzgeschehen ausgeliefert sind, sie trauen sich Veränderungen kaum mehr zu. Der chronische Schmerz zeigt die Tendenz, im Bewusstsein der Betroffenen immer größer zu werden. Die Folgen chronischer Schmerzen können mindestens genauso belastend sein wie der eigentliche Schmerz. Oft bleiben die Probleme nicht auf das eigentliche Schmerzgeschehen beschränkt, sondern ziehen eine Reihe körperlicher, seelischer und sozialer Belastungen nach sich.

Allein das Andauern des körperlichen Ausnahmezustandes beim chronischen Schmerz stellt schon ein Problem dar. Langanhaltende Muskelanspannung beispielsweise führt ihrerseits wiederum zu Spannungsschmerzen, zu einer Unterversorgung der Blutzufuhr oder zur Beeinträchtigung der Sauerstoffzufuhr. Die Ausrichtung der Gefühle und Gedanken auf das Thema Schmerz lässt wenig Raum für anderes, etwa Sozialkontakte oder kreative Beschäftigungen. Selbst die notwendigen Erholungsphasen können nicht mehr

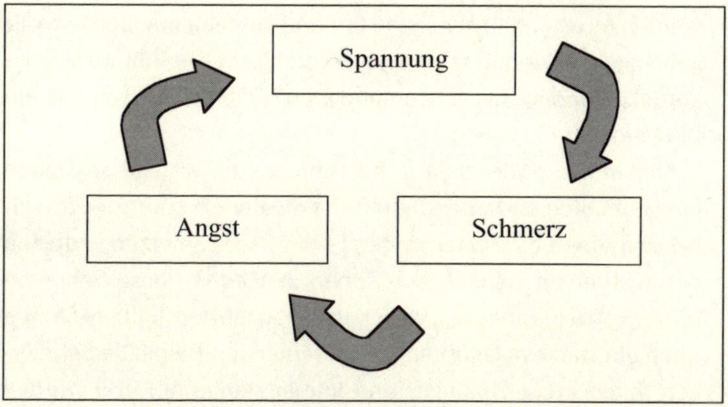

Abbildung 5: Schmerz-Angst-Spannungskreislauf

zur Regenerierung genützt werden. Angst, Schlaflosigkeit, negative Gedanken plagen den chronischen Schmerzpatienten. Die Geduld wird auf eine harte Probe gestellt! Oft sinkt der Mut, Neues in Angriff zu nehmen, und die Hoffnung schwindet, aus dem Teufelskreis ausbrechen zu können. Chronische Schmerzen werden als Stressfaktor ersten Ranges eingestuft!

Wenn sich alles nur noch um die Schmerzen dreht, leidet auch das soziale Zusammenleben, und es wird immer weniger möglich, seine Arbeitsaufgaben gut zu erledigen sowie seine Beziehungen zu pflegen. Die Folge ist oft sozialer Rückzug – womit wieder eine Abwärtsspirale beginnt! Menschen, die sich ganz aus ihrem sozialen Umfeld zurückziehen, bekommen auch keine positiven Rückmeldungen mehr, erleben keine anregenden Gespräche, finden geringen emotionalen Halt. Das alles tut der Seele weh und verstärkt wiederum das körperliche Wundsein. An chronischen Schmerzen Leidende machen häufig einen resignierten, niedergeschlagenen, inaktiven, pessimistischen Eindruck.

Alexander G. ist 72 Jahre alt und ziemlich verzweifelt. Während des Zweiten Weltkrieges hat er bei einem Granatangriff eine Unterschenkelverletzung erlitten. Diese Verletzung führte schließlich dazu, dass sein Bein am Oberschenkel amputiert werden musste. Mühsam hatte er ohne das fehlende Bein wieder gehen gelernt und in seinen gewohnten Lebensrhythmus wieder zurückgefunden. Da setzten unerwartet die Schmerzen wie ein Blitz ein.

Alexander spürte elektrische Schläge, die wenige Sekunden lang anhielten und unerträglich stark waren. Er spürte sie an seiner amputierten, also fehlenden Ferse. Die Schmerzen verließen den Körper im Bereich der Zehen. Nachdem diese Schmerzblitze vorbei waren, spürte er in der nächsten halben Stunde noch ein starkes Nachbrennen im fehlenden Bein. Die Schmerzen traten immer häufiger und immer stärker auf und wurden schließlich zu einem alles andere als erwünschten und gewollten Lebensmittelpunkt. Was würde er alles dafür geben, könnte er diese Schmerzen nur endlich loswerden! Viel hat er in den folgenden Jahren probiert: vom Schmerzpflaster bis hin zu Operationen. Nichts hatte ihm geholfen, die Schmerzen waren trotzdem gleich stark geblieben. Mürrisch und verdrossen wendet Alexander G. sich von den Ärzten ab und zieht sich zunehmend zurück.

An diesem Beispiel wird die Sinnlosigkeit des Schmerzes deutlich, der diesen Kriegsveteran nach so vielen Jahren immer noch martert. Dieser Schmerz belastet Alexander G. doppelt: einerseits durch die Häufigkeit und Stärke, mit denen er auftritt, andererseits durch die dadurch ausgelösten Erinnerungen an das Kriegsgeschehen, in dessen Folge er sein Bein verlor. Die von Alexander G. beschriebenen Phantomschmerzen verselbstständigten sich in der Zwischenzeit so sehr, dass sie nicht mehr erwartungsgemäß im Bereich der Wunde zu finden waren, wo sie erfolgreich hätten therapiert werden können. Durch Umbauprozesse im Zentralnervensystem entstand ein pathophysiologischer Teufelskreis, durch den diese Schmerzen aufrechterhalten wurden. Durch die Verlagerung der Schmerzenentstehung ins Zentralnervensystem wurden die Schmerzen von Alexander G. für eine erfolgreiche Therapie so schwer zugänglich. Für ihn ist der Schmerz zu seinem schlimmsten Feind geworden.

In dem Moment, wo der Schmerz lange anhält – d. h. chronisch wird – und die primär auslösende Ursache für die Aufrechterhaltung des Schmerzes ihre Bedeutung verliert, fällt auch die Schutzfunktion weg. Der Betroffene erlebt den Schmerz als belastend und bedrohend. Aus einem »Sinnessystem mit Überlebenswert«, wie der Schmerz auch bezeichnet wird, ist ein Krankheitsbild geworden: die Schmerzkrankheit.

»Machtinstrument« Schmerz

Doch der Schmerz kann nicht nur in Verbindung mit chronischen Schmerzen als Feind betrachtet werden. Es gibt Situationen, in

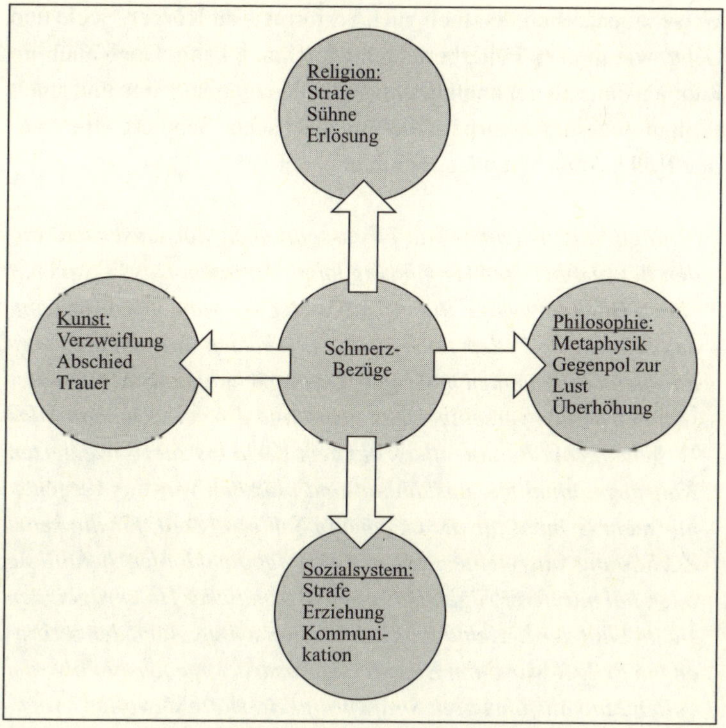

Abbildung 6: Schmerzbezüge

denen Schmerzen benützt und missbraucht werden, um Menschen zu gängeln und nach den eigenen Vorstellungen zu formen. Die vielfältigen Bezüge von Schmerz zu den unterschiedlichsten Lebensbereichen machen auch potenzielle Gefahrenquellen sichtbar, in denen der Schmerz gedanklich oder real instrumentalisiert und missbraucht werden kann.

Wenn Menschen alle Alarmsignale eines Schmerzes zwar wahrnehmen, sich aber nicht entsprechend schützen können, dann löst das Stress, Angst und Panik aus und führt in letzter Konsequenz zu Persönlichkeitsveränderungen. Die umfassende Wirkung von Schmerz auf den Menschen hat ihn immer auch zu einem potenziellen Machtinstrument gemacht. Menschen sind zu sehr vielem bereit, um zugefügten Qualen zu entkommen. Und: Menschen werden durch ihre Bemühungen, zugefügten Schmerzen auf irgendeine Weise zu entgehen, letztlich auch verformt – an Körper, Seele und Geist, wie man es Folterberichten entnehmen kann. Doch auch im Rahmen einer so genannten schwarzen Pädagogik spielte und spielt explizit zugefügter körperlicher und seelischer Schmerz eine traurige Rolle. Anna Mitgutsch schreibt:

> *Schläge, das bedeutete nie einen spontanen Zornausbruch, auf den Betretenheit und Versöhnung folgen konnten. Das begann mit einem Blick, der mich in ein Ungeziefer verwandelte. Und dann das Schweigen, in dem noch nichts entschieden war und in dem es doch kein Entkommen mehr gab. Das Verschulden wurde von diesem Schweigen verschluckt, es wurde nie erörtert. Da stand das Vergehen, vom Bananenfleck auf dem Kleid bis zur verweigerten Nahrungsaufnahme, unsühnbar, und plötzlich war das Vergehen nur mehr Symbol für die ungeheure Schlechtigkeit, für die keine Züchtigung ausreichte. Hol mir den Teppichklopfer, befahl sie oder, hol mir den Prügel. Das war ein armdicker Holzprügel, den sie im Lauf der Erziehung an mir entzweischlug. Auch der zerbrochene Prügel war dann Beweis und Ausdruck meiner nie bis zum vollen Maß ausführbaren Strafwürdigkeit. Hätte sie volle Gerechtigkeit walten lassen, hätte sie mich erschlagen müssen. Dass sie*

mich immer wieder lebend davonkommen ließ, verdankte ich ihrer aufopfernden Mutterliebe, sie kam wie Gottes Gnade, unverdient und niemals abzudienen. Auch wenn ich um die Sinnlosigkeit dieser Geste längst wusste, ich warf mich doch jedes Mal vor ihr nieder, umfasste ihre Knie, flehte, bitte, bitte, liebe Mama, allerliebste Mama, ich werde es nie wieder tun, ich versprech's, ich schwör's, alles kannst du mir wegnehmen, nur bitte, bitte, hau mich nicht. Sie beugte sich nie zu mir hinunter, ihr Gesicht blieb unnahbar, als verrichte sie das Werk eines Höheren. Ich habe es nie gewagt, ihrem Befehl den Gehorsam zu verweigern, ich ging immer wimmernd hinter den Vorhang neben der Stiege, wo Prügel und Teppichklopfer hingen, an selbst genähten Schlupfen aufgehängt, es gab extra Haken dafür, Ordnung muss sein und alles an seinem Platz. Was geschah von dem Augenblick an, in dem ich ihr zögernd das Züchtigungsinstrument reichte? Ich erinnere mich nicht, ich weiß nur, die Hölle brach los, so musste es in der Hölle zugehen, Schmerz und Schmerz und Schmerz in Abständen, die der Körper blitzschnell errechnete und gegen den er sich doch nicht schützen konnte, nicht durch Sichwinden und nicht durch Davonlaufen, weil es nur jedes Mal einen anderen Körperteil traf. Blind, nie habe ich sie oder den Prügel während der Züchtigung gesehen, es traf mich blind, nur das Aufklatschen von Holz auf Fleisch, von metallverstärktem Gummi auf Fleisch konnte man hören. Konnte man es wirklich hören? Glaube ich jetzt, es gehört zu haben? Wie konnte ich es hören, wenn ich schrie, schrie, so laut ich konnte, vom ersten Schlag bis zum letzten. Denn irgendwann war ein Schlag der letzte. Warum gerade dieser oder jener Schlag der letzte war, erriet ich nicht, es war göttlicher Wille, es war ihr Wille, sie schlug mich ja nicht im Zorn, sie schlug mich zu meinem Wohle und um mir meine bodenlose Schlechtigkeit auszutreiben.

(Mitgutsch, 2003, S. 96f.)

Schmerz ist nicht gleich Schmerz: das Schmerzerleben

Wie Schmerzen erlebt werden, muss nicht in direktem Zusammenhang mit der Schwere der Schädigung stehen. Es kann vorkommen, dass Patienten trotz schwerer Verletzungen kaum über Schmerzen klagen. Andererseits gibt es zahlreiche Menschen, die über starke Schmerzen berichten, die in keinem Verhältnis zur erkennbaren Schädigung stehen. Ganz zu schweigen von Menschen, die unter starken Schmerzzuständen leiden und bei denen man keine greifbaren Ursachen finden kann. Wie ist das zu verstehen? Zum einen spielen körperliche Vorgänge eine Rolle. Unser gesamter Nerven- und Sinnesapparat ist sehr kompliziert gebaut und trägt zu ganz unterschiedlichem Schmerzerleben bei. Zum anderen greifen die persönliche Geschichte sowie seelische, soziale und kulturelle Aspekte bestimmend in das Schmerzerleben ein.

Schmerzen sind also nicht allein auf einer objektiven Ebene abzuhandeln. Schmerzen sind immer subjektiv. Das bedeutet unter anderem:

- Schmerzen treffen jeweils einen ganz bestimmten Menschen, der eine ganz bestimmte Lern- und Lebensgeschichte hat.
- Schmerzen treffen einen Menschen, der sehr persönliche (Schmerz)Erfahrungen hat.
- Schmerzen werden von jedem Menschen anders empfunden und erlebt.
- Schmerzen entziehen sich einer »Wahrheitsprüfung« durch Außenstehende.

Wie, wie stark, wie oft und wann Menschen Schmerzen erleben, wird von vielen Dingen beeinflusst, die nicht zwangsläufig mit dem Schmerzauslöser unmittelbar in Verbindung stehen. Wichtig sind hier vor allem jene Prozesse, die man auch als Schmerz-Lernprozesse bezeichnen kann. Das aktuelle Schmerzerleben ist das

Ergebnis der gesamten Schmerzerfahrungen vom Kindesalter an, der damit verbundenen Lerngeschichte und den daraus abgeleiteten Erwartungen, Hoffnungen und Befürchtungen. Die Erfahrungen, die wir im Laufe unseres Lebens in unterschiedlichen Bereichen machen, gehen nicht spurlos an uns vorbei. Sie bleiben als Erinnerung bestehen und stellen jenen Hintergrund dar, auf dem Neues verstanden, eingeordnet und bewertet wird. Dies gilt auch für unsere Schmerzerfahrungen.

Die einzelnen Bausteine sind z.B.,

- wann und unter welchen Umständen wir mit welchen Schmerzen konfrontiert waren,
- welche Gefühle und Gedanken mit den Schmerzen verbunden waren,
- ob und wie wir uns selbst helfen konnten oder andere Menschen uns beistanden,
- welche Auswirkungen die Schmerzen auf unser Leben hatten.

In typischer Weise wiederkehrende Schmerzerfahrungen wirken sich prägend auf die Einstellung zu Schmerzen und den Umgang mit ihnen aus. Neue Erfahrungen (Gegenwart) lassen dann jeweils alte Erinnerungen wieder aufleben (Vergangenheit) und setzen bestimmte Erwartungen (Zukunft) frei.

Abbildung 7: Aktuelles Schmerzerleben im Spannungsfeld zwischen Gestern und Morgen

Schmerzerleben wird gelernt

Um das aktuelle Schmerzerleben in dem Spannungsfeld zwischen »Gestern« und »Morgen« besser zu verstehen, ist es hilfreich, einen Blick in die Anfänge von Schmerzerfahrungen zu machen. Bereits kleinen Kindern ist der Schmerz nicht fremd – im Gegenteil. Der Weg vom Säugling hin zu einem Menschen, der auf beiden Beinen durchs Leben geht, ist mit vielen kleinen und großen Unfällen verbunden. Zahlreiche blaue Flecken, wunde Knie, aufgeschlagene Ellenbogen pflastern den Weg der Kinder. Hinzu kommen noch Kinderkrankheiten, Darmerkrankungen, Verkühlungen, Insektenstiche … Bei den meisten körperlichen Schmerzen der Kindheit handelt es sich um akute Schmerzen, die ihre Funktion im Alarmschlagen haben.

Je kleiner Kinder sind, desto bedeutsamer wird es sein, ob der Signalton Schmerz von den Erwachsenen, die das Kind begleiten, gehört wird und in welcher Art sie reagieren. Von den Reaktionen der engsten sozialen Umwelt des Kindes hängt viel ab, nicht nur im Sinne einer Schadensbegrenzung. Kinder nehmen wie durch unsichtbare Antennen die Stimmung auf, die Ereignisse – beispielsweise Verletzungen oder Krankheiten – in ihrer Umwelt auslösen. Am Verhalten der Erwachsenen lernen sie, welchen Stellenwert bestimmte Erlebnisse und Erfahrungen haben, und sie lernen, ihre eigenen Verhaltensmuster an die Welt der Erwachsenen anzupassen.

Kinder können im Zusammenhang mit ausgedrückten Schmerzen viele verschiedene Reaktionen von Menschen ihrer engsten Umgebung erleben:

- Fürsorge, Anteilnahme, Zuwendung – bis hin zu übertriebener Betreuung,
- Nicht-ernst-nehmen, Überspielen, Verharmlosen – bis hin zu einem Nichtbeachten,
- Schimpfen, (An)Klagen, Schuldzuweisungen – bis hin zu Drohungen.

Mütter (»primäre Bezugspersonen«) können auf die kleinen alltäglichen körperlichen Verletzungen ihrer Kinder ganz unterschiedlich reagieren. Sie prägen dadurch jene Muster, die sich noch nach vielen Jahren in bestimmten Verhaltensweisen, Gedanken und Gefühlsreaktionen der dann schon Erwachsenen wiederfinden lassen.

Agnes ist eine sehr lebhafte Vierjährige, die voller Tatendrang die Welt erobert. In vollem Lauf stolpert sie über eine Baumwurzel und fällt auf beide Knie. Sie bleibt einen Moment liegen, dann beginnt sie laut zu weinen, steht auf und läuft zu ihrer Mutter. Die Knie sind blutig, über ihre Wangen kullern große Tränen, der Mund ist schmerzverzerrt. Wie reagiert die Mutter? Sie nimmt Agnes in den Arm, streicht ihr die Haare aus der Stirn, wiegt sie hin und her, drückt sie ein paar Mal sanft an sich und summt beruhigende Laute. Das Schluchzen der Kleinen wird leiser, bald schon hört Agnes auf zu weinen. Mit einem letzten tiefen Schluchzer entwindet sie sich den Armen der Mutter und läuft wieder zurück in den Garten ...

Auf so kleine Unfälle, wie sie im Leben von Kindergartenkindern häufig vorkommen, reagieren Mütter bzw. andere Pflegepersonen recht unterschiedlich. Nicht alle verhalten sich so wie die Mutter von Agnes.

Die Mutter von Wolfgang reagiert so:
Sie schlägt entsetzt die Hände zusammen und bettet Wolfgang auf ein Sofa. Desinfektionsmittel, Salbe, Verbandszeug sind rasch zur Stelle. Der kleine Junge schaut mit ängstlichem Gesichtsausdruck dem Geschehen zu. Leise wimmert er vor sich hin. Die Mutter verordnet Ruhe. Heute wird nichts mehr aus dem lustigem Herumtollen im Park ...

Die Mutter von Sebastian reagiert so:
Sie drückt Sebastian kurz an sich, streicht ihm durchs Haar, wischt flüchtig über die Knie und meint: »Nicht so schlimm,

komm, wir holen ein Pflaster!« Sebastian wischt mit dem Ärmel über die tränennassen Wangen und drückt die Hand der Mutter. Mit einem pflastergeschmückten Knie hüpft er zurück zu seinen Freunden …

Die Mutter von Maria reagiert so:
Sie fast Maria an den Schultern, hält sie etwas auf Abstand und blickt prüfend auf die aufgeschlagenen Knie. »Nein, nicht schon wieder! Kannst du nicht aufpassen?« Sie setzt Maria auf einen Stuhl, dreht sich um und holt das Verbandszeug aus dem Badezimmerschrank. Marias Schreien wird schriller, ungeduldig zappelt sie auf dem Stuhl hin und her. Erst als die Wunde versorgt ist, hört ihr Weinen auf. Die Mutter verlässt den Raum. Maria möchte nicht mehr hinaus und zieht sich mit einem Bilderbuch in ihr Zimmer zurück ….

Die Erfahrungen der Kinder, die sie in solchen Schmerzsituationen machen, sind Bausteine in ihrer Schmerzlerngeschichte. Die Kinder aus unseren Beispielen lernen ganz Unterschiedliches:

Agnes lernt, wie gut es tut, bei Schmerzen in den Arm genommen und getröstet zu werden. Die Gelassenheit der Mutter gibt ihr die Sicherheit, dass alles nur halb so schlimm ist. Ähnlich ist es bei Sebastian, der das bunte Pflaster an seinem Knie wie eine kleine Trophäe trägt. Demgegenüber erfährt Maria wenig liebevolle Zuwendung, sondern einen distanzierten, allein auf ihre körperliche Verletzung bezogenen Umgang mit ihren Schmerzen. Wolfgang lernt, dass die Verletzung und der körperliche Schmerz im Mittelpunkt stehen. Die panikartige Reaktion der Mutter löst zusätzlich Ängste in ihm aus, die durch das ausgesprochene Spielverbot noch verstärkt werden.

Die Kinder aus unseren Beispielen haben aus den typischen Reaktionsweisen ihrer Umwelt im Zusammenhang mit Schmerz gelernt. Sie haben eine bestimmte Einstellung zum Schmerzgeschehen erworben, die sich im Erwachsenenalter in einer jeweils sehr persönlichen Art des Umgangs mit der Situation zeigt, in deren

Interpretation und den Bedürfnissen rund um die Schmerzlinderung. Werfen wir einen Blick auf die nunmehr erwachsen gewordenen Kinder Agnes, Sebastian, Maria und Wolfgang:

Frau Agnes M. kommt nach einem Skiunfall, bei dem sie sich den linken Unterschenkel gebrochen hat, ins Krankenhaus. An ihrer Seite ist ihr Freund Martin, dessen Hand sie fest umklammert hält. Sie beißt sich auf die Lippen und sucht ungeduldig nach einem Taschentuch. Als ihr Freund ihr durchs Haar fährt, beginnt sie zu schluchzen und lässt ihren Tränen freien Lauf. Martin bleibt an ihrer Seite. Mit ruhiger Stimme spricht er geduldig mit ihr, immer wieder streichelt er ihren Kopf und nimmt sie in den Arm. Langsam kommt Agnes zu Ruhe. Dann seufzt sie ein paar Mal tief, putzt sich die Nase und bespricht mit Martin, wie sie jetzt wohl mit Gips ihren Alltag bewerkstelligen wird.

Herr Wolfgang S. kommt von einer anstrengenden Geschäftsreise zurück nach Hause. Erschöpft lässt er sich auf ein Sofa fallen und schließt die Augen. Da spürt er ein leises Pochen in seinem Kopf. Aufgeschreckt von diesem Schmerz setzt er sich auf. Er dreht seinen Kopf hin und her, er macht die Augen auf und zu, er geht in die Küche und trinkt ein Glas Wasser. Doch das Pochen wird immer stärker – oder bildet er sich das nur ein? Vielleicht ist eine Erkältung im Anzug? Oder ist es was Schlimmeres? Dass er morgen zur Arbeit gehen wird, schließt er aus. Herr S. holt sich Schmerztabletten, richtet sich einen heißen Tee und legt sich ins Bett. Er spürt, wie die Angst in ihm größer wird, er kann das alles gar nicht verstehen. Tief beunruhigt schaltet er das Licht aus.

Herr Sebastian S. muss sich einer Operation unterziehen. Lange hat er sich dagegen gewehrt und versucht, die Beschwerden wegzustecken. »Halb so schlimm!«, hat er sich selbst aufgemuntert. »Halb so schlimm!«, hat er auf Nachfragen der Kollegen geantwortet. Doch als die Schmerzen schlimmer wurden und der Arzt immer eindringlicher zur Operation riet, gab Sebastian nach. Für die Zeit seines Krankenstandes regelte er wichtige Dinge im Büro. Die Operation verläuft gut und Herr S. kann schon bald entlassen werden. Er hält sich an den vorgeschlagenen Therapieplan und zeigt schon bald seinen Freunden und Kollegen, wie gut die Narbe verheilt ist.

Frau Maria R. ist mit dem Fahrrad gestürzt. Sie hat sich beide Knie aufgeschürft. Als sie das Fahrrad aufheben will, spürt sie auch noch einen stechenden Schmerz im Unterarm. Mit schmerzverzerrtem Gesicht setzt sie sich an den Wegrand, wo sie Passanten finden und ins Krankenhaus bringen. »Ich hätte besser aufpassen müssen, ich hätte besser aufpassen müssen ..., ich bin ja selbst schuld«, hämmert es in ihrem Kopf. Ungeduldig rutscht sie in der Ambulanz auf ihrem Stuhl hin und her. Anteilnehmende Blicke prallen an ihr ab, Gesprächen weicht sie aus. Mit schriller Stimme fordert sie, rasch versorgt zu werden. Erst als dies geschehen ist, lässt ihre Anspannung nach. Dann setzt sie sich in den Warteraum, blättert in Zeitschriften und wartet auf das Taxi, das sie nach Hause bringen soll.

Ein Schlüssel zum Verständnis des oft sehr unterschiedlichen Schmerzerlebens Erwachsener liegt also in den Erfahrungen, die sie als Kinder und Jugendliche gemacht haben. Die Art und Weise, wie die Umwelt auf Schmerzen reagierte, hat gezeigt, welche Bedeutung dem Schmerz beigemessen wird, welche Ausdrucksweisen akzeptiert und möglich sind, mit welchen Folgen sie zu rechnen haben und wie weit reichend die Auswirkungen sein können.

Soziokulturelle Einflüsse

Zu den Einflüssen aus der so genannten Primärfamilie kommen aber noch eine Reihe sozialer und kultureller Normen ins Spiel, die über die typischen Merkmale einer Person oder Familie hinausgehen.

»Ein Junge weint nicht!«, »Ein Indianer kennt keinen Schmerz!«, »Weinen ist keine Schande!« – diese und ähnliche Äußerungen spiegeln beispielsweise eine soziale Norm wider, wie sie auch heute noch in jeweils bestimmten Kreisen (sozialen Schichten) wieder- und weitergegeben wird. »Beiß die Zähne zusammen!«, »Sei still und stell dich nicht so an!«, »Nur heraus mit den Tränen!« – durch solche Äußerungen wird versucht, sozial akzeptiertes und weniger akzeptiertes Verhalten zu steuern. Ein Blick in unsere südlichen Nachbarländer zeigt, wie unterschiedlich diese Normen in Bezug auf Schmerzäußerungen sein können. Dort wird lautes Weinen, Schreien, Klagen und Jammern bei argen Schmerzen und bei Trauerfällen durchaus toleriert und keinesfalls als Schwäche ausgelegt.

Nicht zu vergessen ist der Einfluss der Religion auf das persönliche Schmerzerleben. Zahlreiche religiöse Text- und Bibelstellen haben das Thema Schmerz zum Inhalt und geben Gläubigen oft Anhaltspunkte in ähnlichen Situationen. Sie stellen eine Reihe von Interpretationsmöglichkeiten zur Verfügung, thematisieren den Zusammenhang zwischen Schmerz und Schuld sowie zwischen Schmerz und Sühne. Die Schmerz- und Leidensgeschichte Jesu hält Bilder bereit, die für das persönliche Schmerzerleben vieler Menschen von großer Bedeutung ist. So mancher Schmerzpatient spricht von seinem »Kreuzweg«, vom »Kreuz tragen«, von den »blutenden Malen«. In solchen Aussagen spiegeln sich auch Bilder wider, die uns nicht nur in den großen Werken der Kunst, sondern an jedem Wegkreuz, in jeder Kapelle oder Kirche entgegenkommen. Die künstlerische Darstellung von Schmerz fand über viele Jahrhunderte hin fast ausschließlich im Zusammenhang mit religiösen Themen statt. Man spricht auch von der so genannten »ars patiendi«, einer »Leidenskunst«, in deren Zentrum Christus als »Schmerzensmann« steht.

Das Zusammenspiel soziokultureller und religiös mitgeprägter Vorstellungen über die Herkunft von Schmerzen, ihre Bedeutung und ihren Sinn beeinflusst das Schmerzerleben jedes einzelnen Menschen auf sehr individuelle Weise. Wächst beispielsweise jemand in einem Umfeld auf, in dem Krankheit und Schmerzen als eine Art Bestrafung für begangenes Unrecht angesehen wird, lässt das sein Schmerzerleben dramatische Dimensionen annehmen. Oft kommt es dann zu einer intensiven Auseinandersetzung mit der Frage rund um »Schuld und Sühne« und um das persönliche Recht auf Schmerzlinderung.

Ein anderes Beispiel wäre das Schmerzerleben bei der Geburt. Selten gibt es einen anderen vergleichbaren Schmerzzustand, dem so viel Sinn zugesprochen wird. Das wiederum wirkt sich auf die Einstellung der Frauen und letztlich auf das Schmerzerleben positiv aus. Aber auch hier hängt viel von den konkreten Umständen ab, z. B. von der Akzeptanz der Schwangerschaft, vom seelischen Zustand, von den sozialen Verhältnissen – oder von Leit- und Orientierungssätzen, wie etwa »Unter Schmerzen sollst du deine Kinder gebären«.

Andrea S. ist erst 17 Jahre alt, als sie von ihrer Frauenärztin erfährt, dass sie schwanger ist. Diese Nachricht bringt ihr ganzes Leben gründlich durcheinander: Der geplante Schulabschluss gerät ins Wanken, die Zukunftspläne zerfallen in Nichts. Nach einigen Wochen der Verzweiflung und Niedergeschlagenheit versucht sie jedoch gemeinsam mit ihrem Freund Markus neue Perspektiven zu entwickeln. Ihre Eltern versprechen Unterstützung, die Geschwister freuen sich, Onkel und Tante zu werden, und so durchlebt Andrea nach anfänglichen Umstellungsschwierigkeiten eine positive Schwangerschaft. Sie besucht mit Markus einen Geburtsvorbereitungskurs und setzt sich intensiv mit alternativen Möglichkeiten der Schmerzlinderung bei der Geburt auseinander. Je näher der Geburtstermin rückt, desto größer wird ihre Freude, einem Kind das Leben zu schenken. Den Satz ihrer Mutter »Geburtsschmerzen sind die einzigen Schmerzen, die sich auszahlen!« nimmt Andrea mit in die Klinik, und er hilft ihr über manche schwere Wehe hinweg. Trotz einer relativ lang dauernden Geburt ist es für Andrea ein rundum positives Erlebnis. Die Schmerzen bezeichnet sie als »Anstrengung« – eine »schöne Anstrengung!« …

Gefühle und Schmerzerleben

Auch Gefühle und Stimmungslagen begleiten und beeinflussen das Schmerzerleben. Als primäre Gefühle bezeichnet man in der Emotionspsychologie: Furcht, Ärger, Freude, Traurigkeit, Vertrauen, Ekel, Erwartung und Überraschung. Diese Gefühle entstehen als Antwort der Seele auf Erlebnisse, Situationen und Gedanken. Sie begleiten alle Ereignisse des Lebens und beeinflussen unser Verhalten. Durch die Palette der Gefühle werden auch ganz bestimmte Bezüge zur Umwelt hergestellt: Gefühle beziehen sich auf etwas. Man hat »Furcht vor etwas«, »ärgert sich über jemanden«, »freut sich auf etwas« usw.

Von den Gefühlen zu unterscheiden sind die Stimmungen bzw. die so genannte Grundstimmung eines Menschen. Stimmungen sind nicht mehr so stark an eine bestimmte Situation oder an ein bestimmtes Ereignis gebunden. Sie sind wie eine Hintergrundsfarbe, eine Kulisse, die das individuelle Erleben beeinflusst. Während Gefühle kurzlebig sind, halten Stimmungen länger an. Wir alle kennen Tage, an denen wir in wunderbarer Hoch-Stimmung sind! Diese emotionale Befindlichkeit färbt auf alles ab, was wir tun, und wirkt sich erfrischend auf unsere Mitmenschen aus. Dann gibt es wiederum Tage, in denen sich eine dunkle Stimmung breit macht. Sie nimmt uns den Schwung und lässt alles in düsterem Licht erscheinen. Wenn nun eine bestimmte Stimmungslage bei einem Menschen überwiegt, dann spricht man auch von Grundstimmung oder Lebensgefühl.

Gefühle und Stimmungen können beide das Schmerzerleben beeinflussen. Die eher kurzlebigen Gefühle können beispielsweise einen akuten Schmerz für eine gewisse Zeit »verschwinden« lassen oder aber unverhältnismäßig steigern.

> Hanna M. freut sich schon seit langem auf das Fest, das sie zu ihrem 45. Geburtstag geplant hat. Sie ist gerade in den letzten Vorbereitungen, als sie mit dem Messer abrutscht und sich in den Finger schneidet. Sie zuckt kurz zusammen, dann holt sie

sich ein Pflaster und ist schon auf dem Weg, die ersten Gäste zu empfangen ...

Ganz anders geht es Karl S. Bei der Arbeit gab es Ärger mit dem Chef. Auch mit den Kollegen hat er sich nicht verstanden. Ärger über Ärger! Karl fährt nach Hause. Er hat sich vorgenommen, ein loses Brett am Gartenzaun festzumachen. Als er die Holzlatte anhebt, übersieht er einen rostigen Nagel – und schon hat er sich am Finger verletzt. Es ist nur eine kleine Wunde, doch Karl schreit auf. Der Schmerz geht ihm durch Mark und Bein. Er lässt alles stehen und liegen. Er fühlt sich elend ...

So wie Gefühle das Schmerzerleben überlagern können, können auch Schmerzen ihrerseits Gefühle auslösen. Häufig kommt es vor, dass Schmerzen als bedrohlich erlebt werden, als Angriff auf »Körper, Geist und Seele«. Die emotionale Antwort auf diese Bedrohung ist dann Furcht und Schrecken. Ärger, Ekel oder Traurigkeit gehören ebenfalls zum emotionalen Hof des Schmerzes. Außer in den Grenzbereichen der Sexualität, in denen Schmerz als Gegenpol zur Lust eine Rolle spielen kann, werden selten positive Gefühlsbereiche mit Schmerzen assoziiert. Eine oft genannte Ausnahme stellt die Geburt dar. Der Geburtsschmerz kann bei positiv eingestellten Frauen Freude, eine erwartungsvolle Haltung und Vertrauen in das Geschehen auslösen (vgl. S. 58). Auch postoperative Schmerzen, die als Ausdruck eines Heilungsprozesses verstanden werden, können mit positiven Gefühlen und Optimismus verbunden sein (vgl. S. 25).

Der Einfluss von Stimmungen auf das Schmerzerleben lässt sich in ähnlicher Weise beschreiben. Stimmungen können jedoch aufgrund ihrer zeitlichen Beständigkeit viel stärker einwirken. Dies gilt insbesondere für die Grundstimmung eines Menschen, sein Lebensgefühl. Auf diese Komponente sollte in der Begleitung und Behandlung von Schmerzpatienten geachtet werden. Ein Mensch, dessen Grundstimmung mit einem leuchtenden Gelb zu vergleichen ist, wird sicherlich anders mit schwierigen Lebenssituationen –

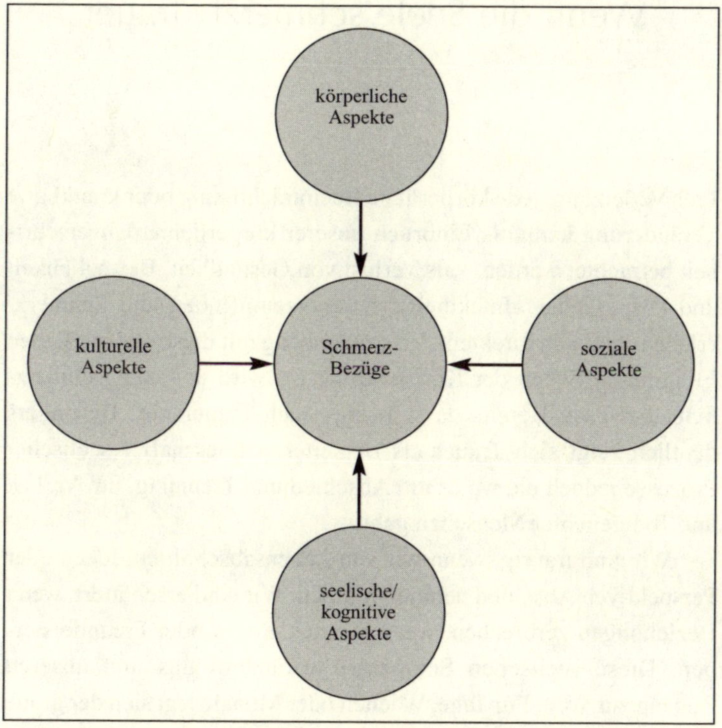

Abbildung 8: Faktoren, die das Schmerzerleben beeinflussen

etwa mit Schmerz – umgehen als ein Mensch mit der Farbe Schwarz als Grundstimmung. Chronische Schmerzen sind jedoch in der Lage, nicht nur die jeweilige Tagesverfassung, sondern auch das gesamte Lebensgefühl eines Menschen grundlegend zu verändern. Chronische Schmerzen nehmen auch dem sonnigsten Menschen Farbe aus seinem Leben. Sie bringen ihn in den Bereich jener Grenzerfahrungen, die ihre eigenen Gesetze schreiben.

Wenn die Seele schmerzt: Trauer

Jede Verletzung, jede körperliche Beeinträchtigung oder krankhafte Veränderung kann als Einbruch unserer körperlichen Unversehrtheit betrachtet werden – als Verlust von Gesundheit, Beweglichkeit und körperlicher »Intaktheit«. Schmerzempfinden und Schmerzerleben stehen in direktem Zusammenhang mit diesen körperlichen Ereignissen. Wenn der Körper krank ist, wird uns das »schmerzlich« bewusst. Bereits da schwingt auch Trauer mit. Besonders deutlich zeigt sich Trauer als Begleiter schmerzhafter seelischer Prozesse jedoch da, wo es um Abschied und Trennung, um Verlust und Tod geliebter Menschen geht.

Wir sind traurig, wenn wir von Lebensabschnitten, Ideen oder Perspektiven Abschied nehmen müssen. Wir sind erschüttert, wenn Beziehungen zerbrechen, wenn Partner, Eltern oder Freunde sterben. Diese seelischen Schmerzen verändern uns und unseren Zugang zur Welt. Für Tage, Wochen oder Monate legt sich der graue Schleier der Trauer über unser Leben.

Trauer ist eine natürliche Reaktion des Menschen auf Abschied und Tod. Sie ist das Bemühen, das Ringen der Seele, mit den unterschiedlichsten Verlusterfahrungen fertig zu werden. Trauer gehört zu den »großen« Lebensgefühlen und begleitet uns von der Kindheit über das Erwachsensein bis ins Alter. Wir alle kennen viele verschiedene Facetten der Trauer, vom leichten wehmütigen Schmerz bis hin zur herzzerreißenden Qual. Ob es sich um kleine Traurigkeiten oder um tief greifende Trauerzustände handelt, immer umfasst Trauer den ganzen Menschen, seine Gefühle, seine Gedanken, seine seelischen und körperlichen Reaktionen.

Jede Trauerzeit ist für den, der sie erlebt, eine schwere und schmerzhafte Etappe auf seinem Lebensweg. Das Eintreten in eine aktive Trauerarbeit lässt die Trauer jedoch letztlich in einem hellen und positivem Licht erscheinen: Nur durch das Durchschreiten der

Trauerphasen kann es gelingen, die dunklen Seiten des Lebens anzunehmen, sie in das Lebensganze zu integrieren und sich Neuem zuzuwenden. Hätten wir die Trauer nicht, würden wir an den vielen Abschieden und Verlusten, die das Leben für uns bereithält, zerbrechen. Man kann auch sagen, dass Trauer jenes Gefühl ist, das uns ein Weiterleben trotz der Verluste möglich macht.

Trauer ist wie der körperliche Schmerz eine universelle Erfahrung: Jeder Mensch wird im Laufe seines Lebens der Trauer ebenso wie dem körperlichen Schmerz begegnen. Auf welche Weise Zeiten der Trauer erlebt werden und wie der einzelne mit diesen Trauerzeiten umgeht, ist sehr unterschiedlich. Trotz einer großen persönlichen Bandbreite an möglichen Reaktions- und Verhaltensweisen gibt es im »Land der Trauer« aber bestimmte Stationen, an denen jeder vorbeikommt. Diese Stationen heißen: Ablehnung der Trauer, Aufbruch der Trauergefühle, Auseinandersetzung mit den Trauergefühlen und schließlich Annahme der Trauer.

Stationen der Trauer

»Nein – nicht ich!« rufen Trauernde, die im ersten Abschnitt ihres Trauerweges sind. Zu dieser *ersten Station* gehören Begriffe wie Schock, Verdrängen, Verleugnen oder Nicht-wahrhaben-Können. Die Menschen wirken wie erstarrt, fühlen sich ohnmächtig und hilflos. Der Boden, der bisher so sicher und fest schien, beginnt zu schwanken, die festen Mauern des Lebenshauses drohen einzustürzen. Eine sehr häufig wiederkehrende und typische Aussage in diesem Stadium des Trauerprozesses ist: »Ich kann es nicht glauben!« Begleitet werden die seelischen Zustände von körperlichen Veränderungen wie Übelkeit, Schweißausbrüchen, verzögerter Reaktionsfähigkeit oder Auffälligkeiten in den Bewegungen wie etwa dem häufigen Wechsel zwischen rastloser Unruhe und lähmendem Erstarren.

Leopold G. lebt mit seiner Frau Antonia seit vielen Jahren in einer Siedlung am Rande der Stadt. Der Kontakt unter den Mietparteien beschränkt sich in den meisten Fällen auf knappes Grüßen. Leopold und Antonia treffen sich nur mit Kurt und Maria von der Nachbarwohnung zum Kartenspiel. Einmal pro Woche. Das Leben ist einförmig, ruhig, kalkulierbar. Als die Kinder ihrer Wege gingen, rückten die beiden Eheleute noch näher zusammen. Sie waren unzertrennlich. Eines Tages – es war ein kühler Oktobermorgen und Antonia hatte schon etliche Tage an einer Erkältung laboriert – kam Antonia nicht aus dem Bett. Sie fühlte sich elend und schwach. Besorgt rief Leopold seine Tochter zu Hilfe, die auch gleich den Notarzt verständigte. Antonia kam ins Krankenhaus. Der Arzt erklärte Leopold, dass seine Frau dort bleiben müsse: »Das Herz, Herr G., da müssen wir schon vorsichtig sein!«

Als Herr G. am nächsten Morgen in die Klinik kam und zu seiner Frau wollte, wurde er ins Arztzimmer gebeten. Leopold fuhr es wie ein Blitz durch sein Herz. Siedendheiß wurde es ihm, als der Arzt etwas von »Herzversagen ... leider nichts mehr machen ... sehr Leid ...« murmelte. Er verstand nichts. »Nein, nein«, dachte Leopold, »da hab ich was nicht verstanden, das kann doch nicht sein!« Entschlossen wandte er sich an eine Schwester. »Aber ...« – doch bevor er seinen Satz beenden konnte, sah er in ihrem Gesicht, was los war. Tot! Tot? Das Zimmer begann sich zu drehen, alles verschwamm vor seinen Augen. »Schwester, das kann doch nicht sein!« – sein Klagelaut hallte durch den Gang.

Wie er nach Hause kam, weiß er nicht mehr. Die folgenden Tage erlebte er wie in Trance. Stundenlang stand Leopold wie versteinert am Fenster seiner Wohnung und starrte auf die vorbeifahrenden Autos.

Nach Tagen bis Wochen kann sich die Erstarrung allmählich lösen und die Trauernden machen einen weiteren Schritt auf ihrer Reise. Sie kommen in eine Seelenlandschaft, in der Vulkane stehen und immer wieder eruptiv Verzweiflung, Leid, Anklage, Wut und Zorn hervorbringen. »Warum ich?« schleudern die innerlich verletzten

Menschen ihren Begleitern entgegen. Zwischen Angst und Wut, Ohnmacht und Schuldgefühlen hin und her gerissen, klagen Trauernde oft laut, weinen. Sie schreien sich ihre innere Qual von der Seele. Das quälende Warum lässt die Trauernden auch die Sinnfrage stellen: »Warum muss ich das alles aushalten, was für einen Sinn hat mein Leben noch?« Große Stimmungsschwankungen führen die Betroffenen in tiefste Tiefen, lassen sie Abgründe ihrer Existenz schauen. Das löst Verzweiflung und Gefühle der Einsamkeit aus. Panikattacken, Beklemmungsgefühle in der Brustgegend, Schlafprobleme und Konzentrationsstörungen können als körperliche Begleiterscheinungen dieser *zweiten Station* genannt werden.

Leopold war kaum in der Lage, die Begräbnisformalitäten zu regeln. Er übergab das seiner ältesten Tochter und war mit allem einverstanden. Jeden Morgen streckte er die Hand aus – und musste schmerzlich erkennen, dass Antonia nicht neben ihm lag. Ganz langsam begriff er. Ganz langsam stieg Wut in ihm auf. »Warum bist du jetzt gegangen!?« fragte er das Bild von Antonia, das im Wohnzimmer an der Wand hing. Jung und strahlend lachte sie ihm da entgegen – Leopold ertrug es nicht. Zornig und aufgebracht nahm er das Bild von der Wand. »Warum« – dieses Wort wollte ihm nicht aus dem Kopf. Haben die Ärzte etwas falsch gemacht? Hätte er schon bei den ersten Anzeichen der Erkältung den Arzt rufen müssen? Leopold schüttelte es am ganzen Körper. Er konnte das alles nicht begreifen – und konnte sich ein Leben ohne Antonia nicht vorstellen. »Welchen Sinn hat das alles noch, Kurt?« fragte er den Nachbarn, der verlegen und hilflos an der Tür stand. »Das Leben hat keinen Sinn mehr!«

Der Weg aus diesem von ständigen Vulkanausbrüchen bedrohten Landstrich führt in steiniges Gebiet. Hier erwartet die Trauernden Arbeit, nämlich jene Arbeit, die auch unter dem Begriff Trauerarbeit bekannt ist. Es geht darum, den konkreten Verlust nicht mehr beiseite zu schieben oder auf panikartige Weise wild um sich zu schlagen. Ein trauriges »Ja – ich«, »Ja – mich hat es getroffen« ist der Beginn einer echten Auseinandersetzung mit dem erlittenen Verlust. »Ich weiß, dass ich nichts ändern kann« – diese Aussage von trauernden Menschen an der *dritten Station* beinhaltet ein resignatives Element, kann aber auch als wichtiger Schritt gesehen werden, den Verlust, die Trennung, den Abschied anzunehmen. Und doch bleibt die Sehnsucht, das Erlebte auszulöschen, und die Trauernden versuchen immer wieder, Zuflucht zu ihren Träumen zu nehmen. In ihrer Fantasie meinen sie, das Erlittene überwinden bzw. ungeschehen machen zu können. Das alles wirkt sich auch auf das allgemeine Körperempfinden aus und zeigt sich in Überempfindlichkeit und einem ständigen Pendeln zwischen überaktivem und passivem Verhalten. Die motorische Unruhe und die ständige Suche bringen so manchen Erschöpfungszustand. Letztlich führt der Trauerweg, auf dem viele große und kleinere Steine beiseite geräumt werden müssen, zu einem großen stillen See, in dem die vielen geweinten und ungeweinten Tränen aufgehoben sind. Die Trauernden können hier die befreiende und reinigende Kraft der Tränen erleben. Wie lange sie an diesem Ort verweilen und wann sie wieder den Blick zum anderen Ufer richten können, wird letztlich davon abhängen, ob der erlittene Verlust akzeptiert und als Lebenserfahrung angenommen werden kann.

Wochen und Monate vergingen. Weihnachten verbrachte Herr G. bei seinem Sohn. Eine Kerze für Antonia am Christbaum löste eine Tränenflut aus. Danach fühlte er sich leer, ausgebrannt, ausgeweint. Die Kinder von Leopold machten sich Sorgen um ihren Vater, der apathisch und lustlos einen Tag nach dem anderen »abspulte«. Dann und wann brach er am Telefon in Tränen aus und stammelte Unverständliches.

Lähmende Einsamkeit legte sich über Leopold. Er flüchtete in den Schlaf. Da konnte es schon vorkommen, dass Antonia im Traum zu ihm kam. Sie redeten und lachten, und alles war wie früher. Manchmal sah sie ihn so seltsam an – Leopold wachte schweißgebadet auf und suchte mit seiner Hand nach Antonia.

Doch seine Hand fuhr ins Leere. Kurt und Maria wollten Leopold helfen und wussten doch nicht, wie. Manchmal kochte Maria für Leopold. Dann saß er schweigend da, als würde er in sich hineinlauschen.

Es war schon fast Sommer, als Leopold langsam aus seiner verzweifelten Einsamkeit wieder auftauchte. Doch noch immer bemerkte er an sich eine ihm bis dahin fremde »Weinerlichkeit«. Tränen liefen ihm über die Wangen, wenn er ältere Paare auf der Straße sah. Tränen stiegen in ihm auf, wenn Kurt seiner Frau den Einkaufskorb abnahm. Er wendete den Blick ab und kehrte zurück in sein Wohnzimmer, wo er das Bild von Antonia wieder an die Wand gehängt hatte.

Die *vierte* und *letzte Station* auf dem Trauerweg wird »Annahme der Trauer« genannt. Es geht um das Ja, das Einwilligen. Vieles lernen Trauernde auf ihrem Weg durch das Tal der Tränen – über sich, über ihre Einstellung zum Leben, über die Bedeutung des Verlusts und ihre eigene Vergänglichkeit. Eine bewusste Auseinandersetzung mit diesen Gefühlen und das Zulassen von Tränen, Wut, Angst und Verzweiflung führen letztlich dazu, den Verlust anzunehmen. Ein behutsamer Umgang mit sich selbst lässt schließlich die innere Wunde langsam heilen. Die letzte Station des Trauerweges bringt nach all der Finsternis und Kälte wieder Licht und Wärme. Die Trauernden können zu einer inneren Gelassenheit kommen und zu neuen Einsichten. Dies führt auch zu einer Normalisierung und Stabilisierung des gesamten Lebensablaufs einschließlich der Körperfunktionen.

Leopold besuchte mit Kurt das Grab von Antonia. Die beiden Männer standen schweigend da. Schwerfällig bückte sich Leopold und stellte eine Kerze auf die Grabplatte. Da war es wieder, das Gefühl der Unwirklichkeit! Doch ein Blick auf den Grabstein zeigte ihm den Namen seiner Frau. Er wandte sich ab, ging den Weg zurück zum Friedhofseingang. Er fühlte sich wie auf der Flucht. Als Kurt ihn einholte, begann er zum ersten Mal zu reden. Er erzählte von Antonia und welche Blumen sie mochte. Bei der Friedhofsgärtnerei kaufte er sie: Margeriten. Leopold trug den Blumenstrauß nicht aufs Grab, er stellte ihn vor das Bild im Wohnzimmer, wo ihm Antonia fröhlich entgegenlachte. Er nahm ein Fotoalbum aus dem Bücherschrank und zeigte Kurt die Fotos. Seite um Seite, eine Reise in die Vergangenheit ... »Wir waren glücklich miteinander!« sagte Leopold und stellte das Album zurück in den Schrank.

Trauergefühle und Trauerreaktionen

Auf der Reise durch die Trauer tauchen viele Gefühle auf, die je nach Person und Trauersituation ganz unterschiedlich sein können. Nicht alles, was trauernde Menschen fühlen, wird im Alltagsverständnis mit Trauer assoziiert:

Leere * Rastlosigkeit * Schock * Schweißausbrüche * Atemnot * Übelkeit * Kälte * Wut * Stimmungsschwankungen * Interesselosigkeit * Hass * Verändertes Zeitgefühl * Desinteresse * Schmerz * Sehnsucht * Panik * Flucht * Herzrasen * Schlafstörungen * Appetitlosigkeit * Kopfschmerzen * Verzweiflung * Reizbarkeit * Schwere * Liebe * Einsamkeit * Beklemmungsgefühle * Überempfindlichkeit * Suchen * Fremdsein * Verwirrung * Schuldgefühle * Dankbarkeit * Müdigkeit * Konzentrationsprobleme * Beklemmung * Schwäche * Hilflosigkeit *

Tabelle 4: Typische Gefühle und Körperreaktionen Trauernder

Im Trauerprozess ist es nicht immer möglich, einfach von Station zu Station zu wandern. Manchmal ist ein Zurückgehen – ein Rückschritt – notwendig. Dann wieder durchlaufen Trauernde vielleicht mehrmals in rascher Abfolge die Stationen des Trauerweges, bis sie die innere Ruhe finden, die einzelnen Schritte bewusst zu erleben. Sie leben mit einem inneren Gefühlsrad: Ablehnung – Gefühlsausbruch – Suchen – Annehmen und wieder Ablehnung ... Das Rad dreht und dreht sich, bis es schließlich ruhen kann und die Trauernden freigibt. Dieser Prozess kann mehrere Wochen bis Monate, manchmal auch einige Jahre dauern.

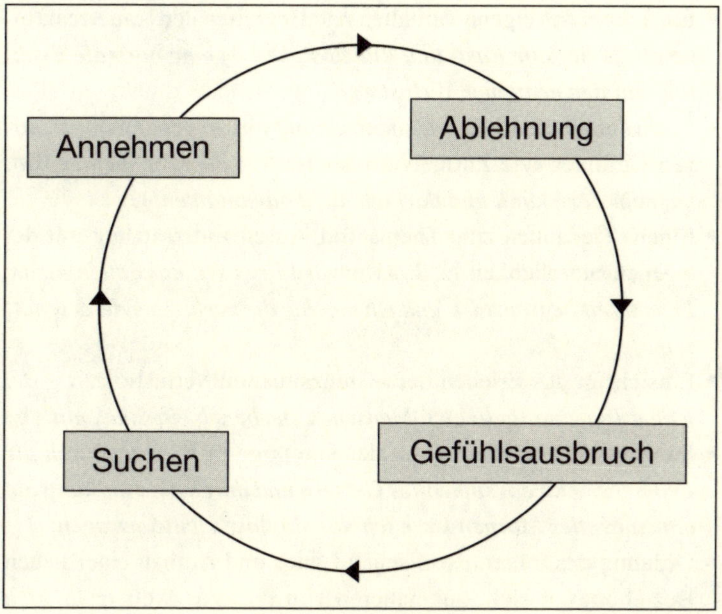

Abbildung 9: Das Gefühlsrad

Vieles wird nach dem Durchleben des so genannten Trauerjahres (= das erste Jahr nach dem erlittenen Verlust) für die Betroffenen leichter, und die Gefühle bzw. körperlichen Reaktionen verlieren an Heftigkeit. Bis zu drei Jahren kann es allerdings dauern, um nach schwerwiegenden Verlusten zum normalen seelischen Gleichgewicht zurückzufinden. Wenn ein Mensch über drei Jahre hinaus aus der Trauer nicht herausfindet, muss man von chronischer Trauer sprechen, die einer gezielten therapeutischen Begleitung bedarf.

Aspekte der Trauerarbeit

Alle Gefühle, Gedanken und vielfältigen Reaktionsweisen, die mit dem Trauerschmerz einhergehen, dienen der Verarbeitung des Verlustes. Diesen Prozess nennt man auch Trauerarbeit. Wesentliche Aspekte der Trauerarbeit lassen sich wie folgt zusammenfassen:

- Einsicht in das eigene Verhalten und Begreifen der Trauerreaktionen *(z. B. »Meine Rast- und Ruhelosigkeit ist eine normale Reaktion auf den erlittenen Verlust.«)*
- Konfrontation und Auseinandersetzung mit so genannten negativen Gefühlen wie Zorn, Wut oder Hass *(z. B. »Vor meiner Wut, meinem Zorn kann und darf ich nicht davonlaufen!«)*
- Eigene Gedanken zum Thema Tod, Auseinandersetzung mit der eigenen Sterblichkeit *(z. B. »Mir wird bewusst, dass auch meine Lebenszeit begrenzt ist, und ich möchte die verbleibende Zeit nutzen.«)*
- Einsicht in das Erleben der »Grenzsituation Verlust« *(z. B. »Bei jedem Tod eines geliebten Menschen sterbe ich ein Stück mit.«)*
- Intensive Beschäftigung mit der Sinnfrage (*z. B. »Nur durch die Erinnerung an ein sinnvolles Gestern und durch die Hoffnung auf ein sinnvolles Morgen kann ich das sinnlose Heute ertragen.«)*
- Ordnung des inneren seelischen Chaos und Aufbau einer neuen Beziehung zu sich, zur näheren Umwelt, zur Welt *(z. B. »Ich lerne, mit den inneren Veränderungen umzugehen, und finde einen neuen Zugang zu mir und meiner Umwelt.«)*

Das intensive Durchleben der Trauer stellt eine seelische Überlebenschance dar. Wenn Menschen sich weigern oder nicht in der Lage sind, das »Land der Trauer« zu betreten und die einzelnen Stationen zu durchschreiten, tritt eine Chronifizierung der Trauer ein. Häufig führen verschleppte Trauerprozesse zu massiven seelischen, aber auch körperlichen Beeinträchtigungen und zu einer Festschreibung all jener Symptome, die für eine begrenzte Zeit als normale »Durchgangssymptome« gelten können (vgl. Tabelle 4). Ähnlich wie bei den körperlichen Schmerzen kann man also auch bei der Trauer zwischen einem akuten Trauergeschehen und chronifizierten Prozessen unterscheiden. Die akute Trauer hat in gewissem Sinne auch eine Schutzfunktion, indem sie Freiräume schafft, Gefühle kanalisiert und den Trauernden aus dem Dunkel zurück ans Licht, aus der Erstarrung zurück in die Lebendigkeit führt.

Schmerz und Trauer

Wie sehr körperliche Schmerzen und Trauer zusammenhängen, einander bedingen und wechselweise verstärken, zeigen viele Beispiele aus der Begleitung von Schmerzpatienten, aber auch von Trauernden. Seelische Befindlichkeiten und Schmerzerleben sind grundsätzlich eng miteinander verbunden. Freude, Hoffnung, Heiterkeit, ein positives Lebensgefühl können das Schmerzerleben mildern und erträglicher machen, während Angst, Unsicherheit, Trauer, Verzweiflung und Hoffnungslosigkeit dazu führen, dass Schmerzen sehr intensiv erlebt werden.

Überall im Kopf wandern die Gedanken oft stundenlang um dasselbe schmerzende Thema: Verlust meiner vertrauten und geliebten Umgebung. Die Trauer über die vielen Abschiede der letzten Monate belastet mich und ich spüre, wie mit diesen Belastungsdepressionen auch die Schmerzen im Schulterbereich ganz von allein wieder kommen – ein Teufelskreis! Ich sage mir: »Kopf einziehen, nicht bewegen!« – das könnte helfen. Doch ich kann mich nicht bewegen. Ich weiß, dass tägliches Spazieren gehen mir gut tut, aber ich bleibe zuhause im sicheren Umfeld. Ich fühle mich so gelähmt, dass sogar das Achten auf die notwendigsten körperhygienischen Maßnahmen, wie Zähne putzen, Waschen, Eincremen ... kaum möglich ist. Innen gelähmt und außen total verspannt!

Der Schmerz in den Schultern wird immer stärker – und das Gefühl der Heimatlosigkeit immer größer! Das ist ein neuer, mir noch unbekannter Schmerz, der sich eingeschlichen hat. Plötzlich verstehe ich all die Menschen mit ›Heimweh‹. HEIM ... Weh ... heim ... WEH. Das ist auch Schmerz! Tausend Tränen unterdrücke ich. Diesen Schmerz zu beschreiben ist fast unmöglich. Es ist wie eine Amputation, wie Blut und Weh – Heimweh!

(Berit, 43 Jahre)

Traurige Menschen klagen häufig über Kopfschmerzen, fühlen sich zerschlagen und am ganzen Körper wund. Oft sind sie sehr verspannt und empfinden jeden Schmerz besonders intensiv. Umgekehrt können intensiv erlebte körperliche Schmerzen das seelische Gleichgewicht massiv stören. Über das Seelenleben vieler von chronischen Schmerzen geplagter Menschen legt sich ein dunkler Schleier der Traurigkeit. Diese die Schmerzen begleitende Trauer ist sehr gut zu verstehen. Wie oft ist doch das Erleben von chronischen Schmerzen mit dem Verlust an Bewegungsmöglichkeiten, an Lebensqualität und individueller Freiheit verbunden! Menschen, die von einer lebensbedrohlichen Krankheit betroffen sind, die sich nur mehr unter Schmerzen bewegen können, die Teile ihres Körpers verloren haben oder durch Verletzungen schmerzhaft aus ihrem Lebensalltag gerissen werden, sind auch traurig.

Speziell Patienten mit einer lange dauernden Schmerzkrankheit, die vielleicht noch durch eine unzureichende Schmerztherapie verstärkt wird, neigen zu einer Chronifizierung ihrer Trauer. Lang anhaltende intensive Schmerzen werden von den Betroffenen oft auch als Mahnung an die Endlichkeit verstanden. Sie können existenzielle Ängste und Gedanken an den Tod auslösen, wie es Theodor Storm in seinem Gedicht »Beginn des Endes« formuliert:

Beginn des Endes
Ein Punkt nur ist es, kaum ein Schmerz,
Nur ein Gefühl empfunden eben;
Und dennoch spricht es stets darein,
Und dennoch stört es dich zu leben.
Wenn du es andern klagen willst,
So kannst du's nicht in Worte fassen.
Du sagst dir selber: »Es ist nichts!«
Und dennoch will es dich nicht lassen.
So seltsam fremd wird dir die Welt,
Und leis verläßt dich alles Hoffen,
Bis du es endlich, endlich weißt,
Daß dich des Todes Pfeil getroffen.

Schmerzzustände werden verstärkt durch:
- Angst, Unsicherheit, Trauer, Schlaflosigkeit, Sorgen, Verzweiflung, Einsamkeit, angespannte Atmosphäre, Misstrauen, Hoffnungslosigkeit, negatives Lebensgefühl.

Schmerzzustände werden vermindert durch:
- Freude, Hoffnung, Heiterkeit, entspannte Atmosphäre, Zuwendung, Anteilnahme, soziale Kontakte, Verständnis, Vorhersagbarkeit, positives Lebensgefühl.

Bei Überlegungen rund um eine für den Patienten individuell abgestimmte Schmerztherapie darf der Aspekt der Trauerbegleitung nicht vernachlässigt werden. Ein sensibler Umgang mit trauernden Menschen und die Unterstützung bei der Bewältigung des Trauerprozesses sind wichtige begleitende schmerztherapeutische Maßnahmen (vgl. Teil 3, S. 205 ff.).

Teil 2
Schmerzen mitteilen

Nichts geht ohne Kommunikation

Die Lebensqualität eines Menschen hängt weitgehend davon ab, wie gut er mit sich und seiner Umwelt in Kontakt sein kann, wie gut er kommunizieren kann. Dies gilt für gute wie für schlechte Zeiten. In Ausnahmezuständen (z. B. bei einer akuten Schmerzattacke), in krisenhaften Situationen (z. B. bei Verlust oder Trennung) oder bei chronischen Belastungszuständen (z. B. bei Tumorschmerzen) ist eine gute Kommunikation besonders wichtig. Gerade dann sollte man mit sich selbst, seinen Gefühlen und Empfindungen und mit seiner Umwelt in gutem Kontakt sein.

Dieses »In-gutem-Kontakt-Sein« konkret zu verwirklichen ist nicht immer einfach. Nur zu leicht überhört man die Botschaften des eigenen Körpers oder weiß mit ihnen nichts anzufangen. Nur zu oft stößt man an Grenzen des Einander-Verstehens, leidet unter ungut verlaufenden Gesprächen oder an den Folgen von Missverständnissen. Doch das muss nicht so sein!

Gute Kommunikation lässt sich bis zu einem gewissen Grad lernen und einüben. Dazu ist die persönliche Bereitschaft notwendig, am eigenen Verhalten zu arbeiten. Aber auch ein bestimmtes Grundwissen über Kommunikation ist erforderlich. Dieses Wissen kann sowohl den Zugang zu den eigenen Körperbotschaften als auch den Umgang mit den Mitmenschen wesentlich erleichtern und dies schafft die notwendige Sicherheit, die die Bewältigung schwieriger Lebenssituationen ermöglichen kann. Gerade auch für Schmerzpatienten und jene Menschen, die sie begleiten, kann es wichtig sein, über die Gesetzmäßigkeiten, die Regeln und Möglichkeiten menschlicher Kommunikation Bescheid zu wissen.

Was ist Kommunikation?

Miteinander reden, einander zuhören, jemandem zulächeln, Erfahrungen austauschen, Standpunkte klären, einander die Hand geben, Kontakt aufnehmen, Interesse zeigen – das alles und noch viel mehr wird unter dem Begriff Kommunikation zusammengefasst. Mit sich und der Welt in Kontakt treten zu können ist für unsere Entwicklung und unser Wohlergehen von so elementarer Bedeutung, dass man auch sagen kann: »Ohne Kommunikation gibt es kein Leben!«

Die Bereiche der Kommunikation sind sehr vielfältig: Prinzipiell ist zwischen der *intra-* und der *interpersonalen Kommunikation* zu unterscheiden. Im einen Fall spielen sich alle Vorgänge innerhalb (»intra«) eines Menschen ab, im anderen Fall geht es um

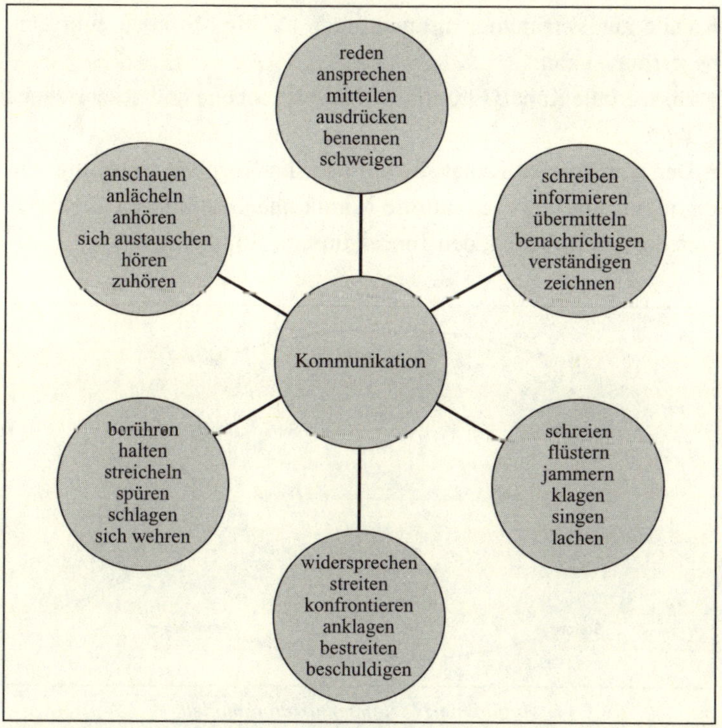

Abbildung 10: Die unterschiedlichen Bereiche menschlicher Kommunikation

den Austausch zwischen (»inter«) Menschen. Wenn z. B. von einer schmerzenden Körperstelle Botschaften ausgesendet werden, die uns etwas mitteilen, ist dies intrapersonale Kommunikation. Wir können nun diese Botschaften verstehen oder missverstehen, wir können sie interpretieren und deuten, wir können auf sie reagieren oder nicht. Wenn wir mit anderen Menschen über sie reden, wird aus der intrapersonalen eine interpersonale Kommunikation – aus dem Selbstgespräch wird ein Dialog.

Verbale und nonverbale Kommunikation

Das Senden und Empfangen von Botschaften macht den Kern jeder Kommunikation aus (vgl. Abbildung 11). Dabei stehen uns zwei Kanäle zur Verfügung, die man auch als die »Straßen zum Du« bezeichnen kann:

- Der verbale Kanal. Er umfasst das gesprochene und geschriebene Wort.
- Der nonverbalen Kanal. Er umfasst die Körpersprache, die Art, wie wir uns bewegen, unsere Mimik und Gestik, die Lautstärke, in der wir sprechen, den Tonfall unserer Stimme usw.

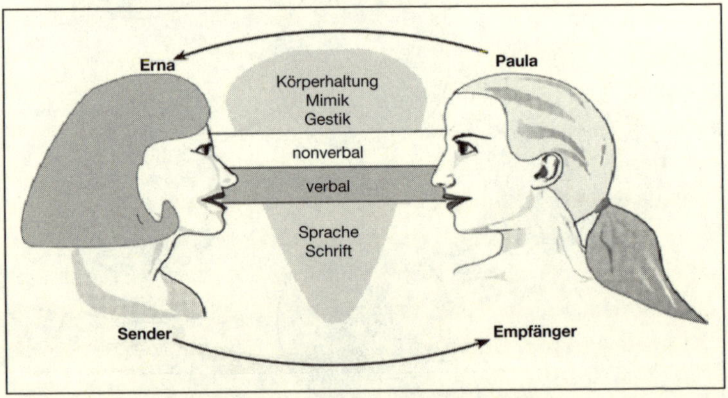

Abbildung 11: Kommunikationsmodell
(aus: Specht-Tomann, Tropper, 2003, S. 13)

Versorgt werden diese beiden Kanäle mit Informationen, die wir durch unsere Sinnesorgane erhalten. Die Augen, die Ohren, die Nase, der Mund und die Haut verbinden uns mit der Welt und bringen Botschaften zu uns, zum Beispiel:

- Wir sehen die Blumen auf dem Tisch der Nachbarin.
- Wir hören das Klingeln des Handys im Nebenraum.
- Wir riechen das Desinfektionsmittel im Krankenzimmer.
- Wir schmecken den Beigeschmack des Medikaments.
- Wir spüren den Händedruck des Arztes.

Nicht jedes Sinnesorgan ist für jeden Menschen gleich bedeutsam. Manche Menschen sind buchstäblich »ganz Ohr«, sie leben in einer Welt der Laute, Töne und Klänge. Sie werden in Gesprächen ein feines Gespür für unterschiedliche Abstufungen der Tonlage entwickeln. Für andere wiederum sind die Augen das Tor zur Welt. Sie möchten möglichst viele optische Eindrücke sammeln und wollen im Gespräch stets den Blickkontakt halten. So entwickelt jeder einen Lieblingskanal, über den er bevorzugt mit der Umwelt in Kontakt tritt.

Die nonverbale Kommunikation ist eine »Sprache ohne Worte«, in der wir unsere Gefühle zum Ausdruck bringen. Auch unbewusste Grundhaltungen spiegeln sich in der Art zu gehen, sich zu bewegen, jemanden anzuschauen u. Ä. wider. Allen Menschen sind starke Gefühle wie zum Beispiel Wut, Freude oder Panik buchstäblich ins Gesicht geschrieben, allein schon durch die physiologischen Begleiterscheinungen wie Erröten oder Blasswerden, Veränderungen der Pupillen oder durch den Tränenfluss. Durch die Mimik – die Bewegungen des Mundes, der Nasenregion und der Augenbrauen – können zusätzlich starke Gemütsempfindungen wie Freude, Trauer oder Angst sehr differenziert ausgedrückt werden. Körperhaltung und Gesten unterstreichen die Stärke des Gefühls. Eine besondere Bedeutung hat der Blickkontakt, der ganz gezielt für die Gestaltung von Kommunikation eingesetzt werden kann. Durch Blicke können ebenso Bitten ausgedrückt werden wie Verbote ausgesprochen, Kontakte abgebrochen oder innige Nähe hergestellt werden. Blicke können »töten« oder das »Leben retten«, sie können verurteilen oder Trost spenden.

»Mir geht es gut!« – die Echtheit von Aussagen

Im Idealfall stimmen die Aussagen, die über beide Kanäle kommen, überein. Wenn Frau M. mit heiterem Gesichtsausdruck, gelöster und entspannter Körperhaltung sagt: »Heute geht es mir gut!«, dann macht das ein rundes Bild und jeder glaubt ihr. In der Fachsprache spricht man von Kongruenz. Ganz anders sieht es aus, wenn Frau B. mit tieftraurigem Gesichtsausdruck, tonloser Stimme und herabhängenden Schultern »Heute geht es mir gut« sagt. Welcher Botschaft wird nun mehr Glauben geschenkt? Ein wichtiges Gesetz in der Kommunikation besagt, dass der nonverbale Aspekt bedeutsamer ist. Immer dann, wenn das gesprochene Wort und die begleitenden Gesten auseinander klaffen, kommen die Signale der Körpersprache als »wahr« an. Die hängenden Schultern der Frau B., der traurige Gesichtsausdruck und die tonlose Stimme überdecken das ausgesprochene »Heute geht es mir gut«. Der Gesprächspartner von Frau B. glaubt ihr nicht, dass es ihr gut geht. Zur Klärung, wie sich Frau B. nun wirklich fühlt, wird ein Gespräch nötig sein, indem man auf diese zwei unterschiedlichen Eindrücke hinweist.

Es stellt sich also oft die Frage danach, was denn eigentlich »wahr« sei. Aus kommunikationstheoretischer Sicht gilt, dass

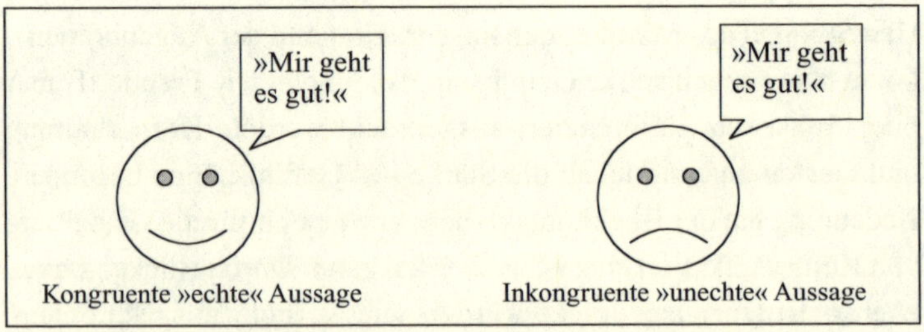

Abbildung 12: Die Echtheit von Aussagen: Kongruenz/Inkongruenz

»wahr« nicht das ist, was der »Sender« sagt, sondern das, was der »Empfänger« versteht! Daher ist es so wichtig, nachzufragen! Dies gilt besonders bei schwierigen Gesprächsthemen, schwierigen Gesprächssituationen und schwierigen Lebenssituationen! »Was hat der andere verstanden?«, »Was konnte der andere in seiner Situation begreifen und aufnehmen?« sind hilfreiche Leitfragen, um »meine Wahrheit« auch zur Wahrheit des Gesprächspartners werden zu lassen.

Eine Nachricht hat vier Seiten

Missverständnisse, Unstimmigkeiten oder Ungereimtheiten zwischen Gesprächspartnern können auch dann auftreten, wenn die Gesprächspartner auf unterschiedliche Seiten einer Botschaft achten.

Grob unterscheidet man die Sachebene und die Beziehungsebene von einander. Eine wichtige Regel besagt, dass Sachinhalte erst dann angehört und aufgenommen werden, wenn die Beziehung zwischen den Gesprächspartnern zumindest neutral ist. Für den Gesprächsalltag heißt das, dass vor aller sachlichen Überzeugungsarbeit immer die Arbeit an der Beziehung stehen muss. Erfahrungen aus der Praxis zeigen beispielsweise:

- Je besser das Verhältnis zwischen Patient und seinen Angehörigen ist, desto besser kann über schwierige Entscheidungen gesprochen werden.
- Je besser das Verhältnis zwischen Patient und Krankenschwester ist, desto eher werden Anweisungen, Ratschläge und Empfehlungen angenommen.
- Je besser das Verhältnis zwischen Arzt und Patient ist, desto bereiter wird der Patient sein, den Sachargumenten zu folgen.

In Anlehnung an die Arbeiten von Schulz v. Thun kann man sagen, dass jede Botschaft einen Sachaspekt (»Ich informiere dich über…«), einen Beziehungsaspekt (»Ich halte von dir…«), einen

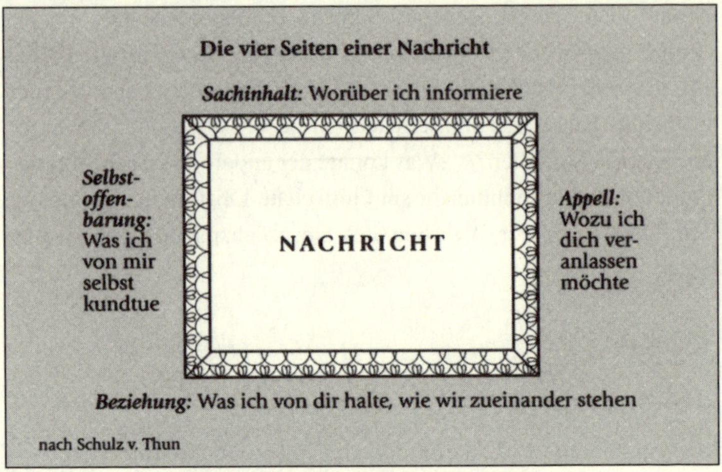

Abbildung 13: Die vier Seiten einer Nachricht (aus: Specht-Tomann, Tropper, 1998, S. 122)

Appellaspekt (»Ich möchte dich veranlassen ...«) und einen Selbstoffenbarungsaspekt (»Ich zeige dir von mir ...«) hat.

Wie mit den verschiedenen Aspekten einer Nachricht umgegangen wird, kann sehr oft das Klima zwischen den Gesprächspartnern und die Bereitschaft, sich mit dem Inhalt auseinander zu setzen, beeinflussen.

Herr W. leidet schon längere Zeit unter Schmerzen und fühlt sich in seiner Beweglichkeit erheblich eingeschränkt. Nach einem ersten abklärenden Gespräch mit seinem Hausarzt hat er alle notwendigen Untersuchungen vornehmen lassen. Es besteht der Verdacht auf eine Tumorerkrankung. Herr W. wartet nun auf ein klärendes Gespräch mit seinem Arzt. Für Dr. K. ist es keine leichte Aufgabe, seinem Patienten mitzuteilen, dass sich der Verdacht bestätigt hat und tatsächlich eine Tumorerkrankung vorliegt. Das anstehende Gespräch wird in erster Linie ein Aufklärungsgespräch sein, bei dem nach Möglichkeit auch schon erste Therapievorschläge angesprochen werden. Dr. K. stellt die Diagnoseübermittlung in einen Gesamtrahmen. Er bettet den

Sachaspekt seiner Botschaft »Herr W., Sie sind schwer krank« in die begleitenden Aspekte und beginnt das Gespräch, in dem er sagt:

- »Herr W. ich habe die aktuellen Befunde erhalten (Selbstoffenbarungsaspekt: Kompetenz als Arzt).
- Sie sind schon lange Patient von mir und ich werde Sie auch weiterhin als ihr behandelnder Arzt begleiten (Beziehungsaspekt: Vertrauen).
- Ich möchte Sie jetzt bitten, gemeinsam mit mir die Befunde durchzusehen (Appellaspekt: Gemeinsame Schritte).
- Nach allem, was mir vorliegt, muss ich Ihnen leider sagen, dass Sie schwer krank sind; die Befunde zeigen ... (Sachaspekt: Diagnose).«

Für die meisten schwierigen Gespräche ist es sinnvoll, die Sachebene erst dann einzubringen, wenn der Boden des Gesprächs durch das Ansprechen aller anderen Aspekte etwas sicherer geworden ist. Die vorschnelle Konfrontation mit der Sachinformation (z.B. »Herr W., ich muss Ihnen leider mitteilen, dass Sie schwer krank sind ...«) macht es vielen Patienten nicht möglich, zuzuhören und in einen Dialog einzutreten. Erschlagen von der Wucht der Sachinformationen können sie die nachträglich gereichten Botschaften kaum wahrnehmen. Die Chance, eine vertrauensvolle und heilsame Arzt–Patienten-Beziehung aufzubauen, wird so oft schon mit einem Satz vertan.

Kommunikation bedeutet einen Austausch von Nachrichten zwischen einem »Sender« und einem »Empfänger«. Demzufolge stehen den »vier Seiten einer Nachricht« des Senders auch »vier Ohren« des Empfängers gegenüber. Auch der Zuhörer kann also verschiedene Gewichtungen (bewusst oder unbewusst) vornehmen und seine Ohren unterschiedlichen Aspekten schenken (vgl. Abbildung 14). Die Aussage von Frau K.: »Ich habe immer so einen Durst« beispielsweise kann von Schwester E. unterschiedlich aufgefasst werden:

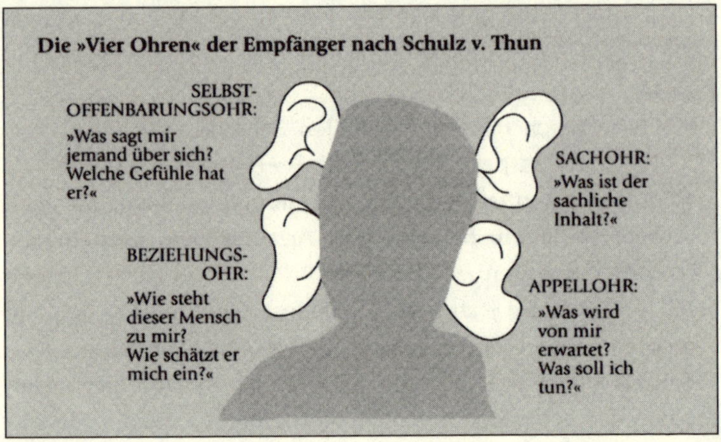

Abbildung 14: Die »vier Ohren« (aus: Specht-Tomann, Tropper, 1998, S. 122)

- Das *»Sachohr«* hört einfach die Feststellung, dass Frau K. oft Durst hat.
- Das *»Appellohr«* hört, dass Frau K. um ein Glas Wasser bittet.
- Das *»Beziehungsohr«* hört, dass sich Frau K. jemandem anvertraut.
- Das *»Selbstoffenbarungsohr«* hört, dass Frau K. sich über ihr Durstgefühl offenbar Gedanken macht.

Stimmt der jeweilige Aspekt einer Botschaft mit dem entsprechenden »Ohr« des angesprochenen Partners überein, dann kann Kommunikation gelingen.

Dr. H. sitzt Frau M. gegenüber. Im heutigen Gespräch soll die bevorstehende Operation besprochen und zeitlich festgelegt werden. Der Arzt gibt klare Informationen und bleibt auf der Sachebene. Frau M., die im Laufe ihrer Erkrankung bereits ein Vertrauensverhältnis zu Dr. H. aufbauen konnte, kann ihr »Sachohr« weit öffnen und hört aufmerksam zu. Dieses sachliche Gespräch wird noch durch gezieltes Nachfragen von Dr. H. ergänzt, der auch sicher gehen will, dass Frau M. ihn richtig verstanden hat.

Stimmt der jeweilige Aspekt einer Botschaft mit dem entsprechenden »Ohr« des angesprochenen Partners nicht überein, dann kann Kommunikation nicht oder nur schwer gelingen.

Dr. H. sitzt Frau S. gegenüber. Auch in diesem Gespräch geht es um die Klärung der Lage, eine bevorstehende Operation soll besprochen und der Termin festgelegt werden. Dr. H. bleibt auf der Sachebene und möchte die wesentlichen Punkte sachlich besprechen. Frau S. kann seinen Worten jedoch nicht folgen. Ihr geht es zunächst um die Klärung des Vertrauensverhältnisses. Ihr Sachohr bleibt verschlossen. Das Gespräch verliert sich in Nebensächlichkeiten. Frau S. wird unruhig, Dr. H. ungeduldig. Erst als die »Störung« benannt und besprochen wird (»Ich habe bisher nur mit meinem Hausarzt darüber geredet, mir fehlt zur Klinik noch ein wenig das Vertrauen«), kann die Basis für ein nachfolgendes Sachgespräch gefunden werden.

Bausteine der Kommunikation

Im Alltag fällt es schwer, die Kommunikation zu »zerlegen« und die einzelnen Aspekte wahrzunehmen und zu beachten. Dennoch existieren sie und tragen ganz wesentlich dazu bei, ob ein Gespräch gelingen kann oder nicht. In der nachfolgenden Zusammenstellung werden nochmals wichtige Bausteine der Kommunikation zusammengefasst. Sie können das Fundament einer gezielten Auseinandersetzung mit den eigenen kommunikativen Fähigkeiten und Fertigkeiten darstellen.

- Kommunikation gehört zum Leben und Überleben! Jeder Mensch kommuniziert – auch die Verweigerung von Kommunikation ist eine Botschaft!
- Kommunikation ist ein Prozess, bei dem Informationen ausgesendet (»Sender«) und empfangen (»Empfänger«) werden. Er besteht aus dem Austausch einer Vielzahl von Botschaften, die verschiedene Aspekte haben (»Die vier Seiten einer Nachricht«).

- Es gibt zwei Kanäle, über die Menschen mit anderen in Beziehung treten können: das Wort (verbaler Kanal) und die Körpersprache (nonverbaler Kanal). Gefühle und unbewusste Grundhaltungen werden besonders durch nonverbale Botschaften ausgedrückt.
- Nur wenn die verbale mit der nonverbalen Botschaft übereinstimmt, ist sie glaubhaft. Im Zweifelsfall wird die nonverbale Aussage als »wahr« angesehen.
- Sachliche Argumente können nur dann angenommen werden, wenn die Beziehungsebene zwischen den Kommunikationspartnern zumindest neutral ist. Je positiver die Beziehungsebene ist, desto eher können auch schwierige Sachthemen besprochen werden.
- So genannte Störungen – Ereignisse oder Verhaltensweisen, die nicht in die augenblickliche Situation zu passen scheinen – dürfen nicht übersehen werden. Erst wenn sie angesprochen und bearbeitet werden, ist eine gute Kommunikation auf der jeweiligen Ebene möglich.
- Wie Botschaften ausgesendet (Sender) bzw. aufgenommen (Empfänger) werden, hängt auch von den Lebensumständen ab (z. B. Tagesverfassung, Interesse, Motivation, Vorinformation, Sympathie, Gesundheitszustand …).

Über den Schmerz reden

Die heilsame Wirkung von Gesprächen ist vielen Menschen aus eigener Erfahrung bekannt, z. B.:

- Wenn Sorgen und Belastungen groß sind, kann ein gutes Gespräch *entlasten.*
- Wenn die Verzweiflung keinen Raum für klare Gedanken lässt, kann ein gutes Gespräch *beruhigen*.
- Wenn die Gedanken scheinbar immer nur im Kreis laufen, kann ein gutes Gespräch neue *Denkanstöße bringen*.

Nicht nur professionell geführte Gespräche dienen der Entlastung von Seele und Geist, auch die Begegnungen in der Familie und im Freundes- und Kollegenkreis sind wichtige Quellen hilfreicher Gespräche.

»Ich muss mit dir reden ...« – die Bedeutung von Gesprächen

Gespräche, die im Zusammenhang mit einer Krankheit, mit Schmerzen oder schweren Belastungen geführt werden, erfüllen ganz unterschiedliche Funktionen:

Auf der einen Seite steht die Möglichkeit, Informationen einzuholen, Gefühle und Empfindungen auszudrücken, Sorgen auszusprechen, Ängste zu benennen, Unsicherheiten anzusprechen oder Fragen zu stellen. Das ist für Schmerzpatienten wichtig. Auf der anderen Seite besteht die Chance, mehr über den Zustand des Gesprächspartners zu erfahren, diagnostische und aufklärende Elemente einzubringen, therapeutische Wege aufzuzeigen und beratende, stützende und entlastende Angebote zu machen. Das ist für Ärzte, Therapeuten und Begleiter von Schmerzpatienten wichtig.

Im Gespräch kann der Patient:		*Im Gespräch kann der Arzt/Therapeut:*
sein Gegenüber kennen lernen		sein Gegenüber kennen lernen
sich anvertrauen		dessen Zustand erfassen
Gedanken mitteilen		sich ein Bild machen
Informationen sammeln		Informationen weitergeben
Fragen stellen	⟷	aufklären
klagen		stützen
Unsicherheiten zulassen		die richtigen Worte finden
Sorgen benennen		Therapieangebote machen
Ängste ansprechen		beraten
Gefühle zeigen		entlasten

Tabelle 5: Beispiele wichtiger Gesprächsfunktionen

Es fällt nicht allen Menschen gleich leicht, sich auf ein Gespräch einzulassen. Die prinzipielle Gesprächsbereitschaft hängt z. B. vom Gesprächspartner ebenso ab wie von der Tagesverfassung oder der Bedeutsamkeit des Themas. Auch ist sie von Person zu Person sehr unterschiedlich. Dies gilt schon in »guten« Zeiten und trifft in verstärktem Maße auf »schlechte« Zeiten zu.

Manche Menschen können beispielsweise sehr leicht und gut ihre Schmerzen zum Ausdruck bringen. Die Art und Weise, wie sie über ihre Gefühle und Empfindungen sprechen, vermitteln nicht nur ein Bild vom Ort des Schmerzes, sie spiegeln auch die innere Welt des Schmerzgeplagten wider. Andere wiederum sind angesichts des erlebten Schmerzes sprachlos. Sie finden kaum Worte für das, was sich in ihrem Inneren abspielt, und fühlen sich ohnmächtig. Gerade diese Patientengruppe braucht einfühlsame, geduldige Begleiter und konkrete Hilfestellungen, um aus der Sprachlosigkeit herausfinden zu können.

Bei der Suche nach Hilfe zur Bewältigung der Schmerzen und der damit verbundenen Probleme hängt viel von der Fähigkeit ab, die eigene Lage genau und gut zu beschreiben. Es geht dabei gleichsam um eine Art »Übersetzung« der eigenen Empfindungen, Gefühle und Gedanken in Worte, die der Gesprächspartner – der Arzt, Therapeut oder Anteil nehmende Mitmensch – verstehen kann, um dann in einem zweiten Schritt seine Fähigkeiten, sein

Wissen und seine Kompetenzen einzubringen. Auf der Seite der Begleiter ist es wiederum wichtig, sich ein Bild vom Zustand und vom Erleben des Patienten zu machen, das möglichst nah an dessen Wirklichkeit herankommt. Dafür ist eine gute Zusammenarbeit nötig. Und das bedeutet wiederum, dass sowohl der Patient als auch der Therapeut einige Regeln der Gesprächskultur kennen und beachten sollte.

Gute Gespräche ermöglichen

Ob ein Gespräch gelingt oder nicht, hängt von sehr vielen Dingen ab, die man nicht immer beeinflussen oder kontrollieren kann. Umso hilfreicher ist es, sich jene Punkte einzuprägen, die man im Prinzip selbst steuern oder doch zumindest mitgestalten kann und die ein Gespräch zu einem guten Gespräch werden lassen können. Folgende Aspekte gehören dazu:

- Örtliche Gegebenheiten: *»Achte auf den Gesprächsort!«*
  Ein Gespräch braucht einen guten Ort. Zwischen Tür und Angel, bei laufendem Fernseher, laut dröhnender Musik oder brummendem Staubsauger kann kein gutes Gespräch zu Stande kommen. Wenn die örtlichen Bedingungen nur unzureichend sind, sollten sich die Gesprächsteilnehmer wenigstens darauf einstellen können. Das bedeutet z. B., dass man nicht so gute Rahmenbedingungen anspricht oder dass man die Möglichkeit hat, sich umzuschauen und auf die Gegebenheiten einzustellen. Wichtig ist es, auf einen »geschützten« Raum zu achten, der Ruhe ermöglicht und Schutz vor »Mithörern« bietet. Auch die Bequemlichkeit der Sitzgelegenheiten und kleine atmosphärische Elemente – z. B. Blumen, Kerzen – schaffen gute Raumbedingungen.
- Zeitrahmen: *»Achte auf die Gesprächszeit!«*
  Meistens haben Gesprächspartner unterschiedliche Vorstellungen von der Gesprächsdauer oder nicht die gleichen Möglichkeiten. Um Enttäuschungen vorzubeugen und die vorhandene Zeit optimal zu nutzen, sollte zu Beginn eines Gesprächs der Zeitrahmen

festgelegt bzw. angesprochen werden. Das macht ein heimliches Auf-die-Uhr-Schielen unnötig und schafft Sicherheit. Fünf Minuten »ganz Ohr« zu sein ist effizienter als zwanzig Minuten »halb auf dem Sprung« und gedanklich schon beim nächsten Gespräch zu sein. Wichtig ist es auch, die »innere Zeit« (d.h. wie viel jemand in einer bestimmten Zeit aufnehmen kann) eines Menschen zu bedenken und gegebenenfalls weitere Gespräche einzuplanen bzw. anzubieten.

- Kontaktaufnahme: *»Achte auf den Gesprächsbeginn!«*
  Das Gelingen eines Gespräches hängt oft davon ab, wie die beiden Gesprächspartner sich aufeinander einstellen können und ob es möglich ist, zu einer Art gemeinsamer Sprache zu finden. Es geht darum, in kurzer Zeit möglichst viele Informationen über den Gesprächspartner zu sammeln. Dabei spielen der Blickkontakt, einladende Gesten, eine offene und dem Gesprächspartner zugewandte Körperhaltung eine ebenso wichtige Rolle wie die gewählten Einstiegsworte, die so genannten »Türöffner«.
- Gesprächsverlauf: *»Achte auf das Gesprächsklima!«*
  Hilfreiche Grundhaltungen für ein gutes Gespräch sind die prinzipielle Wertschätzung des Gesprächspartners, der Respekt vor ihm und die Akzeptanz seiner Person – auch und gerade dann, wenn man nicht seiner Meinung ist! Hilfreich ist es, auf das »wie« von Aussagen zu achten (»wie« steht vor »was«!), gut zuzuhören und nachzufragen, ob man auch richtig verstanden hat. Dieses so genannte aktive Zuhören ermöglicht es, den Informationsstand anzugleichen, Missverständnisse auszuräumen, die eigene Wortwahl zu überprüfen und Gefühle anzusprechen, wodurch eine hohe Gesprächsqualität erreicht wird. Zu den »Klima verbessernden« Verhaltensweisen zählt auch, den Gesprächspartner in den Mittelpunkt seiner Aufmerksamkeit zu stellen und zu versuchen, die Dinge mit seinen Augen zu sehen (empathisches Verhalten). Gelingt es im Gespräch, einander ernst zu nehmen, dem anderen »seine Wahrheit« zu lassen, ohne sie abzuwerten, und sich seinem Tempo anzupassen, kann ein gutes Gesprächsklima entstehen.

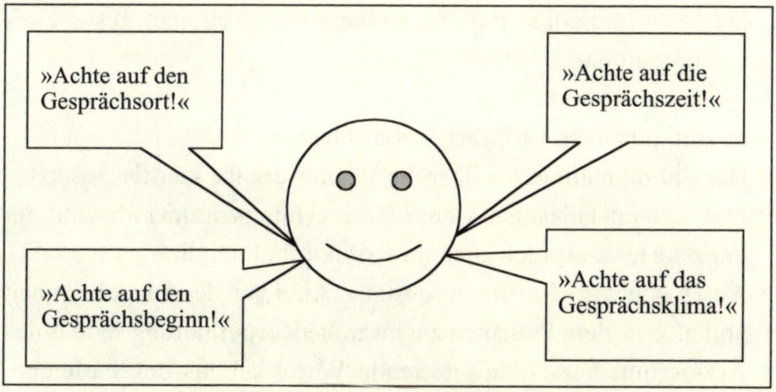

Abbildung 15: Gesprächsfördernde Aspekte

Ein Beispiel für ein gelungenes Gespräch:

Mathias M. macht sich auf den Weg zu einem wichtigen Gespräch mit seinem behandelnden Arzt an der Klinik. Beim ersten Gespräch war noch vieles offen geblieben, und so hatte er im Kliniksekretariat angerufen und um einen weiteren Gesprächstermin gebeten. Mathias hat sich einige Punkte aufgeschrieben. Er wollte noch einmal über die Chancen einer nachhaltigen Linderung seiner Schmerzen sprechen und über seine Befürchtungen wegen der vorgeschlagenen Medikamente. Der behandelnde Arzt Dr. S. bittet Mathias in einen kleinen Besprechungsraum, wo sie ungestört reden können. Auf die fast entschuldigende Erklärung, warum dieses Gespräch für Mathias so wichtig ist, reagiert Dr. S. verständnisvoll. Er lädt ihn ein, sich zu setzen, wendet sich ihm zu und hört sich seine Ausführungen und Fragen an. Manchmal fasst er mit eigenen Worten das zusammen, was er von Mathias gehört hat, und fragt nach, ob er es auch richtig verstanden habe. Unter Vermeidung von allzu vielen Fremdworten und mit langsamer ruhiger Stimme geht Dr. S. noch einmal Schritt für Schritt den Therapieplan durch, beschreibt die erwartete Wirkung der Medikamente und erklärt den notwendigen Einnahmerhythmus. Auch mögliche Nebenwirkungen kommen zur Sprache. Mathias hat Vertrauen zu

Dr. S. und scheut sich nicht, so lange nachzufragen, bis er alles verstanden hat.

Was zum positiven Gesprächsverlauf beitrug:

- Der Zeitrahmen wurde über die Terminvergabe klar festgesetzt.
- Das separat gelegene, kleine Besprechungszimmer machte ein ungestörtes Gespräch auch im Kliniktrubel möglich.
- Austausch von »Eröffnungsgesten«: Anbieten der Sitzgelegenheit und offene, dem Patienten zugewandte Körperhaltung seitens des Arztes; um Verständnis bittende Worte seitens des Patienten; Blickkontakt.
- Vertrauen von Seiten des Patienten und gute Vorbereitung auf das Gespräch; verständnisvolle Zuwendung, aktives Zuhören und einfache klare Sprache seitens des Arztes.

Ein Beispiel für ein misslungenes Gespräch:

Andrea K. hat von ihrem Hausarzt zur Linderung ihrer Beschwerden einige Medikamente verschrieben bekommen. Trotz regelmäßiger Einnahme hat Andrea noch immer Schmerzen, sie fühlt sich gereizt und ist sehr angespannt. Sie beschließt, sofort ihren Arzt aufzusuchen. Die Sprechstundenhilfe weist Andrea darauf hin, dass sie keinen Termin hat und deshalb mit einer längeren Wartezeit rechnen muss. Andrea ist nicht bereit, das zu akzeptieren, und als Dr. N. einen Patienten aufruft, ergreift sie die Gelegenheit, ihn anzusprechen. Mit weinerlicher Stimme berichtet sie von ihren Beschwerden. Dr. N. ersucht sie, noch ein wenig Geduld zu haben, und wendet sich dem nächsten vorbestellten Patienten zu. Andrea ist den Tränen nahe. Als sie schließlich ins Sprechzimmer kommt, lässt sie sofort ihrer Unzufriedenheit freien Lauf. Dr. N. setzt sich hinter seinen Schreibtisch und fordert Andrea auf, sich ebenfalls zu setzen. Sie bleibt jedoch stehen und fährt mit ihren Klagen fort. Dr. N. fühlt sich angegriffen. Er schlägt die Beine übereinander, verschränkt die Arme und setzt eine unbeteiligte Mine auf. Andrea bemerkt die reservierte Haltung des Arztes. Das Gespräch stockt. Andrea schaut zu Boden. Dr. N. blättert in Andreas Krankenkartei und schlägt schließlich zu den verordneten Medikamenten noch eine Physiotherapie vor. Andrea verlässt unzufrieden das Sprechzimmer, viele ungeklärte Fragen kreisen in ihrem Kopf. Sie fühlt sich unverstanden und einsam. In diesem Moment beschließt Andrea, einen anderen Arzt aufzusuchen ...

Was zum negativen Gesprächsverlauf beitrug:

- Nichteinhalten der bekannten zeitlichen Rahmenbedingungen (Anmelden bzw. Ankündigen des Arztbesuchs bei der Sprechstundenhilfe).
- Versuch, zwischen Tür und Angel die Anliegen dem Arzt zu schildern (Aufdrängen des eigenen Zeitrahmens).
- Missachten der Eröffnungsrituale seitens der Patientin; Schwierigkeiten, ein echtes Gespräch zu beginnen, seitens des Arztes.
- Abweisendes Verhalten seitens der Patientin durch Anklagen, Beschuldigen und Jammern, statt die eigene Situation zu schildern, nachzufragen und um Hilfe zu bitten.
- Ablehnendes Verhalten seitens des Arztes durch schroffe Mimik und abweisende Körperhaltung, kein inhaltliches Eingehen auf die Situation der Patientin.

Wie führe ich ein hilfreiches Gespräch – Tipps für Patienten und Begleiter

Auf der Suche nach Linderung ihrer Beschwerden müssen Schmerzpatienten viele Gespräche führen. Es gibt eine Reihe von Möglichkeiten, diese vielen Gespräche rund um die eigene Schmerzgeschichte positiv mitzugestalten:

- Melden Sie sich für ein Gespräch an und achten Sie darauf, den vorgegebenen Zeitrahmen einzuhalten.
- Informieren Sie sich über die Verkehrsverbindungen zur Klinik/

zum Arzt und entscheiden Sie rechtzeitig, wie Sie dorthin kommen werden.

- Schaffen Sie sich einen Zeitpuffer, der es Ihnen möglich macht, sich mit dem Raum/Gesprächsumfeld etwas vertraut zu machen.
- Überlegen Sie, wer Sie begleiten könnte, und versuchen Sie, die Begleitung rechtzeitig zu organisieren (besonders in sehr belastenden Situationen wie bei chronischen Schmerzen oder schweren seelischen Problemen).
- Nehmen Sie sich Zeit, sich auf die Gespräche vorzubereiten, schreiben Sie z. B. die Fragen auf, die Sie geklärt haben wollen (Merkzettel); ziehen Sie etwas an, in dem Sie sich wohl fühlen.
- Legen Sie eine Mappe an, in der Sie alle Befunde, Unterlagen, Gedächtnisprotokolle, Namen und Adressen bisheriger Anlaufstellen o. Ä. sammeln, die mit Ihren Beschwerden in Zusammenhang stehen, und nehmen Sie diese Mappe zum Gespräch mit.
- Stellen Sie sich schon vor dem Gespräch gedanklich auf den Arzt/Therapeuten bzw. den offiziellen Gesprächsrahmen ein.
- Gehen Sie mit einer guten Portion Vertrauen (Selbstvertrauen und Vertrauen in den Arzt/Therapeuten) in die Gesprächssituation.
- Signalisieren Sie Ihre Gesprächsbereitschaft durch direkten Blickkontakt und eine zugewandte Körperhaltung.
- Wenn es möglich ist, achten Sie an das Einhalten »gleicher Ebenen« (entweder beide Gesprächspartner stehen oder beide sitzen).
- Denken Sie daran, gut durchzuatmen, entspannt zu sitzen, und halten Sie »Kontakt zum Boden«.
- Sprechen Sie Ihr Anliegen und Ihre Erwartungen klar und deutlich aus (z. B. Ihr Wunsch nach Informationen über Behandlungsmethoden, Hilfestellung bei der Therapiewahl, Aufklärung …).
- Verwenden Sie so genannte Ich-Botschaften (z. B. »Ich habe das so verstanden« statt »Sie haben das so gesagt«).
- Haben Sie Mut zu fragen!
- Überprüfen Sie Ihren Merkzettel und ob Sie das Gehörte auch richtig verstanden haben (Zusammenfassung mit eigenen Worten).

- Geben Sie Ihrem Gesprächspartner eine Rückmeldung, wie das Gespräch für Sie verlaufen ist.
- Nehmen Sie sich nach Ende des Gesprächs die nötige Zeit, das Gespräch noch einmal in Gedanken durchzugehen.
- Machen Sie sich Notizen über den Gesprächsverlauf und eventuell neu aufgetauchte Fragen.
- Besprechen Sie Ihre Erfahrungen, Gefühle und Gedanken mit einem Menschen Ihres Vertrauens.
- Wenn es noch offene Fragen gibt oder Unsicherheiten auftreten sollten, besorgen Sie sich gleich einen neuen Gesprächstermin.

Der folgende Fragenkatalog soll nun dem Arzt/Therapeuten die Möglichkeit bieten, jene Punkte genauer zu überprüfen, die für »gute« Gespräche besonders wichtig sind. Gedacht ist an diagnostische Gespräche, bei denen Patienten eine Antwort auf die Fragen »Was habe ich?« und »Welche Chancen bestehen auf Heilung oder Linderung?« erwarten, an Therapieplangespräche, in denen es um die grundsätzliche Frage »Was ist zu tun?« geht, und an jede Form von »Begleitgesprächen«. Aber auch für Angehörige, Freunde und Begleiter können die angeführten Aspekte in der konkreten Begegnung mit dem Patienten hilfreich sein.

- Deklariere ich meine zeitlichen Möglichkeiten?
- Wie gehe ich mit beschränkten Zeitressourcen um? Kann ich sie dem Gesprächspartner gut vermitteln?
- Nehme ich mir die nötige Zeit, mich auf wichtige Gespräche vorzubereiten?
- Kann ich geduldig zuhören und dem Gesprächspartner »seine Zeit« lassen?
- Welche so genannten Eröffnungsrituale verwende ich?
- Wie stelle ich mich auf meinen Gesprächspartner ein (nonverbal)?
- Wie drücke ich meinem Gesprächspartner gegenüber Wertschätzung aus?
- Kann ich meine Bereitschaft, dem Gesprächspartner zuzuhören, deutlich machen? Wie mache ich das?
- Stehen Reden und Zuhören in einer guten Balance?

- Welches »Ohr« (Sachohr, Beziehungsohr, Appellohr, Selbstoffenbarungsohr) ist bei mir besonders ausgeprägt?
- Was fällt mir häufig zuerst auf – d. h. welcher Sinneskanal ist für mich besonders wichtig?
- Kann ich gehörte Gesprächsinhalte gut mit meinen eigenen Worten wiedergeben?
- Kann ich mich auf unterschiedlich rasches Aufnehmen meiner Worte einstellen? Wie reagiere ich auf »langsame Menschen«, wie auf »rasche«?
- Wie gehe ich mit »negativen« Gefühlsäußerungen des Gesprächspartners um und was lösen sie in mir aus?
- Wie überbrücke ich einen Gesprächsstillstand?
- Wie gehe ich mit so genannten Störungen im Kommunikationsfluss um?
- Kann ich meinem Gesprächspartner ohne Vorurteile begegnen?
- Kann ich meinem Gesprächspartner »seine Wahrheit« lassen?
- Lasse ich dem Gesprächspartner Spielraum für eigene Vorstellungen?
- Kann ich meinem Gesprächspartner in angemessenem Rahmen einen Entscheidungsspielraum (Mitsprache) einräumen?

In Gesprächen rund um den Schmerz können trotz aller Bemühungen um eine gute Gesprächskultur wegen der hohen Subjektivität des Schmerzgeschehens manche Schwierigkeiten auftreten. Schmerzen sind weder von außen sichtbar noch durch Instrumente objektiv zu erfassen. Somit dient als Ausgangspunkt jedes Gesprächs über Schmerzen einzig und allein die Beschreibung des Patienten:

- Nur er allein weiß, wo es weh tut.
- Nur er allein weiß, wann es weh tut.
- Nur er allein weiß, wie es weh tut.

Und so steht das Thema Glaubwürdigkeit und »Wahrheit« in vielen Schmerzgesprächen heimlich im Mittelpunkt. Patienten wünschen sich nichts mehr als einen Zuhörer, der ihnen glaubt. Ärzte und

Begleiter wiederum kommen oft an die Grenze ihrer Möglichkeiten, »einfach zu glauben«, was sie hören.

Und doch: eine der wichtigsten Regeln im Umgang mit einem Schmerzpatienten ist es, ihm zu glauben!

Es sind *seine Schmerzen,* über die er berichtet!

Es ist *seine Wahrheit*, die er einem anderen anvertraut!

Nur wenn Begleiter bereit sind, dies bedingungslos zu akzeptieren, wird ein Schmerzpatient sich ernst genommen und angenommen fühlen.

Den Schmerz erfassen

Die Schwierigkeit in der Beratung, Begleitung und schmerztherapeutischen Versorgung von Menschen, die unter Schmerzen leiden, liegt vor allem in der Subjektivität der Schmerzen. Für den Betroffenen selbst ist sein Zustand sehr real, belastend, quälend. Für sein Gegenüber, ganz gleich ob es sich dabei um einen Arzt, einen Angehörigen oder eine andere Person handelt, ist der Schmerz jedoch nicht greifbar, nicht fassbar. In diesem Auseinanderklaffen zweier Welten liegt ein Grundproblem, das man nur durch eine behutsame Annäherung überbrücken kann. Voraussetzung dafür ist auf Seiten der Ärzte und Begleiter die prinzipielle Bereitschaft, dem Betroffenen seine Schmerzen zu glauben und ihm Hilfestellungen anzubieten, seinen Zustand sowohl qualitativ als auch quantitativ zu beschreiben.

Um Schmerzpatienten wirkungsvoll helfen zu können, genügt es jedoch nicht, nur nach dem Ort der Schmerzen zu fragen. Das Schmerzgeschehen selbst wird in jüngster Zeit als multidimensionales Geschehen beschrieben (vgl. Teil 1, S. 21 ff.), bei dem biologische Prozesse ebenso beteiligt sind wie seelische und soziale. Für den Schmerzpatienten bedeutet dies oft eine intensive Auseinandersetzung mit Fragen und Themenbereichen, die er selbst zunächst in keinem Zusammenhang mit seinen Schmerzen sehen kann. Es handelt sich dabei z. B. um Fragen nach seinem Berufsleben, nach dem Ausmaß persönlicher Zufriedenheit, nach Ess- oder Schlafgewohnheiten oder nach seinem Freizeitverhalten. Je weiter die Fragen scheinbar vom eigentlichen Schmerzgeschehen wegführen, desto wichtiger ist es, den Patienten über die Ziele einer so umfassenden Diagnostik zu informieren: Ziele einer multidimensional ausgerichteten Schmerzdiagnostik sind die Erfassung schmerzrelevanter Merkmale, die ausführliche Beschreibung des Symptoms/Syndroms, die Analyse von schmerzbegleitenden bzw. den Schmerz aufrechterhaltenden Bedingungen, das Formulieren von Behandlungszielen sowie das Erstellen eines Therapieplans.

Ob die erfassten Angaben einen soliden Boden für eine Therapie sein können, wird nicht zuletzt davon abhängen, ob zwischen Arzt und Patient eine »gemeinsame Sprache« gefunden werden kann. Besonderes Augenmerk ist auf den Gebrauch des Begriffs Schmerz zu legen. Dies gilt vor allem bei allen jenen Menschen, die nicht von sich aus den Arzt oder Therapeuten bezüglich ihrer Schmerzproblematik aufsuchen oder ansprechen können. Zu denken ist in diesem Zusammenhang an alte Menschen in Heimen oder entsprechenden klinischen Einrichtungen, an geistig Behinderte sowie an Kinder. Hier werden einfühlsame Gespräche im Vorfeld der Schmerzerfassung notwendig sein. Manchmal wird das Wort Schmerz von den Patienten nicht verwendet, stattdessen wählen sie Begriffe wie Qual, Weh, Pein, Leid, um dem jeweiligen Schmerz Ausdruck zu verleihen.

Was Ärzte alles fragen

Die erste Anlaufstelle für Schmerzleidende ist überwiegend ihr Hausarzt. Bereits hier kommen sie mit gezielten Fragen zu ihrer Schmerzgeschichte und mit Instrumenten zur Erfassung von Schmerz in Berührung. Die Schmerzerfassung orientiert sich an mehreren Leitfragen zu folgenden Bereichen: Schmerzlokalisation, Schmerzintensität, Schmerzhäufigkeit, Schmerzdauer, Schmerzqualität sowie zu den Begleiterscheinungen und dem Verlauf. In knappen »W«-Fragen ausgedrückt, lautet dies:

1. Wo? – 2. Wie stark? – 3. Wie oft? – 4. Wie lang? – 5. Wie empfunden? – 6. Wie verlaufend? – 7. Was kommt dazu?

Zur Erfassung des Schmerzes in seinen unterschiedlichen Aspekten steht dem Arzt oder Therapeuten eine Reihe von Hilfsmitteln (»Instrumenten«) zur Verfügung. Für Patienten ist es hilfreich, bereits im Vorfeld mit einigen häufig verwendeten Verfahren vertraut zu werden.

Schmerzlokalisation

»Zeigen Sie mir bitte, wo Sie die Schmerzen spüren« – mit dieser Aufforderung kann der Arzt oder Therapeut erste wichtige Hinweise zur Schmerzlokalisation bekommen. Um genauere Informationen zu erhalten, verwendet er einfache Zeichnungen, die einen menschlichen Körper abbilden. In diese Körperschemata, auch Körperlandkarten genannt, soll der Patient jene Orte eintragen, die schmerzen. Anleitungen zur Erstellung dieser Körperlandkarte ermöglichen, dass der Patient differenzierte Angaben machen kann. Beispielsweise soll die Schmerzzone mit einer Linie eingegrenzt, diffuse Schmerzen schraffiert oder das Ausstrahlen der Schmerzen durch Pfeile angedeutet werden.

Bei mehreren schmerzenden Körperstellen können die Schmerzen nach Stärke oder Grad der hervorgerufenen Beeinträchtigung gewichtet werden, indem ihnen Zahlen zugeordnet werden. Beispielsweise erhält ein quälender Kopfschmerz die Zahl 1 und die weniger belastenden Schmerzen im Nacken- und Schulterbereich die Zahl 2. Für manche Bereiche – z. B. den Kopf – liegen vergrößerte Körperlandkarten vor.

Schmerzintensität

»Wie stark sind Ihre Schmerzen?« – mit dieser Frage möchten sich Ärzte ein Bild von der Intensität der Schmerzen machen. Das am häufigsten verwendete Instrument zur Erfassung der Schmerzintensität ist die so genannte visuelle Analogskala oder kurz VAS-Skala. Die dazu verwendeten Schablonen werden gern als »Schmerzknochen« bezeichnet, weil die äußere Form der Gestalt eines Knochens gleicht. Auf einem 10 cm langen Farbfeld, das üblicherweise auf der linken Seite hell und auf der rechten Seite dunkel ist, kann der Patient mit einem Schieber jenen Bereich markieren, der seiner Schmerzsituation am ehesten entspricht. Auf dem Farbfeld entspricht die linke blasse Hälfte dem Zustand »keine Schmerzen« und die rechte dunkle Seite der Situation »stärkster vorstellbarer Schmerz«. Auf der Rückseite des Schmerzknochens kann der

Therapeut anhand eingetragener Werte ablesen, welchen Wert zwischen 0 und 10 (0 = kein Schmerz / 10 = stärkster vorstellbarer Schmerz) der vom Patienten angeführte Schmerz entspricht. Werte zwischen 0 und 3 gelten als passabel eingestellte Schmerzsituationen, Werte jenseits von 3 als therapiebedürftig.

Mit Hilfe des VAS-Wertes kann nicht nur eine momentane Intensität des Schmerzes zum Zeitpunkt des Interviews oder Gesprächs eingeschätzt werden. Je nach Fragestellung kann der Patient die Schmerzintensität auch rückblickend für die vergangenen Tage, Wochen oder Monate einschätzen, Werte für bestimmte Tageszeiten mitteilen oder eine durchschnittliche Einschätzung der Schmerzintensität vornehmen sowie spezifische Situationen beurteilen (z. B. Freizeit, Berufsalltag). Durch mehrfaches Befragen des Patienten über den ganzen Tag oder durch eine Dokumentation der Angaben über einen größeren Zeitraum (z. B. im Rahmen eines Schmerztagebuches) kann man zusätzlich eine Einschätzung des

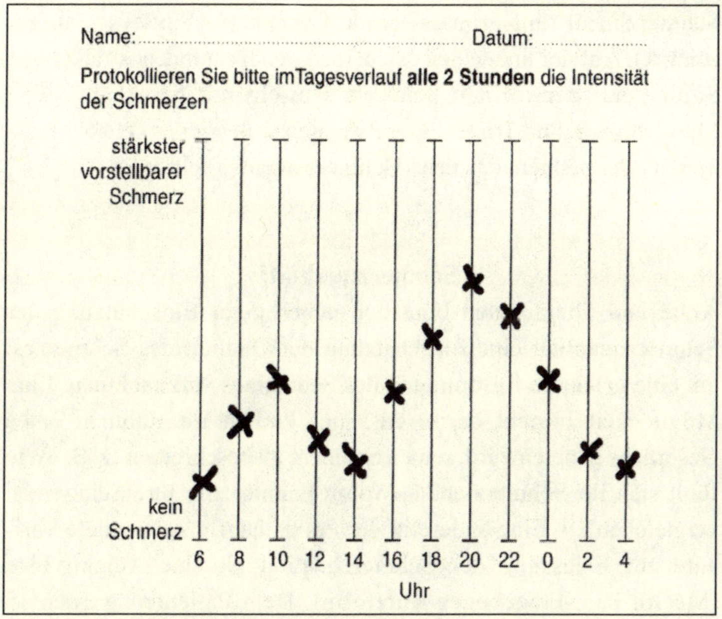

Abbildung 16: Tagesprotokoll mit Hilfe der VAS-Skala: Ein Beispiel

Schmerzverlaufs vornehmen. Diese Verlaufsdokumentation hat einen entscheidenden Einfluss auf den Therapieplan. Das Grundprinzip der VAS-Skala kann ebenfalls für die durch den Schmerz beeinträchtigte Schlafqualität oder einzelne funktionelle Beeinträchtigungen verwendet werden, z.B. bei Tätigkeiten der alltäglichen Hausarbeit, sowie für Kategorien der Lebensqualität.

Andere häufig verwendete Instrumente zur Erhebung der Schmerzintensität sind die numerische Ratingskala (NRS-Skala) und die verbale Schmerzbeurteilung (VRS-Skala). Im einen Fall werden die Patienten gebeten, ihren Schmerz auf der Zahlenskala von 0 (= keine Schmerzen) bis 10 (= stärkster vorstellbarer Schmerz) zu beurteilen. Im anderen Fall kann der Patient für die Beschreibung der Stärke seiner Schmerzen zwischen den Angaben »kein Schmerz«, »leichter Schmerz«, »mittelstarker Schmerz«, »starker Schmerz« und »sehr starker Schmerz« wählen.

In der Begleitung von sehr alten Menschen und Kindern hat sich die »Smiley-Skala« bewährt. In diesem Fall werden auf dem Schmerzlineal fünf grimassierende Gesichter – Smileys – aufgezeichnet. Auf der linken Seite sieht man den lächelnden, strahlenden Smiley, auf der rechten Seite ein Gesicht mit herabhängenden Mundwinkeln und Tränen. Die Patienten sollen jenes Gesicht markieren oder nennen, das ihren Schmerzen entspricht.

Schmerzqualität

Ärzte und Therapeuten brauchen neben einer Einschätzung der Schmerzquantität eine Einschätzung der Qualität des Schmerzes, um eine genauere Bestimmung des Schmerzes vorzunehmen. Eine Möglichkeit besteht darin, dass der Patient im Rahmen eines Gesprächs gebeten wird, seinen Schmerz zu beschreiben (z.B. »Wie fühlt sich Ihr Schmerz an?« »Womit könnten Sie Ihre Schmerzen vergleichen?«). Eine andere in der Praxis häufig verwendete Variante zur Erfassung der Schmerzqualität ist eine Adjektivliste (McGill-Pain-Fragebogen/Kurzform). Dem Patienten werden 15 Eigenschaftswörter zur Beschreibung seiner Schmerzen angeboten.

Die Schmerzqualitäten sind: klopfend, schießend, stechend, spitz, krampfartig, nagend, brennend, dumpf, stark, schwach, heftig, ermüdend/erschöpfend, unerträglich, ängstigend, strapaziös/grausam.

Psychosoziale Aspekte

Für den Arzt und alle mit der Therapie betrauten Personen ist neben einer gründlichen Erfassung der körperlichen Schmerzsituation auch eine Abklärung der psycho-sozialen Faktoren wichtig. Dieses Vorgehen entspricht dem Verständnis des Schmerzes als biopsychosoziales Ereignis. Es wurde eine Vielzahl von Verfahren entwickelt, die von einfachen Einschätzungsskalen ähnlich den Skalen zur Erfassung der Schmerzintensität über spezielle Fragebögen bis hin zu komplexen Schmerzklassifikationen (vgl. MASK – multiaxiales Schmerzklassifikationssystem) reichen.

Folgende Bereiche werden bei einer ausführlichen Schmerzanamnese miterfasst:

- Schmerzbezogene Kognitionen (z. B. subjektive Schmerztheorie, Erwartungen, Einstellungen, Attribution).
- Schmerzverhalten (z. B. verbale, paraverbale und nonverbale Schmerzäußerungen, Umgang mit Medikamenten).
- Schmerzbewältigung/Coping (z. B. Krankheitsverhalten, Schmerzverarbeitung, Katastrophisieren, Selbstwirksamkeit).
- Behinderungen/Beeinträchtigungen (z. B. alltägliche allgemeine schmerzbedingte Einschränkungen, spezielle Beeinträchtigungen etwa im Beruf, in der Freizeit, bei sozialen Aktivitäten, im Sexualleben u. a.).
- Soziale Aspekte (z. B. Selbst- und/oder Fremdbeurteilung der Kommunikation über den Schmerz in der Familie, Verhalten der wichtigen Bezugspersonen, der »significant others«).
- Seelische Aspekte (z. B. Angst, Depression, psychosomatische Beschwerden, Lebenszufriedenheit).

Schmerzdokumentation

Die mit Hilfe der Messinstrumente oder Scores erhobenen Zahlenwerte werden zur Schmerzdokumentation bzw. Verlaufskontrolle verwendet. Dadurch können Ärzte und Therapeuten die Entwicklung des Schmerzgeschehens genau beobachten. Aber auch für die Patienten kann eine ausführliche Dokumentation wertvolle Hinweise und Einsichten geben. Die häufigste Methode, den Verlauf zu dokumentieren, ist die Verwendung eines Schmerztagebuches. In dieses Tagebuch soll der Patient täglich zu bestimmten Zeiten die Stärke seiner Schmerzen eintragen (= Mehrfachmessung der Schmerzintensität) und seine Beobachtungen anderer körperlicher und seelischer Merkmale wie z. B. die Qualität seines Schlafs oder sein Wohlbefinden festhalten. Wichtig ist auch, die eingenommenen Medikamente anzuführen und die genaue Uhrzeit der Einnahme. Schmerztagebücher lassen immer auch Raum für Bemerkungen aller Art. Ziel der Dokumentation ist zum einen, den Patienten an

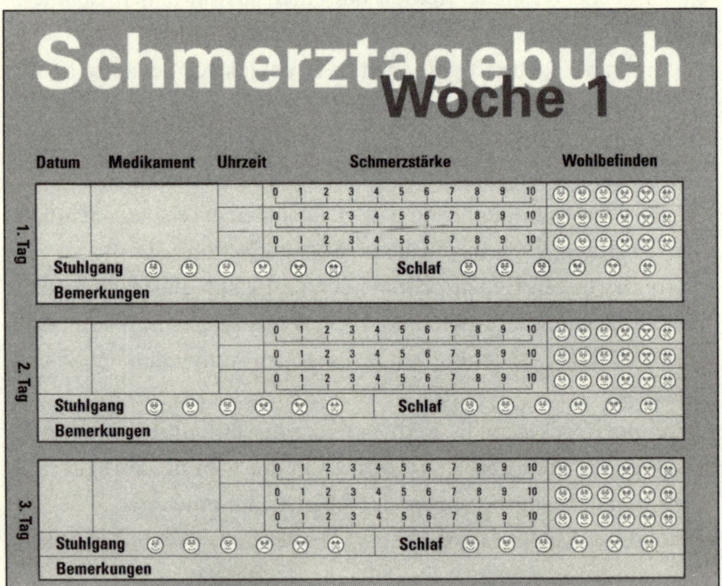

Abbildung 17: Beispiel eines Schmerztagebuchs (mit Genehmigung der Fa. Mundipharma)

seine Schmerzsituation auf umfassende Weise heranzuführen (z. B. Bewusstwerden von schmerzverstärkenden oder schmerzlindernden Ereignissen, Erkennen von »Schmerzspitzen«, Wirkung von therapeutischen Interventionen). Zum anderen dient sie der genauen Therapieplanung und Überprüfung (Evaluation der Schmerztherapie).

Schmerztagebücher liegen in unterschiedlichen Ausführungen vor. Sie können individuell unterschiedlich gestaltet werden, sollten jedoch immer die Schmerzintensität, die Schmerzdauer und die schmerztherapeutischen Maßnahmen festhalten. Prinzipiell gibt es sog. syndromunabhängige Schmerztagebücher und syndromspezifische, wie z. B. Kopfschmerztagebücher oder Tumorschmerztagebücher. Neue Entwicklungen gehen auch in Richtung eines elektronischen Schmerztagebuchs. Diese Computer gestützten Verfahren stellen für technikgewöhnte Patienten eine Erleichterung dar. Sie können zusätzlich ein »nachträgliches« Ausfüllen ausschalten und leiten zu regelmäßigen Tagebucheintragungen an.

Schmerzerfassung an speziellen Einrichtungen

Eine genaue und umfassende Schmerzerfassung ist zeitaufwändig und erfordert ein multiprofessionelles Therapeutenteam. Aus diesem Grund wird dies in aller Regel nur in speziellen Einrichtungen wie Schmerzambulanzen oder Schmerzkliniken durchgeführt. Wenn ein Schmerzpatient in einer Schmerzambulanz vorgestellt werden möchte, wird ihm üblicherweise ein recht umfassender Fragenkatalog zugeschickt. Dieser Katalog enthält mehrere Teile zu folgenden Bereichen:

- Informationen über die behandelnden Ärzte und über persönliche Daten,
- Fragen zu bisher durchgeführten Behandlungen und Kuraufenthalten (Vorbefunde, Arztbriefe),
- Fragen zur Kranken- und Schmerzkrankheitsvorgeschichte,
- Fragen zur Schmerzsituation (vgl. »Leitfragen«),

- Tabelle mit Schmerzbezeichnungen zur Schmerzqualität,
- Fragen zu sozialen Aktivitäten und zum sozialen Umfeld,
- Psychologische Fragebögen.

Auf der Grundlage dieser Informationen wird zunächst eine Diagnose erstellt und dann im Rahmen eines persönlichen Gesprächs ein optimaler Therapievorschlag erarbeitet.

Dem Schmerz Ausdruck verleihen

Das Erleben von Schmerz ist eine sehr persönliche Erfahrung, die eng mit unserem gesamten Leben und Erleben verwoben ist. Um sich selbst die Besonderheit eines körperlich-seelischen Schmerzzustandes bewusst und anderen Menschen zugänglich zu machen, muss man sich mitteilen. In der Fachsprache wird das auch Medialisierung des Schmerzes genannt. Dies bedeutet, dass Schmerzen allein über Hilfsmittel – ein Medium – ausgedrückt werden können.

Stöhnen, weinen, klagen – Medien des Schmerzausdrucks

Auf der Suche nach Befreiung von Schmerzen oder deren Linderung geht es in einem ersten Schritt darum, seinem Schmerz Ausdruck zu verleihen. Unausgesprochene und nicht zum Ausdruck gebrachte Schmerzen entziehen sich nicht nur einer Behandlung durch Ärzte oder Therapeuten, sondern sie stiften im Betroffenen selbst Verwirrung und legen sich lähmend über sein Leben. Und so ist es für jeden einzelnen Menschen besonders wichtig, sich auf die Suche nach »seinem« Medium zu machen, mit den Schmerzen in Kontakt zu kommen, sie auszudrücken oder Menschen seines Vertrauens mitzuteilen. Es gibt viele Möglichkeiten, Schmerzen direkt auszudrücken, z.B. weinen, darüber reden, klagen, fluchen, das Gesicht verziehen, um sich schlagen. Aber auch Malen, Schreiben oder andere kreative Aktivitäten können der Schmerzmitteilung dienen.

Nicht in jeder Lebenssituation wird die ganze Bandbreite der Ausdrucksmöglichkeiten zur Verfügung stehen. Alter, Geschlecht, soziales Umfeld, Art der Schmerzen, Persönlichkeit, Begleitumstände und vieles mehr werden den Einzelnen in seiner Ausdrucks-

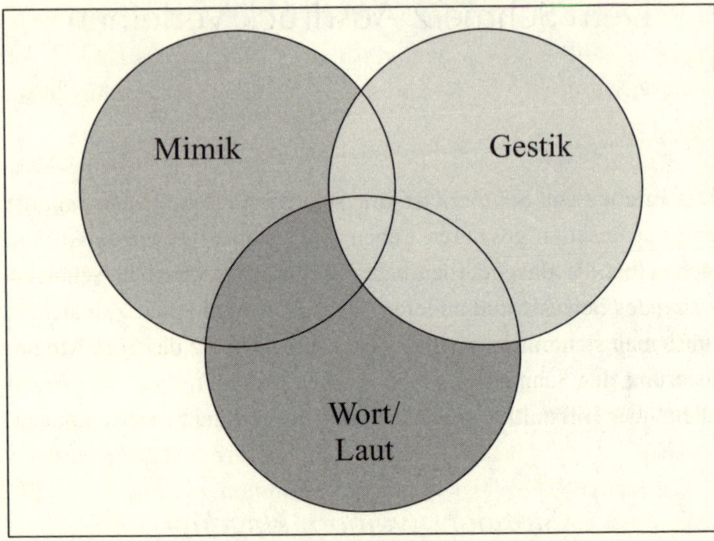

Abbildung 18: Medien des Schmerzausdrucks

weise beeinflussen. Aber auch entwicklungsbedingte Faktoren spielen eine Rolle. Lange bevor wir überhaupt in der Lage sind, unsere Schmerzen in Worte zu fassen, reagieren wir durch spontane Bewegungen (»Schmerzgebärden«) und Lautäußerungen (»Schmerzlaute«). Diese Formen des Schmerzausdrucks sind viel weniger an das soziokulturelle Umfeld gebunden als alle sprachlichen Ausdrücke, wenngleich auch sie kulturell überformt sein können wie etwa bei den Eskimos, die bei extremen Schmerzen mit Lachen reagieren.

Schmerzgebärden und Schmerzlaute sind in ihrer Urform kultur- und schichtübergreifende Reaktionen. Sie sind Merkmal eines funktionierenden Organismus und durchaus auch in der Welt der Tiere anzutreffen. Fragt man nach ihrer Funktion, so lassen sich viele Aspekte anführen, etwa das Sichtbar- und Hörbarwerden von Schmerzen als Signal, die Möglichkeit der Spannungsabfuhr oder ein Aufrütteln der Umwelt, ein Hilfeschrei und Appell. In den Schmerzgebärden und Schmerzlauten kommen aber auch alte Verhaltensweisen und Muster zum Vorschein, die weit in die persönliche Geschichte der Schmerzleidenden zurückführen. Wer kennt nicht die alte Frau, die wie ein kleines Mädchen jammert? Wer kennt nicht den erwachsenen Mann, der die »Schmerzensflüche« seiner Jugend ausstößt?

Die konkreten Schmerzgebärden und Schmerzlaute eines Menschen erlauben meist einen unverstellten Blick auf seine Qualen, z. B.:

- Ein Junge kneift die Augen zusammen, hüpft von einem Bein auf das andere und schreit.
- Eine Frau verzieht ihr Gesicht, greift sich an die Schulter und stößt einen Klagelaut aus.
- Ein Mann presst die Zähne zusammen, reibt sich mit einer Hand das Knie und schaukelt mit seinem Oberkörper vor und zurück.
- Ein kleines Kind liegt zusammengekrümmt in seinem Bett und jammert vor sich hin.

Andere Äußerungen oder Körperhaltungen wiederum lassen sich nicht so leicht als Ausdruck von Schmerzen erkennen. Sie sind mehrdeutig und hängen von der Lebens- und Lerngeschichte der Betroffenen ab. Die »Übersetzung« in die Sprache des Begleiters oder Beobachters wird wiederum von deren eigenen Lebenserfahrungen beeinflusst. Generell bleiben Gestik und Mimik der Interpretation der Betrachter überlassen, sie sind nicht eindeutig und klar. Es können viele verschiedene Missverständnisse auftreten, deren Quellen zum einen in der großen individuellen Bandbreite menschlichen Verhaltens liegen, zum anderen ihre Wurzeln in interkulturellen Unterschieden haben. Das gesprochene Wort eröffnet hier die Chance einer Klärung oder Konkretisierung.

Wege aus der Sprachlosigkeit

So wichtig die Mitteilung von Schmerzen auch ist, so schwer fällt es im akuten Zustand des Schmerzerlebens, seine Gefühle und Empfindungen auszudrücken. Das unmittelbare Erleben von Schmerzen führt zunächst zu einer Sprachlosigkeit – mehr noch: Schmerzen blockieren die Handlungs- und Erkenntnisfähigkeit. In gewissem Sinne werden Menschen, die unter Schmerzen leiden, sich selbst und ihrer Umwelt ein Stück weit »fremd« (vgl. Martin Krusches Beschreibung, S. 12). Auf der Suche nach einer geeigneten Schmerzbewältigung – sei dies nun mit oder ohne therapeutischer Hilfe – geht es auch darum, diese lähmende Wirkung von Schmerzen Schritt für Schritt aufzulösen. Schmerzen verschlagen einem die Sprache, nehmen einem die Luft, rauben einem die Worte – und verlangen gleichzeitig nach Worten! Schmerzen beherrschen den Körper mit all seinen Sinnen, lähmen die Handlungsabläufe – und verlangen gleichzeitig nach Gebärden des Ausdrucks! Hilde Domin hat in ihrem Gedicht »Haus ohne Fenster« die lähmende und sprachlos machende Wirkung des Schmerzes sehr treffend beschrieben:

Haus ohne Fenster
Der Schmerz sargt uns ein
in einem Haus ohne Fenster.
Die Sonne, die die Blumen öffnet,
zeigt seine Kanten
nur deutlicher.
Es ist ein Würfel aus Schweigen
in der Nacht.

Der Trost,
der keine Fenster findet und keine Türen
und hinein will,
trägt erbittert das Reisig zusammen.
Er will ein Wunder erzwingen
und zündet es an,
das Haus aus Schmerz.

Im Umgang mit Schmerzen geht es immer auch darum, den von Hilde Domin genannten Trost nicht auszusperren, sondern ihm die Fenster und Türen zu öffnen. Ausdruck und sprachliche Beschreibung des Schmerzes sind ein wichtiger erster Schritt bei dem Versuch, dem Schmerzhaus Fenster zu geben! Dabei geht es darum, eine sinnliche Erfahrung im eigenen Körper wahrzunehmen (»Wo schmerzt es?«) und ein geeignetes Sprachbild zu finden (»Wie schmerzt es?«). In einer Art Innenschau muss der Schmerz lokalisiert und zu anderen Stellen im eigenen Körper in Beziehung gesetzt werden. Bereits diese örtliche Bestimmung ist nicht bei allen Schmerzen einfach. Auch können nicht alle Menschen gleich gut in sich »hineinsehen und hineinspüren«. In diesem Fall können die im vorigen Kapitel beschriebenen Skizzen und diagnostischen Verfahren eine wichtige Hilfe sein. Ganz ähnlich ist es bei dem Versuch, dem Schmerz ein »Gesicht« zu geben und ihn zu charakterisieren. Hier müssen Vergleiche herangezogen und Sprachbilder verwendet werden. Als Orientierungshilfe können die schon erwähnten Wortlisten (vgl. S. 100 f.) dienen.

Ein Gespräch über Schmerzen ist immer eine sehr intime Angelegenheit. Vielen Menschen fällt es schwer, sich in ihrem Schmerz anderen anzuvertrauen. Dies ist auch verständlich, weil in den Mitteilungen über Schmerzen viel von der Persönlichkeit eines Menschen zum Ausdruck kommt. In die Beschreibung des aktuellen Zustandes fließt beispielsweise so manche Erinnerung an lang zurückliegende Erfahrungen mit ein. Gefühle und Gedanken, die das Schmerzerleben begleiten, geben einen Einblick in die Geschichte, das Seelenleben und die Wertvorstellungen der Betroffenen. Manchmal werden die aktuellen Schmerzerfahrungen auch durch alte Geschichten an den Rand gedrängt und lenken das Gespräch gleichsam auf Nebenschauplätze der persönlichen Geschichte.

Landkarten des Schmerzes: Das Clusterbild

Eine Möglichkeit, den vielen unterschiedlichen Gedanken, die das Schmerzgeschehen begleiten, einen Rahmen zu geben, stellt die Methode des Clusterbildes dar. Sie ist sowohl für die Auseinandersetzung mit der eigenen Biografie (»Biografiearbeit«) als auch für psychologisch-psychotherapeutisches Arbeiten hilfreich. Ausgangspunkt eines Clusterbildes stellt ein Wort dar, das für die jeweilige Situation besonders relevant ist, z. B. »Schmerz«. Die verschiedenen Assoziationen, die dieses Wort auslösen, werden in Gedankenketten zusammengefügt. Ist man gedanklich am Ende einer solchen Kette angelangt, kehrt man wieder zum Ausgangswort zurück und überlässt sich erneut seinen Assoziationen. Die folgenden Beispiele zeigen, welche Gefühls- und Gedankenbereiche mit dem Begriff Schmerz bei unterschiedlichen Patienten jeweils mit angesprochen und aktiviert wurden. Die Leser sind eingeladen, selbst ein Clusterbild zu erstellen und den eigenen Gedanken- und Gefühlsspuren nachzugehen!

Clusterbilder machen einen Blick hinter die Kulissen möglich. Sie zeigen, in welchem »Hof« von Gefühlen und Gedanken Schmerzerfahrungen eingebettet sind und welche Bilder erinnert werden. Manchmal stehen die Erinnerungen und Gefühle früherer

(a) Frau E., 82 Jahre, zwei Kinder, traumatische Kriegserlebnisse, mit 70 Jahren zwei Operationen im Kniebereich, in letzter Zeit häufige Magenschmerzen

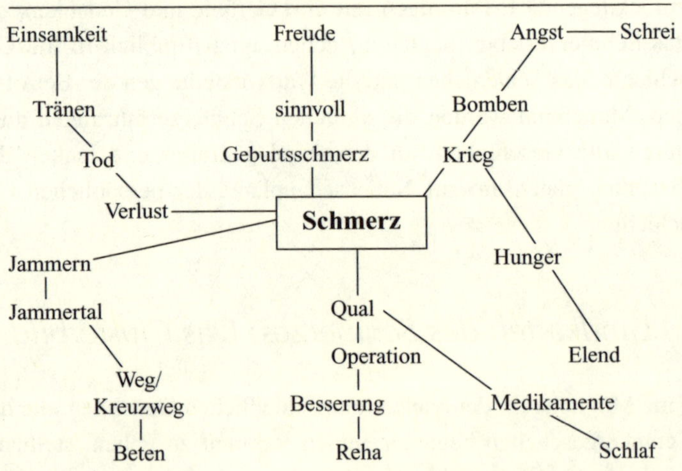

(b) Herr S., 27 Jahre, bisher keine herausragenden Schmerzerfahrungen oder Krankheiten, Allergieanfälligkeit

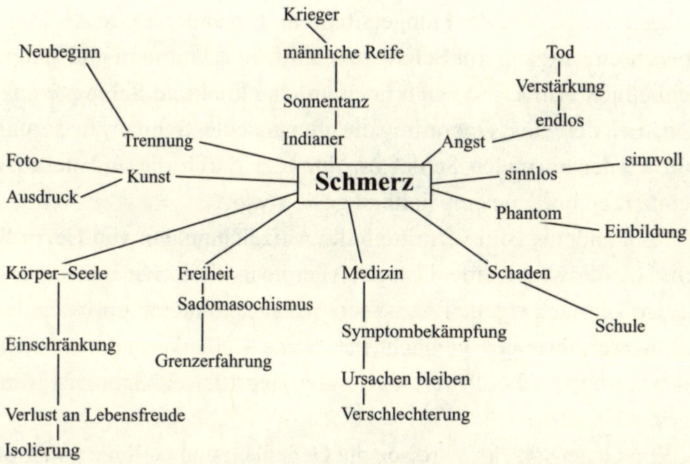

(c) Frau W., 45 Jahre, lange und komplizierte Krankengeschichte, seit acht Jahren Dialysepatientin

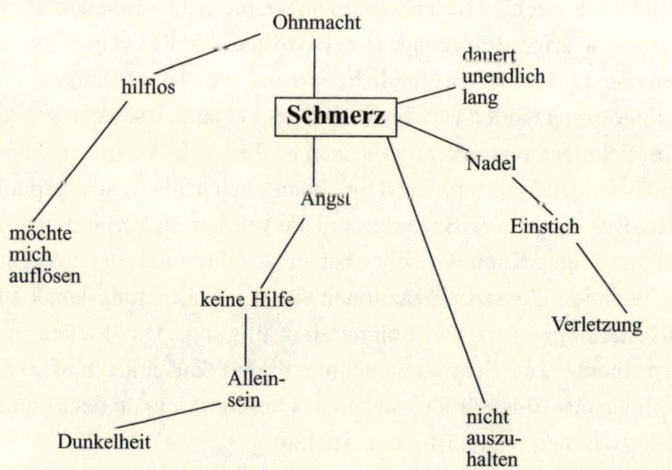

Abbildung 19: Drei Clusterbilder: Assoziationen zum Thema Schmerz

Erfahrungen im Vordergrund, wie beispielsweise die Gedankenketten von Frau E. (Bild a) zeigen. Ein Strang ihrer Assoziationen führt weit zurück in die Wirren des Krieges, der dramatisch erlebten Fliegerangriffe und der Hungersituation. Ein anderer gibt Auskunft über ihren Umgang mit Schmerzsituationen – Jammern und Beten. Schließlich erinnert sie sich noch an eine konkrete Schmerzsituation, bei der eine Operation die gewünschte Schmerzlinderung und wieder normalen Schlaf brachte, der durch die andauernden Schmerzen im Knie empfindlich gestört war.

Ein anderes Bild vermitteln die Aufzeichnungen von Herrn S. (Bild b), der wegen einer lästigen Allergie in klinischer Behandlung ist, jedoch nach eigenen Aussagen bisher noch keine gravierenden Schmerzerfahrungen gemacht hat. Seine Gedanken können mehr oder weniger unbeschwert durch die Begriffswelt Schmerz wandern.

Im Gegensatz dazu kreisen die Gedanken und Gefühle von Frau W. (Bild c) ausschließlich um die immer wiederkehrenden Eindrücke rund um ihre Dialysebehandlung. Neben den körperlichen Beschwerden trägt das Gefühl der Hilflosigkeit entscheidend zu ihrer auch sozial und seelisch belastenden Situation bei.

Diese kurzen Aufzeichnungen haben oft mehr Aussagekraft als eine langwierige Befragung. Den Betroffenen selbst zeigen sie auf einfache und sehr anschauliche Weise, welche Gedanken und Gefühle miteinander verwoben sind und einander sowohl negativ (z. B. Schmerz verstärkend) als auch positiv (z. B. Vertrauen auslösend) beeinflussen können. Dies kann auch zum Ausgangspunkt intensiver beratender Begleitgespräche werden. In Verbindung mit den im vorigen Kapitel beschriebenen Verfahren liefern Clusterbilder wichtige Zusatzinformationen für die Erarbeitung adäquater Hilfestellungen bei der Schmerzbewältigung. Die Skalen und Instrumente zur Erfassung schmerzhafter Zustände sowie die Methode des Clusterbildes stehen aus unserer Sicht an der Schnittstelle zwischen Diagnostik und Therapie.

Schmerz in Literatur und bildender Kunst

Der Schmerz ist nicht nur Thema des einzelnen leidenden Menschen und der Medizin, sondern zählt mit zu den großen »Menschheitsthemen« und war und ist daher immer auch Gegenstand zahlreicher wissenschaftlicher und philosophischer sowie literarischer und künstlerischer Arbeiten. Speziell in den Werken der Literatur und bildenden Kunst zum Thema Schmerz lassen sich die vom jeweiligen Zeitgeist beeinflussten Einstellungen und Haltungen wieder erkennen. Andererseits geben »Schmerzarbeiten« immer auch einen Einblick in die Lebensgeschichte des Künstlers selbst und legen seinen persönlichen Zugang zum Thema offen.

Die große Bandbreite der in Worte gefassten Schmerzdarstellungen bestätigt, dass es sich beim Schmerz um ein menschliches »Elementarphänomen« handelt. In den Werken von Schriftstellern und Dichtern findet man ganz unterschiedliche Schmerzberichte. Sie reichen von den Passionsgeschichten religiöser Texte und Arbeiten zum Leiden am Menschsein schlechthin über Schmerzberichte infolge von Krieg, Trennung und Tod bis hin zu radikalen Schilderungen seelischer sowie körperlicher Folter und persönlich erlittener Schmerzen.

Alphonse Daudet beispielsweise hinterließ mit seinen Tagebuchaufzeichnungen *Im Land der Schmerzen* ein einzigartiges Dokument, in dem viele Aspekte des Schmerzes angesprochen werden. An Syphilis erkrankt, beschreibt Daudet von 1887 bis 1895 in seinem Tagebuch die vielen qualvollen Stationen des Endstadiums seiner Erkrankung. Das Ringen um den jeweils geeigneten Ausdruck, um ein passendes Sprachbild oder einen treffenden Vergleich lässt den therapeutischen Effekt einer intensiven schriftlichen Auseinandersetzung mit dem Leben – auch und gerade in einer von Schmerzen geprägten ausweglosen Situation – ahnen. Im Kapitel »Die elementaren Wahrheiten – Der Schmerz« heißt es u. a.:

Sehr eigenartig diese Angst, die mir der Schmerz gegenwärtig bereitet, zumindest dieser Schmerz jetzt. Er ist erträglich, und trotzdem kann ich ihn nicht ertragen. Er ist grausam; und der Ruf nach Betäubungsmitteln wie ein Hilfeschrei …

Keine allgemeine Theorie von Schmerz. Jeder Patient legt sich seine eigene zurecht, und das Übel verändert die Tonlage, wie die Stimme eines Sängers, je nach der Akustik des Saales.

Verschiedene Arten des Schmerzes. Manchmal unter dem Fuß, wie eine Schnittwunde, winzig klein – ein Haarriss. Oder aber Stiche eines Taschenmessers unter dem Zehennagel. Die Qualen »spanischer Stiefel« an den Knöcheln. Spitze Rattenzähne, an den Zehen nagend. Unerträgliche Schmerzen in der Ferse, die sich beruhigen, wenn ich das Bein bewege. Stunden, halbe Nächte lang meine Ferse in der Hand.

Überallhin dringt der Schmerz vor, in meine Wahrnehmung, meine Gefühle, mein Urteilsvermögen: Infiltration!

Schmerz, du musst mir alles sein. Lass mich in dir all die fernen Länder finden, die zu besuchen du mir nicht mehr erlauben wirst. Sei du meine Philosophie, meine Wissenschaft.

Vision von Jesus am Kreuz, morgens auf dem Golgatha. Die Menschheit. Schrei.

Hin und wieder eine Erinnerung an aktives Leben, glückliche Zeiten. Zum Beispiel an die neapolitanischen Korallenfischer abends in den Felsen. Vollkommenheit physischen Glücks. Meine Verzweiflung ist groß, ich schreibe unter Tränen.

Entsetzen. Beklommenheit. Das Leben, so hart seit meiner Vereinsamung im Schmerz. Ich kenne nur eins, meinen Kindern laut zuzurufen: »Es lebe das Leben!« Wie ich, von Schmerzen zerrissen zu sein, das ist hart.

(Ausschnitte aus: Daudet, 2003, S. 26–64)

Während Schriftsteller und Dichter um sprachlichen Ausdruck für Schmerzen ringen, tauchen Maler und Bildhauer in die Sprache der Schmerzgebärde ein, um geeignete Darstellungsweisen für ihre Werke zu finden. Viele Künstler haben ihren persönlichen Schmerz in ihren Werken thematisiert und so bis zu einem gewissen Grad auch be- und verarbeitet. Dies weist auch auf die therapeutische Kraft künstlerischer Tätigkeit hin. Einen besonderen Platz als »Malerin der Schmerzen« nimmt Frida Kahlo, die 1907 in Mexiko geborene Malerin, ein. Ihr Leben war von den Folgen eines schweren Verkehrsunfalls überschattet. Sie musste sich nicht nur zahlreichen Operationen und Behandlungen unterziehen, sondern auch jahrelang ein Gips- und Stahlkorsett tragen. Sie litt häufig unter starken, alles beherrschenden Schmerzen. Zu den körperlichen Einschränkungen und Beschwerden kam noch der seelische Schmerz über einige Fehlgeburten hinzu. Nach einer Beinamputation verbrachte sie ihre letzten Jahre im Liegen.

Abbildung 20: Selbstporträt von Frida Kahlo (1907–1954)

Frida Kahlos Versuch, ihrem Leben Sinn und Inhalt zu geben, lag in ihrer künstlerischen Arbeit. Ihre ersten Arbeiten entstanden im Krankenhaus. Ihre Eltern brachten ihr eine speziell angefertigte Staffelei und ihre Mutter ließ an der Zimmerdecke einen Spiegel befestigen. So konnte Frida die ihr so wichtigen Selbstporträts malen und fand gleichzeitig eine Möglichkeit, sich mit ihrer Verletztheit und deren Folgen auseinander zu setzen.

Die Porträts zeigen eine ernste Frau mit schönen Gesichtszügen und den für sie charakteristischen starken Augenbrauen, manchmal von Blumen und Tieren umgeben, dann wieder als flüchtendes Tier, von vielen Pfeilen fast tödlich getroffen. Wieder und wieder malt sie sich als Schmerzgepeinigte. Die verletzten Körperstellen werden besonders hervorgehoben und gestaltet, wie auf jenem Bild, das sie in ein schmerzendes Korsett gepresst darstellt (vgl. Abb. 20).

Schmerzgeschichten: Berichte Betroffener

Aussagen über Schmerzen anderer sind bestenfalls Annäherungen und ersetzen das Wort der Betroffenen nicht. Und so möchten wir an dieser Stelle Menschen zu Wort kommen lassen, die in der einen oder anderen Form Schmerzen erlitten haben oder erleiden. Diese Berichte bieten die Möglichkeit, einen Einblick in unterschiedliche Schmerzwelten zu bekommen. Sie können aber auch als Impuls dienen, sich mit der eigenen Schmerzgeschichte zu beschäftigen. Manchmal ist es leichter, im Spiegel einer anderen Geschichte die eigene zu entdecken …

Den Schmerz beachten

Schmerzen gehören seit Jahren zu Bärbels Leben. Sie leidet an einer chronischen Nierenerkrankung. Nicht nur die Erkrankung selbst löst verschiedene Beschwerden und Schmerzen aus, sondern auch die umfangreichen Behandlungen sind schmerzhaft. Auf ihrer Suche nach Möglichkeiten, besser mit der belastenden Situation umzugehen, hat sie viele Ärzte und Therapeuten aufgesucht.

Die Begegnung mit der Therapeutin Miriam Goldberg bezeichnet sie als »schicksalhaft«. Von ihr hat sie nicht nur gelernt, wie sie besser mit den Schmerzen umgehen, sondern wie sie trotz vieler Einschränkungen »lebendig« bleiben kann. Für Bärbel sind Gespräche mit anderen Menschen, ein Austausch von Erfahrungen im Umgang mit Krankheit, Behinderung und Schmerz besonders wichtig.

Seit ich 12 oder 13 Jahre alt bin, habe ich immer wieder Kopfweh. »Migräne liegt in der Familie«, hat man mir gesagt, die Mutter, der Onkel … das ist halt so. Die Kopfschmerzattacken haben meistens drei Tage gedauert. Medikamente waren nicht da oder haben nicht wirklich geholfen. Das hat dazu geführt, dass ich den Schmerz einfach weggeschoben, verdrängt habe. Das hat sich über Jahre so hingezogen. Schreckliches Kopfweh, Erbrechen ... und ich bin einfach aufgestanden, habe den Tag absolviert, einfach gearbeitet. Es war unerträglich, ich hatte das Gefühl, in Trance zu sein. Ich habe nicht darauf geachtet, was das für mich bedeutet. Ich habe mich nicht einmal hingesetzt und gefragt, woher der Schmerz kommt, wie lange er dauert, ob er immer gleich schlimm ist ... es war automatisch klar: Er dauert drei Tage. Und es war auch klar: Ich muss da »durch«, knallhart durch. Die Eltern waren auch sehr hart. Zähne zusammenbeißen, war die Devise. Schmerzen zu zeigen, einzugestehen, darüber zu reden war ein Zeichen der Schwäche. Das war die Familienregel. Dadurch habe ich auch keine Chance gehabt, dieses »Ereignis Kopfschmerz« anders zu leben, etwa mich ins Bett zu legen oder vor mich hinzujammern. Es gab nur absolutes Verdrängen.

Heute gehe ich mit den Kopfschmerzen anders um. Durch die Auseinandersetzung mit meiner Krankheit, die Begegnung mit Therapeuten und den Kontakt zu Menschen, die mit Schmerzen anders umgehen, habe ich viel für mich lernen können. Bei Kopfschmerzen versuche ich Verschiedenes: Ich lasse mir Zeit, mache nasse Umschläge, setze eine Brille auf, damit das Licht nicht so weh tut. Ich lege mich hin, gestatte mir Ruhe. Medikamente nehme ich keine. Der achtsamere Umgang hilft mir. Er relativiert den Schmerz zwar nicht, der Schmerz ist der gleiche – »Schmerz bleibt Schmerz« –, aber der veränderte Umgang mit ihm verändert auch meine Situation. Ich kann mich auf den Schmerz einstellen, kann mit der Situation Kopfschmerz besser umgehen, und ich kann mich selbst entlasten. Ich lasse mich nicht mehr überrollen. Mir Zeit nehmen, die Hand auflegen und die Aufmerksamkeit dort hinlenken, wo es weh tut; den Dingen, die kommen, achtsam begegnen; diesen Augenblick annehmen, auskosten – das ist heute mein Umgang mit Kopfschmerzen. Die

Gespräche mit Miriam (der Therapeutin Miriam Goldberg, Anm. d. A.) haben mir dabei sehr geholfen.

Ich habe mich auch bei der Behandlung meiner Nierenkrankheit für einen Weg entschieden, der mir mehr persönlichen Gestaltungsspielraum lässt. Wie alles weitergeht, steht ohnehin in den Sternen. Für mich ist es wichtig, dass ich mich nicht selbst blockiere, dass ich nicht verpasse, das Heute zu leben. Ich möchte meinen Kindern vermitteln, dass man auch mit Krankheit leben kann. Dabei kann ein Austauschen und »Jammern« auch helfen. Viele sagen: »Was soll ich dir mit deiner Krankheit noch erzählen?« – Aber das ist falsch! Sie erzählen ihre Geschichte und ich meine. Das tut gut.

Was ich versuche, ist, lebendig zu bleiben und alle Bereiche des Lebens wahrzunehmen. Auch Schmerzen sind ein Teil des Lebens – aber eben nur ein Teil. Ich habe ja nicht immer nur Schmerzen! Und wenn sie da sind, kann ich zunächst einmal selbst versuchen zu lindern, indem ich sie irgendwie be*handle*. Handeln heißt, in Bewegung zu bleiben. Jedes Erstarren, jedes Verstummen reißt dich hinunter. Davon musst du wegkommen, du musst dich bewegen! Du musst über deine Schmerzen reden und du kannst es den Menschen so sagen, dass sie es aushalten. Du musst nicht unbedingt toben und schreien – aber manchmal hilft auch das. Wenn der Helfer nach meinen Schmerzen fragt, habe ich die Chance, ihm echt und ehrlich zu antworten, das entlastet auch. Das ist aber erst möglich, wenn der akute Schmerz nachgelassen hat. Im Moment heftigen Schmerzes gibt es nur ein: »Au, au, aua, weh, weh!!!« Differenzierte Aussagen sind erst nach dem Abklingen der ärgsten Schmerzen möglich.

(Bärbel, 44 Jahre)

Selbstmord ist keine Lösung

Marias Gedanken offenbaren, wie schwer es sein kann, sich von Denktraditionen und Verhaltensmustern zu befreien, die weit in die

Vergangenheit und in die Geschichte der Vorfahren reichen. Die intensive Beschäftigung mit diesen Schmerzgeschichten machte es Maria möglich, in Abgrenzung zum Modell des Großvaters und der Mutter eigene Verhaltensweisen bei Schmerzen zu entwickeln. Sie möchte nicht wie ihre Mutter in eine gelernte Hilflosigkeit versinken, in der nur Jammern und Klagen Platz hatte. Gespräche mit Freunden und einschlägige Fachliteratur haben sie auf diesem Weg unterstützt.

Maria ist ein selbst bestimmter Umgang mit den Schmerzen besonders wichtig. Dabei spielt eine frühe medizinische Abklärung der Schmerzursache eine große Rolle. Maria kann durch diese Arztbesuche die Angst, die sie bei Schmerzen oft panikartig überfällt, in Grenzen halten. Erst nach einer gründlichen medizinischen Untersuchung kann sie sich mit möglichen anderen Schmerzursachen konstruktiv auseinander setzen.

Ich möchte mit den Schmerzsituationen in meinem Leben anders umgehen, als es in meiner Familie üblich war! Mein Großvater hat an einer alten Kriegsverletzung gelitten. Sein »offener Fuß« bestimmte das Familienklima, weil er bei starken Schmerzen immer von Selbstmord sprach. Oft blieb er tagelang verschwunden und die Familienmitglieder machten sich auf die Suche nach ihm. Sie durchkämmten Wiesen und Wälder, immer in Furcht und Panik, ihn tatsächlich tot aufzufinden. Selbstmord als äußerstes und letztes »Heilmittel« gegen unerträglich werdende Schmerzen hing wie ein drohendes Damoklesschwert über meiner Großmutter und ihren acht Kindern.

Auch meine Mutter hat bei Schmerzen immer von Selbstmord geredet und mir den Ort gezeigt, wo sie sich aufhängen wollte. Als Kind hatte ich beim Nachhausekommen oft Angst, meine Mutter tot aufzufinden. Heute ist sie eine alte Frau, die organisch weitgehend gesund ist. Das Jammern und Klagen über Schmerzen aber ist ihr zur zweiten Natur geworden, und die Drohung »Selbstmord« steht weiterhin im Raum. Heute wirkt das eher wie ein kleines Ritual auf mich als eine reale Möglichkeit. Ich kann jetzt gelassen darauf reagieren. Nur selten kommen die Panikgefühle der Kindheit wieder hoch.

Und meine eigenen Schmerzen? In der Großfamilie auf dem Land, in der ich aufgewachsen bin, hat man die kleinen und größeren Schmerzen der Kinder nicht besonders ernst genommen. Wenn ein Kind geweint hat, dann wurde es gefragt: »Wo tut's denn weh?« Und wenn das Kind dann auf die schmerzende Stelle zeigte, dann deutete man woanders hin und gab zur Antwort: »Dann schau da hin!« Das war in unserer Gegend eine altbekannte »Volksweisheit«. Ich fand das immer schrecklich, ich fühlte mich nie wirklich verstanden. Meine Schmerzen wurden immer ins Lächerliche gezogen. Besonders schlimm war es, wenn bei einer Verletzung etwas kaputt ging – aufgerissene Hosen, zerbrochenes Geschirr ... Dann waren die Schmerzen wie eine gerechte Strafe. In jedem Fall aber waren Schmerzen immer etwas, an dem man selbst schuld war. Schmerz und Schuld – diese Verbindung hat sich tief eingeprägt.

Ich habe das Gefühl, dass mich alle diese Erlebnisse auch heute noch beeinflussen. Noch immer steht Schmerz in meiner Vorstellung eng mit Angst, Tod und Sterben in Verbindung und drängt alles andere in den Hintergrund: Angesichts von Schmerzen wird alles andere unwichtig. Manchmal denke ich aber auch, dass der Schmerz auch eine Herausforderung sein kann, dem Lebenssinn nachzuspüren und sich dem eigenen Körper auf ganz bewusste Weise zu nähern. Der erste geglückte Versuch, meinen eigenen Weg im Umgang mit Schmerzen zu finden, waren die Kopfwehattacken im frühen Erwachsenenalter. Ich habe herausgefunden, dass Liegen auf keinen Fall gut für mich ist, und entdeckt, dass kühlende Wickel und Bewegung an der frischen Luft Linderung bringen. Leider klappt das nicht immer. Seit ein paar Jahren passiert es immer wieder, dass sich meine Kopfschmerzen »auf Wanderschaft« begeben und einmal als Magenschmerzen auftauchen, als Halsschmerzen, als Zahnschmerzen ... um dann wieder als Kopfschmerzen zurückzukehren. Wenn das geschieht, kommt auch die Angst wieder, todkrank zu sein und macht den Schmerz noch intensiver. Dann steht der Schmerz wieder im Mittelpunkt meines Denkens und beherrscht schließlich mein ganze Leben. So eine Situation möchte ich unbedingt vermeiden! Aus diesem Grund gehe ich bei Schmerzen gleich zum Arzt. Eine rasche medizinische Abklärung der Schmerzursachen ist für mich sehr wichtig. Das lässt meine Angst kleiner werden – auch wenn mir bewusst ist, dass viele Schmerzen keine rein körperlichen Gründe haben, sondern auch Ausdruck von Unzufriedenheit, Ohnmacht oder Fremdbestimmung sein können.

(Maria, 52 Jahre)

Wenn seelische Schmerzen sich im Körper festsetzen

Edith ist für viele Menschen Anlaufstelle bei Problemen, Sorgen und Nöten. Sie strahlt große Ruhe aus und kann gut zuhören. Die schwierigen Verhältnisse ihrer Kindheit und Jugend hat sie gut verarbeitet, sie wirkt gefestigt und sicher. Doch das Zusammentreffen mehrerer äußerst belastender Umstände warf sie für Wochen und Monate völlig aus der Bahn. Mit einem Schlag war sie selbst hilfsbedürftig und brauchte Unterstützung. Nur zögernd konnte sie angebotene Hilfe annehmen. Langsam lernte sie, den großen inneren Schmerz zuzulassen und Veränderungen in ihrer Lebenshaltung vorzunehmen. Therapeutische Unterstützung, psychologische Beratung und gute soziale Kontakte waren dabei wichtige Hilfen.

Es war wahrscheinlich die Scheidung vor drei Jahren und die Kündigung aus meinem Beruf, die mein Körper und meine Seele nicht verkraften konnten. Die sichtbaren Folgen waren Gewichtszunahme, hoher Blutdruck und Puls sowie der Beginn einer Depression. Die letzten sieben Monate, in denen ich nicht mehr berufstätig war, waren geprägt von einem immer größeren Rückzug aus dem gesellschaftlichen Leben, einer zunehmenden

Distanz zu meinen körperlichen Empfindungen und einem fehlenden Wahrnehmen meiner Gefühle. Ein großes soziales Netz von Freunden umgibt mich, doch es war mir nicht möglich, ihre immer wieder angebotene Hilfe anzunehmen.

Körper und Seele litten, doch gekümmert habe ich mich nur um meine Körperfunktionen. Der hohe Blutdruck ließ sich mit allopathischen Medikamenten immer nur kurzfristig senken. Mein körperlicher Zustand nahm bedenkliche Formen an, und so ergriff ich schließlich doch die Möglichkeit, bei einer Freundin einen Test mit einem Biofeedback-Gerät zu machen. Aus diesem Test ging hervor, dass ich unter höchster Stressbelastung stehe! Stress? Stress kannte ich bisher nur, wenn ich viel Arbeit hatte und mindestens drei Dinge zugleich tat. Wenn alles »rund« lief, fühlte ich mich dabei sogar wohl. Doch in meiner jetzigen Situation geht es offenbar um eine andere Art von Stress. Der Stress, in dem ich mich jetzt befinde, ist die permanente innere Arbeit, meine Gefühle »in Schach zu halten« und alte Emotionen, alte und neue seelische Wunden über den Kopf zu regeln und zu erklären, um nur ja nicht fühlen zu müssen und um das Schlimme und Verletzende abzuwehren.

Ich bin jetzt bereit, die fest verschlossene Dunkelkammer der Gefühle zu öffnen. Mir ist meine Lebendigkeit abhanden gekommen und ich will sie wieder leben! Ich habe erkannt, wie sich seelische Schmerzen im Körper manifestieren. Und ich habe auch erkannt, dass ein Gesunden von beiden Seiten – vom Körperlichen und vom Seelischen her – geschehen kann. Ich weiß von einigen Gefühlen, die in der Dunkelkammer wohnen, und ich möchte ihnen im ersten Moment nicht allein begegnen. Wissend um diese große Angst, hab ich M. um Hilfe gebeten, mit mir gemeinsam einen behutsamen Weg zu finden und langsam die eingefrorenen Gefühle wieder aufzutauen. Auf diesem Weg befinde ich mich jetzt, mit Neugierde und Achtsamkeit, begleitet von Freunden. Es ist ein Weg, um meinen Körper und meine Seele, um mich als ganzen Menschen zu heilen.

(Edith, 40 Jahre)

Schmerzgesichter

In der Geschichte von Berit, einer 45-jährigen Lehrerin, geht es in ganz besonderer Weise um ein Ineinandergreifen aller Schmerzdimensionen. Seelischer Schmerz begleitete sie bereits in der Kindheit. Ihre Jugend wurde durch die schwere depressive Erkrankung der Mutter, die Trennung der Eltern und schließlich durch den tragischen Selbstmord ihrer Mutter überschattet. Einige Fehlgeburten brachten sie an den Rand ihrer körperlich-seelischen Kräfte. Die Folgen schwerer Abnutzungserscheinungen der Wirbelsäule versuchte sie lange Zeit durch konservative Behandlungsmethoden in einem für sie erträglichen Rahmen zu halten. Sie versuchte auch, alternative Therapieansätze und eine intensive Auseinandersetzung mit ihrer seelischen und sozialen Situation in ihre Schmerzbewältigungsstrategien einzubauen. Es gab immer wieder Zeiten, in denen sie schmerzfrei war oder mit dem vorhandenen Schmerz gut umgehen konnte. In den Monaten, aus denen die folgenden Aufzeichnungen stammen, spitzte sich die Situation jedoch zu. Die Familie beschloss, aus beruflichen Gründen in die Großstadt überzusiedeln. Für Berit bedeutete dies den Verlust ihres geliebten Heims, ihres Gartens und des großen Freundeskreises, der ihr einen wichtigen Halt gab. Die Neuorientierung im Beruf gelang gut. Auch die Arbeit mit förderbedürftigen Kindern erfüllte sie mit Freude. Doch die ständigen Schmerzen behinderten sie zunehmend und brachten sie oft in einen Erschöpfungszustand. Die alten Schmerzen in der Wirbelsäule kamen wieder – diesmal blieben sie hartnäckig und entzogen sich allen bisher erfolgreichen Therapiebemühungen. Schließlich entschloss sie sich zu einer Bandscheibenoperation.

Die nachfolgenden Aufzeichnungen – von Berit als »Schmerzgesichter« bezeichnet – zeigen die komplexen Zusammenhänge zwischen Körper und Seele. Sie sind das anrührende Zeugnis eines Menschen, der nicht so sehr um Schmerzfreiheit ringt, sondern vielmehr um ein Heilwerden von Körper und Seele.

»Rückblicksgesicht«

Ich wusste nicht, wie stark mich das Fehlen des stechenden Schmerzes an die Zeit mit den Schmerzen erinnert. Schläft meine Hand im Schlaf irgendwann ein, dann wache ich verschwitzt und panisch auf. Kribbelt es mal in einem Finger der rechten Hand, so beginnt der Zweifel an der Richtigkeit meiner Entscheidung, eine Operation gemacht zu haben. Einen leichten Schmerz, der mit dem Heilungsprozess einhergeht, kann ich oft nur mit Mühe und nur mit dem Kopf als Heilungsschmerz einordnen. Irgendetwas in mir erinnert sich noch sehr gut, wie es war …

»Erinnerungsgesicht«

Wie war es denn?

Bei jedem Schritt Elektrizität, zuerst immer nur im rechten Schulterblatt, später bis zur Schulter, dann in den Ellbogen hinein und immer kribbelnde, ungeschickte, teils gefühllose Finger – rechter Mittelfinger und Ringfinger, manchmal der kleine Finger.

Kopfschmerzen, Nackenschmerzen, Brustkorbschmerzen bis zum Gefühl, nicht genug Luft zu bekommen. Gedanken über psychosomatische Reaktionen auf die Mehrbelastungen im Beruf und in der Familie. Gedanken darüber, dass ich nicht gut auf mich achten kann. Arbeite auch, wenn schon alles weh tut. Wenn dann auch noch ein Problem auftaucht, ist die Grenze der Belastbarkeit erreicht und der mit viel Energie verdrängte Schmerz kommt zurück und schmerzt noch mehr.

Diesen Weg bin ich lange gegangen, und den Schmerz habe ich immer öfter mit recht starken Medikamenten, mit teuren osteopathischen Behandlungen und mit vielen Spritzen bekämpft.

»Ausgesicht«

Jedes Mal wird es sichtbarer, wie bedürftig ich bin! Meine Wirbel verschieben sich, alles verschiebt sich. Jedes Mal denke ich: »Wenn der Arzt meinen Rücken berührt, beginne ich haltlos zu weinen.« Warum? Wirbelsäule – haltlos – bitte keine psychosomatische Schiene – jetzt will ich es wissen – Schulmedizin – Klärung.

Noch weitere osteopathische Behandlungen folgen. Die Gedanken gehen im Kreis. Physiotherapie hat auch nicht geholfen. 10-mal ein anderer Therapeut, dann die Maschinen, der Strom gegen den Strom im Arm und in den Fingern – Nein! Neuer Arzt. Schulmedizinische Untersuchungen, Röntgen, Neurologe, MRT – eine Bandscheibe hängt in das Rückenmark – endlich ein Ergebnis zum Anpacken.

Eine Operation könnte helfen. Ich muss nachdenken.

Es geht weiter mit Arbeit, Schule, Haushalt, Freizeit, und alles ist nicht besser als vorher – woher auch? Wie soll ich die Schulkinder verlassen, wer soll mich ersetzen? Es dauert nicht lange und die Schmerzen werden immer unerträglicher und die Angst, zu versagen, den Verpflichtungen nicht nachkommen zu können, immer größer. Das schlechte Gewissen kommt noch dazu.

Ein schneller Entschluss: Operation.

Nach der Operation: schmerzfrei.

Jetzt beginnt die Lehrzeit. Werde ich in der nächsten Zeit lernen, auf mich zu achten?

»Überforderungsgesicht«

Schmerz als fehlgeleitete Lust, der Liebe zu begegnen …? Lieber still in Schmerzgefühlen dahin zu leben, als die Liebe, die dir geschenkt wird, anzunehmen? Wäre ich in der Lage, die wohlwollenden Blicke meiner Freunde und Mitmenschen zu sehen, könnten mich die unzufriedenen, bösen Blicke anderer nicht durchdringen.

Ich möchte die Liebe in mir für andere auch für mich selbst

empfinden können. Aber was passiert? Ich arbeite so lange, bis mir alles weh tut, weil ich nicht spüre, dass alles schon zu viel ist. Eigentlich sagt der Schmerz, dass es erlaubt ist, auf mich zu achten und der Müdigkeit nachzugeben …

»Fortsetzungsgesicht«

Ein weiterer Versuch, dem Leben mutig in die Augen zu sehen. Nach einer Therapiesitzung sind alte und neue Schmerzen erkannt, zugeordnet und ein Stück weit von mir verstanden worden. Besonders geschmerzt haben die Fragen: »Woher kommt der Schmerz?« und »Was ist das für eine Trauer?«

Heilung bringt sicher auch Schmerzen mit sich. Aber mir stellt sich immer auch die Frage: Was will mir dieser Schmerz sagen? Ich spüre, wie Rührung in mir aufsteigt. Dann kommt das Heimweh, der Verlust von einer Wohnung, in der ich mich wohl fühlte, der Verlust von Erde vor der Tür, der Verlust von Freunden in der Nähe. Ich heule lange und haltlos. Dann werde ich ruhiger. Wo könnte ich hier die Erde, die Luft und das Licht holen, die mir so fehlen, dass es schmerzt? Da verstehe ich mit einem Mal, wie es so manchem Ausländer/Einwanderer/Flüchtling geht … seine Position ist noch viel schlimmer.

Die Erkenntnis »Krankheit als Weg« ist so unangenehm – aber wahr. Ich gehe diesen Weg, auch wenn ich mir etwas anderes wünschen würde!

(Berit, 45 Jahre)

Teil 3
Schmerzen lindern

Schmerztherapie: Möglichkeiten und Grenzen

Im Laufe des Lebens erwirbt sich jeder Mensch in der Regel ein ganzes Repertoire an Möglichkeiten, ohne Fremdhilfe mit Schmerzen fertig zu werden: vom Griff zur Schmerztablette bis zum Rückzug in dunkle Räume, von der Wärmflasche bis zum Einhalten einer Diät. Wenn diese Maßnahmen nicht ausreichen, wird der Gang zum Arzt in Erwägung gezogen. Überwiegend ist es der Hausarzt, der zunächst als erster um Rat gefragt wird. Erst in einem nächsten Schritt erfolgt der Kontakt mit dem Facharzt. Entsprechend dem vorherrschenden Krankheits- und Schmerzverständnis erwartet der Patient eine Behandlung, die ihn schmerzfrei macht. In all jenen Fällen, wo es sich um akute und klar zuzuordnende Schmerzen handelt, ist dies auch meist möglich.

Bernd H. kommt nach einer längeren Zugfahrt nach Hause. Er fühlt sich abgespannt und müde. Sein Kopf schmerzt. Er geht früh zu Bett. Am anderen Morgen wacht er mit einem stechenden Schmerz im linken Ohr auf. Herr H. greift in den Medikamentenschrank und schluckt ein Aspirin. Sein Arbeitstag verläuft turbulent und er hat keine Zeit, an seine Ohrenschmerzen zu denken. Gegen Abend macht sich jedoch der Schmerz verstärkt bemerkbar. Herr H. hat zudem das Gefühl, dass seine ganze linke Hals- und Kiefergegend druckempfindlich ist. Die Schmerztabletten wirken kaum noch. Am nächsten Tag sucht er einen HNO-Arzt auf. Dieser diagnostiziert im schmerzenden Bereich eine eitrige Entzündung und verordnet entsprechend antientzündliche Medikamente. Das zusätzlich verschriebene Schmerzmittel verschafft Herrn H. die gewünschte Schmerzfreiheit, und nach einigen Tagen ist er wieder beschwerdefrei.

Anders sieht dies bei Schmerzen aus, deren Ursachen nicht so eindeutig und rasch festzustellen sind oder erst spät diagnostiziert werden, sowie bei so genannten chronischen Schmerzen, die sich über einen längeren Zeitraum hinziehen. Hier zeigt die Praxis, dass die therapeutischen Möglichkeiten in der Regel nicht ausreichen, dem Patienten Schmerzfreiheit zu verschaffen. Ein realistisches Ziel der Therapie ist in diesen Fällen ist eine Linderung der Schmerzen um wenigstens 30 Prozent. Viele leidende Menschen empfinden diese angekündigten 30 Prozent anstatt der erhofften Schmerzfreiheit wie einen Schlag ins Gesicht!

Der Wunsch nach Schmerzfreiheit steht im Leben vieler chronischer Schmerzpatienten an oberster Stelle. Sie können sich nur sehr schwer mit dem Gedanken anfreunden, dass dieser Wunsch nicht in Erfüllung gehen kann. So beginnt sehr oft ein leidvoller Weg von einem Arzt zum anderen, von einer Therapie zur nächsten (»Doctor-Shopping«). Immer größer wird der Wunsch, endlich den richtigen Fachmann oder die richtige Fachfrau zu finden. Immer größer wird die Enttäuschung und Frustration, wenn neue Therapieversuche scheitern und eine Hoffnung nach der anderen wie eine Seifenblase zerplatzt. Immer größer wird der Druck, den die Betroffenen auch ihren Therapeuten auferlegen. Diese negativen »Schmerzkarrieren« sind leider häufig anzutreffen und trüben die gesamte Lebensqualität der Betroffenen. Verzweiflung, Resignation und Angst gesellen sich zum Schmerz und verbünden sich gegen Freude und Lebensmut. Diese belastende Situation macht sehr oft aus einem schmerzgeplagten Menschen einen »schwierigen Patienten«, einen »schwierigen Partner« oder einen »schwierigen Kollegen«.

Chronische Schmerzen – was tun?

Erkenntnisse aus der Forschung, aber auch die verstärkte interdisziplinäre Zusammenarbeit (= Zusammenarbeit verschiedenster Berufsgruppen wie z. B. Ärzte, Psychologen, Physiotherapeuten, Sozialarbeiter) haben der Schmerztherapie neue Impulse gegeben.

Das alte konventionelle Therapiekonzept, in dessen Mittelpunkt die ungezielte Verordnung von Analgetika (= schmerzstillende Medikamente) und allenfalls passive Maßnahmen aus der Physiotherapie (Bäder, Bestrahlung oder Massage) standen, hat sich gerade in der Behandlung von chronischen Schmerzen als unzureichend erwiesen. Entscheidend an der neuen Entwicklung ist, dass man einseitige, nur auf den Körper bezogene (somatische oder rein biologische) Therapiekonzepte über Bord warf. Heute wird das chronische Schmerzsyndrom unter einem *körperlichen*, einem *emotionalen* und einem *sozialen,* zunehmend auch einem *spirituellen* Blickwinkel gesehen. Alle Interventionen, die nur einen dieser Bereiche berücksichtigten, müssen als unzureichend gelten und führen nicht zum erhofften Ziel: zu der für den Patienten deutlich spürbaren Schmerzlinderung.

Eine Schmerztherapie erfolgt in vier Schritten:

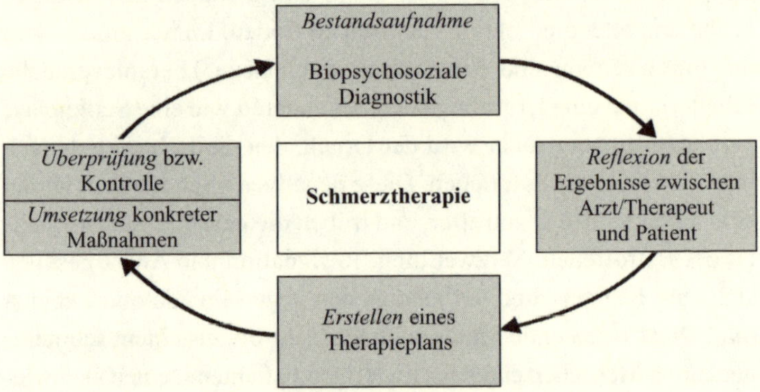

Abbildung 21: Ablauf schmerztherapeutischer Interventionen

Nach der Zeit intensiver diagnostischer Bemühungen werden die Befunde ausführlich besprochen und gemeinsam mit dem Patienten wird über alle Ergebnisse der Diagnose nachgedacht. Meist werden die entscheidenden Denkanstöße für einen passenden Therapieansatz vom Arzt oder Therapeuten kommen, manchmal können aber auch Einsichten des Patienten selbst dazu beitragen, dass die Therapie optimiert wird.

Anschließend wird ein Therapieplan erstellt. Es geht zum einen um das Abstecken der Erwartungen und Zielvorstellungen des Patienten, zum anderen darum, konkrete therapeutische Maßnahmen zusammenzustellen. Die Ergebnisse dieser Besprechung und Planung kann auch in einem so genannten Therapiekontrakt festgehalten werden. Er kann dem Patienten in schwierigen Therapiephasen helfen, den Kontakt zu den einmal aufgestellten Zielen nicht zu verlieren oder sich mit einer eventuell nötigen Veränderung bewusst auseinander zu setzen.

Schließlich folgen die beschlossenen therapeutischen Schritte, wobei die Umsetzung immer wieder durch begleitende Gespräche gestützt werden sollte. Und dann ist es auch wichtig nachzuprüfen, ob die eingangs festgelegten Ziele erreicht wurden. Manchmal wird es notwendig sein, die Kontrolle in kürzeren Zeitabständen zu wiederholen, damit man die lindernden therapeutischen Maßnahmen optimal anpassen kann.

Bausteine der Schmerztherapie

Ob und in welchem Maß eine Schmerztherapie zur Linderung der Schmerzen führt, wird u.a. davon abhängen, ob die für einen ganz bestimmten Menschen und seine Schmerzen jeweils passenden Maßnahmen gefunden werden können. Allgemeingültige »Rezepte« gibt es nicht, weil die einzelnen Krankheitsbilder, die leidenden Menschen und die Therapiebausteine zu unterschiedlich sind. Gerade weil im Zusammenhang mit chronischen Schmerzen eine Feinabstimmung aller therapeutischen Möglichkeiten wichtig ist, wäre die Behandlung durch ein miteinander vernetztes Behandlungsteam mehr als erstrebenswert. Die Praxis sieht aus vielerlei Gründen leider ganz anders aus.

Multiprofessionelle Bemühungen, Menschen bei der Linderung ihrer Leiden zu helfen, betreffen zwei wesentliche Bereiche: die Wissenserweiterung und die Verhaltensänderung. In Gesprächen mit Fachkräften können Patienten z.B. Schmerzmodelle kennen lernen, sich ihrer eigenen Schmerztheorien bewusst werden oder den Zusammenhang zwischen Schmerz und Trauer erkennen lernen. Ein fundiertes Wissen stellt die Basis für den Erfolg umfassender therapeutischer Schritte dar. Oft ist man z.B. erst dann zu einem intensiven Entspannungstraining bereit, wenn man den Zusammenhang zwischen Schmerz und Verspannung verstanden hat.

Bereiche der Wissenserweiterung

- Aufklärung über Schmerzmodelle
- Erweiterung bzw. Ergänzung individueller Vorstellungen
- Hinweise auf Medikamenteneinnahme und Suchtproblematik
- Aufzeigen Schmerz fördernder Risikofaktoren
- Hinweis auf die Bedeutung der Kommunikation
- Aufzeigen der Zusammenhänge zwischen Trauer und Schmerz
- Aufklärung über psychosoziale Risikofaktoren
- Erfassen/Erweitern persönlicher Bewältigungsstrategien

Bereiche der Verhaltensänderung

- Verbesserung der Selbstbeobachtung
- Erlernen von Entspannungstechniken
- Adäquater Umgang mit Medikamenten
- Ausbau persönlicher Ressourcen
- Umgang mit belastenden Gedanken
- Richtiges Maß an Aktivität (Aktivitätsoptimierung)
- Situationsanalysen und deren Bearbeitung
- Verbesserung der Kommunikation und sozialen Kompetenz

Das nachfolgende Beispiel erzählt die Geschichte einer Frau, die nach insgesamt neun Jahren viele verschiedene Stufen einer Schmerztherapie durchlaufen hat.

Eva P., eine 45-jährige Lehrerin, hat eine lange und intensive Schmerzgeschichte zu berichten. Vor neun Jahren haben ihre

Kreuzschmerzen begonnen. Damals hatte sie oft das Gefühl, »in der Mitte auseinander zu brechen«. Der Schmerz meldete sich zunächst nur selten durch ein Brennen oder eine intensive Wärmeempfindung im Kreuzbereich. Das lange Stehen während des Unterrichts und vor allem die gebückte Haltung bei der Arbeit im Handarbeitsunterricht verstärkten die Schmerzen. Frau P. arrangierte sich und kam zur Einstellung, dass dieses Kreuzweh halt zu ihrem Lehrerinnendasein »dazu gehöre«. Sie nahm immer häufiger eine Schonhaltung ein und versuchte, ihr Kreuz ruhig zu halten.

Schon bald führte aber auch längeres Gehen zu dem Gefühl »abzubrechen«. So entschloss sich Frau P., einen Arzt aufzusuchen. Dieser verordnete Elektromassagen und gymnastische Übungen für die Rückenmuskulatur und legte Frau P. dringend ans Herz, diese Übungen auch nach Besserung der akuten Schmerzen durchzuführen. Überglücklich, dass die angewandten therapeutischen Maßnahmen (Physio- und Elektrotherapie) die Schmerzen zum Verschwinden brachten, schlug sie die Ratschläge des Arztes, auch weiterhin regelmäßig die gymnastischen Übungen zu machen, in den Wind – sie war ja schmerzfrei!

Zu diesem Zeitpunkt waren Schmerzen für Frau P. immer nur der Ausdruck körperlicher Störungen (= somatisches Schmerzmodell). Diese Auffassung verstärkte ihr Verhalten: Auch wenn die Schmerzen immer wieder einmal auftraten, versuchte sie, mit den – wie sie meinte – bewährten Mitteln der Schonhaltung, des Aushaltens und des Zähnezusammenbeißens gegenzusteuern.

Der tragische Tod eines ihrer Söhne veränderte dann mit einem Schlag die Welt von Frau P. Dieser von ihr als »schlimmste Schmerzerfahrung« beschriebene Tod ließ keinen Stein auf dem anderen. Noch kurz vor dem Tod ihres Kindes fühlte sich Frau P. stark überfordert. Wieder einmal konnte sie sich gegenüber Bitten und (An)Forderungen anderer nicht abgrenzen und war nur für andere da. Ihr Kreuz revoltierte! Doch als sie am Totenbett ihres Sohnes stand, waren diese Schmerzen wie verflogen. Zum ersten Mal erlebte sie ganz bewusst, wie sich der Kreuzschmerz angesichts massiver seelischer Eindrücke veränderte – in diesem Fall verflüchtigte. Sie erkannte vage die Zusammenhänge zwischen körperlichen und seelischen Prozessen im Schmerzerleben:

»In dieser Zeit habe ich begonnen, auf mein Kreuz etwas stärker zu achten, genauer hinzusehen. Ganz vage erkannte ich einen Zusammenhang zwischen Kreuzschmerzen da und seelischen Belastungen dort ... Aber ich habe es nicht geschafft, dieses Problem medizinisch-therapeutisch anzugehen. Ich weiß nicht, wovor ich Angst hatte. Ich weiß es nicht. In meinem Kopf war nur: ›Das halte ich schon aus, das schaffe ich schon, das geht noch ...‹«

Die persönlichen Einstellungen und »Glaubenssätze« erweisen sich als unüberwindbar scheinende Hürden. Eine weitreichende Verhaltensänderung ist zunächst nicht möglich.

Gespräche mit Kollegen und Freunden, Selbsterfahrung im Rahmen von Weiterbildungen und die tiefen Erfahrungen rund um den Tod ihres Sohnes haben bei Frau P. ein Umdenken in Sachen Schmerz bewirkt. Doch noch immer kam es nicht zu dem entscheidenden Durchbruch.

Vor zwei Jahren – Frau P. hatte ihre Arbeitsstelle gewechselt und fand sich in einer äußerst schwierigen sozialen Situation am Arbeitsplatz wieder – erreichten die Kreuzschmerzen ein Maß, das sie wieder zum Arzt führte, diesmal zu ihrer Hausärztin. Diese holte einen Röntgenbefund ein, verschrieb Schmerzmittel und verabreichte Frau P. muskelentspannende Präparate in Form von Infusionen. Der Röntgenbefund zeigte keine Auffälligkeiten – Frau P. war erleichtert und enttäuscht zugleich. Die Hausärztin führte zahlreiche Gespräche mit Frau P., in denen sie ihre Aufmerksamkeit auf die Frage lenkte, was denn rund um ihre

Schmerzen sonst noch alles geschieht, wie das soziale Umfeld beschaffen sei usw.

Mit diesem Denkanstoß gelang es der Ärztin im Sinne der Wissenserweiterung, das rein somatisch ausgerichtete Denkmodell von Frau P. über Schmerzen zu ergänzen.

Der Boden schien ausreichend vorbereitet gewesen zu sein, und Frau P. beschloss, sich ernsthaft mit der Frage zu beschäftigen, was sie alles an Arbeit und Belastung abgeben könnte. Die Situation an ihrem Arbeitsplatz spitzte sich zu, und Frau P. war nun nicht mehr bereit, »alles für andere zu tun«. Nach reiflicher Überlegung hat Frau P. dann gekündigt. Die letzten Kraftreserven waren aber bereits aufgebraucht. Frau P. fühlte sich erschöpft, und eine Mischung aus Ärger, Wut und Enttäuschung machte sich breit. Die Kreuzschmerzen erlebte sie als so belastend, dass sie auf eigene Faust einen Facharzt zu Rate zog. Der Befund zeigte dann das Bild eines Bandscheibenvorfalls, der mit physiotherapeutischen Übungen konservativ behandelt wurde. Sie fand die Erklärung für ihre Schmerzen sehr hilfreich und entlastend. Sie war froh, endlich etwas »Handfestes« in Händen zu haben, und zeigte sich fast enttäuscht, »dass es nur so wenig ist!«

Wiederum wurde Frau P.s ausschließlich somatisch ausgerichtetes Schmerzverstädnis bestätigt.

Der entscheidende Durchbruch zu einem ganzheitlichen Schmerzverständnis und einem Umdenken in Bezug auf ihre Lebens- und Bewegungsgewohnheiten erfolgte unmittelbar nach der Diagnosestellung einer erneuten heftigen Schmerzattacke. Frau P. durchfuhr nach einer ruckartigen Bewegung ein Schmerz von ungeahntem Ausmaß:

»Der Schmerz war urplötzlich da, das Wort Blitz trifft es ganz gut. Es war ein unheimlicher Stich im ganzen Bein, ein einziges

Weh. Das ganze Bein war betroffen, vom Kreuz bis zu den Zehen – alles hat total weh getan. Es war der 31. Januar, ich weiß es noch wie heute! Ich konnte nicht stehen, nicht gehen, nicht sitzen – allein im Liegen waren die Schmerzen erträglich, und ein taubes Gefühl war im ganzen Bein. Alle Versuche, auch nur auf die Toilette zu gehen, scheiterten kläglich…«

Da die Hausärztin im Urlaub war, ließ sich Frau P. mit dem Krankenwagen in die Klinik bringen, wo sie nach einer wahren Odyssee und erst nach vehementem Einfordern von schmerzstillenden Medikamenten Gehör fand. »In dieser Situation hätte ich alles geschluckt, alles, nur damit dieser Schmerz aufhört. Kein Gedanke an schonend, sanft …«

Nur langsam normalisierte sich der körperliche Zustand. Frau P. fand aber in dieser Zeit der unfreiwilligen äußeren Ruhigstellung die nötige innere Ruhe, um sich mit vielen Dingen auseinander zu setzen. Sie erfuhr dabei, wie wichtig es ist, die Schmerzmedikamente regelmäßig zu nehmen. Eine genaue Zeiteinteilung wurde ihr wichtig, um medikamentös »gut abgedeckt« zu sein. Dies hat sie erst langsam und durchaus schmerzvoll lernen müssen. Ihre Beobachtungen blieben nicht nur auf die Einnahme von Medikamenten beschränkt. Frau P. entdeckte auch, dass sie nicht nur belastende körperliche Anstrengungen einschränkte, sondern auch lustvolle Bewegungen vermied. »Das darf ich nicht« – war im Laufe der letzten Jahre zu einem ihr Verhalten steuernden Motto geworden. Doch die Einschränkung körperlicher Aktivitäten und angenehmer Bewegungen konnten nicht wie erhofft verhindern, dass sie erneute Schmerzattacken erlitt. Und so führte die selbst verordnete Schonung auch zu einem Verlust an Lebensfreude. Diese Erkenntnis und andere ähnliche Einsichten öffneten ihr neue Möglichkeiten, mit ihren Schmerzen umzugehen.

Ruhe und intensive medikamentöse Schmerztherapie brachten bei Frau P. einen Prozess der Selbstbeobachtung in Gang. Nach und nach lernte sie einen disziplinierten Umgang mit den Medikamenten und fand zu einem ausgewogenen Verhältnis zwischen Ruhe und Aktivität. Sie konnte ihre Aktivitäten in einer guten Balance halten und traute sich Bewegungsabläufe zu, die »Spaß machen«.

Heute besucht Frau P. einen Yoga-Kurs, der ihr Freude bereitet. Sie kann viele Übungen in ihr tägliches Übungsprogramm übernehmen, das sie sich für die Morgenstunden zusammengestellt hat. Sie weiß über ihre persönlichen Möglichkeiten Bescheid und hat nach einigen Anläufen ein realistisches Bild der eigenen Bereitschaft zum konsequenten Üben und zur Disziplin entwickelt:

»Ich habe doch recht rasch herausgefunden, was hilft. Die Bewegungsschulung war sehr wichtig. Es geht um kleine Übungen und Korrekturen, die gut und rasch in den Alltag einzubauen sind. Heute stehe und sitze ich fast schon ›automatisch‹ richtig. Eine gute Massage ist für mein Wohlbefinden wichtig. Yoga tut mir gut, da kann ich allein für mich sein und habe ein gutes Körperempfinden. Die Atemübungen erzeugen ein angenehmes, warmes Gefühl im ganzen Körper. Schön ist es, dass ich bestimmte Körperbereiche jetzt spüre, weil sie angenehm sind und nicht weil sie weh tun!«

Frau P. ist aktiv geworden! Wenn der Schmerz sich wieder einmal zu Wort meldet, reagiert sie gleich. Sie kann ihr Verhalten rückblickend nicht verstehen und fragt sich, warum sie so lange den verschiedenen Schmerzursachen nicht nachgegangen ist. Diese Frage führt sie in ihre Familiengeschichte, in der die Frauen stille Dulderinnen waren und die Männer »harte Burschen«, für die Schmerzen »kein Thema waren«. Sie kann durchaus Verhaltensmuster entdecken, die sie übernommen hat. All diese Erkenntnisse haben dazu geführt, dass es Frau P. nach neun Jahren Schmerzgeschichte geschafft hat, autonom und selbstverantwortlich mit sich und ihrem Körper umzugehen. Sie hat aus ihrer Geschichte gelernt und stellt mit Freude fest, dass eine Veränderung gelernter Muster endlich stattfindet, denn »innerlich habe ich die Zusammenhänge längst gespürt, aber umsetzen kann ich all das erst jetzt.«

Frau P. weiß, dass nicht nur das regelmäßige Ausführen körperlicher Übungen wichtig ist, sie versucht auch, vieles abzuladen, was nicht zu ihr gehört, sie tut nicht mehr übermäßig viel für andere, trennt sich von Unwichtigem. Der Weg, den Frau P. ging, war mühevoll und beschwerlich und führte sie in körperliche und seelische Extremsituationen. Heute kann sie sagen: »Mir geht es gut mit dem ›Wenigen‹ – das ist genug.«

Vielen chronischen Schmerzpatienten scheint ihre Situation ausweglos. Sie fühlen sich vom Gesundheitssystem und dessen Vertretern in Stich gelassen. Ihre körperliche, seelische und soziale Situation stellt sich als äußerst schwierig dar. Schmerztherapie kann auch als Brücke verstanden werden, über die leidgeplagte Menschen wieder einen Anschluss an Lebensfreude und Lebendigkeit finden können. Es gibt eine Fülle von Bausteinen, die für einen solchen Brückenbau verwendet werden können. Nicht für jede Brücke lässt sich jedes »Material« verwenden. Zusammen mit einem erfahrenen Behandlungsteam sollte es jedoch allen Schmerzpatienten möglich werden, die für sie richtigen Bausteine zu finden, um an »ihrer Brücke« bauen zu können.

Abbildung 22: Brücke

Therapeutische Angebote – ein Ausblick

Die Bedeutung einer guten medikamentösen Schmerztherapie ist unbestritten. Hier bedarf es eines ganz speziellen Fachwissens und eines achtsamen und verantwortungsvollen Umgangs der Patienten mit sich selbst. Hierzu gehört auch die Auseinandersetzung mit dem Problem Sucht und Abhängigkeit.

Neben den Medikamenten gibt es aber noch eine große Palette von Möglichkeiten, dem Schmerz zu begegnen, ihn auszuschalten oder wenigstens zu lindern. Für den Einzelnen, Patienten wie Therapeuten, ist es kaum möglich, sich einen Überblick über alle Therapien und Techniken zu verschaffen, die in der speziellen Situation helfen könnten. In der Tat ist es äußerst schwierig, eine systematische Übersicht zu geben. Zum einen sind die Techniken einander sehr ähnlich, zum anderen werden immer wieder neue Verfahren entwickelt, die einzelne Elemente aus unterschiedlichen Richtungen miteinander verbinden. In den folgenden Kapiteln wollen wir dennoch versuchen, einen Einblick in die gebräuchlichsten und wohl auch wirkungsvollsten komplementären (integrativen) Behandlungsmöglichkeiten zu geben, die schmerztherapeutisch zum Einsatz kommen. Die Darstellung invasiver Verfahren, also von Interventionen, die weit reichende anästhesiologische, strahlentherapeutische, chemotherapeutische und chirurgische Maßnahmen beinhalten, wird bewusst knapp gehalten.

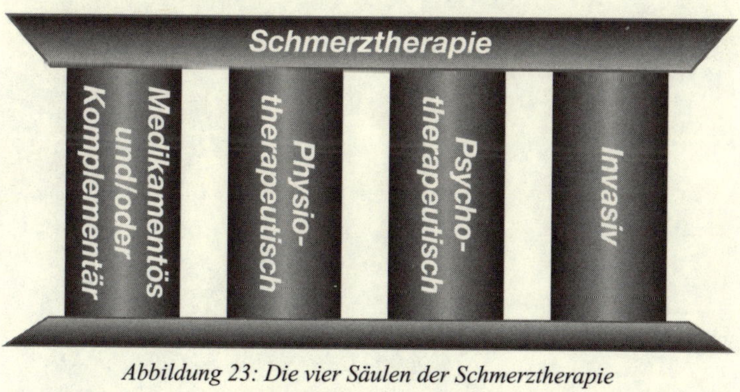

Abbildung 23: Die vier Säulen der Schmerztherapie

Diese Übersicht zeigt die »Hauptstraßen« therapeutischer Möglichkeiten auf. Die Wahl der »Nebenstraßen« wird immer eine *sehr* persönliche Entscheidung bleiben, die sowohl von der Grunderkrankung und den ärztlich-therapeutischen Empfehlungen als auch von der Lerngeschichte und der Weltanschauung abhängt – manchmal auch von ganz besonderen »schicksalhaften« Erfahrungen im Rahmen therapeutischer Begegnungen.

Medikamente als Helfer

Der konventionelle Ansatz der Schmerztherapie bestand ursprünglich im Einsatz von klassischen Schmerzmedikamenten (= Analgetika) wie nichtsteroidalen Antirheumatika (NSAR) und Opiaten. Bei jeder Form von Schmerzen wurden diese Medikamente undifferenziert eingesetzt, ohne die auslösenden Mechanismen zu berücksichtigen. Neuere Erkenntnisse der Wissenschaft ermöglichen es heute, dem Patienten eine differenzierte und gut ausbalancierte medikamentöse Schmerztherapie anzubieten, die auf den jeweiligen Schmerzmechanismen (vgl. Teil 1, S. 29 ff.) basiert und das Auftreten möglicher Nebenwirkungen gleich mitberücksichtigt.

Die klassischen wie die atypischen Analgetika (= Medikamente, die ursprünglich zur Behandlung anderer Krankheitsbilder verwendet werden) können ganz gezielt zur Therapie der schmerzauslösenden Mechanismen eingesetzt werden: Beispielsweise werden muskelentspannende Medikamente bei Schmerzen in Folge von Muskelverkrampfungen eingesetzt (zentrale oder periphere Muskelrelaxantien), Medikamente aus der Epilepsietherapie (Antikonvulsiva) zur Therapie einschießender, neuropathischer Schmerzen oder Antidepressiva zur Therapie der Brennschmerzen im Rahmen der Neuropathie. Erst diese differenzierte und die auslösenden Mechanismen berücksichtigende medikamentöse Schmerztherapie bringt dem Patienten auch jene Linderung, die mit der althergebrachten Schmerztherapie nicht oder nur zum Preis von gleichzeitig auftretenden, belastenden Nebenwirkungen zu erreichen war.

Ebenfalls neu ist das Wissen, dass eine Linderung der Schmerzen um ca. 30 Prozent realistischer und für den Patienten ausreichend ist (vgl. Teil 3, S. 129). Bisher wurde eine 50-prozentige Linderung angestrebt. Dies stellte Therapeuten unter unglaublichen Leistungsdruck bzw. wertete Patienten, die diese magischen 50 Prozent nicht erreichten, wegen des hohen Therapieziels als lediglich

»partielle Responder« (= nur bedingt auf die Therapie ansprechende Patienten). Eine aktuelle Studie an über 2700 Patienten wies nach, dass eine Linderung von 30 Prozent zu einer hohen Patientenzufriedenheit und einer deutlichen Verbesserung der Schmerzproblematik, der Funktionalität und in Folge der Lebensqualität der Betroffenen führt.

Nach wie vor sind chemische Substanzen wesentliche Helfer im Kampf gegen den Schmerz. Sie stellen gleichsam die Basis einer effizienten Schmerztherapie dar. Viele Schmerzpatienten berichten, dass sie erst nach Linderung der intensiven Schmerzen überhaupt in der Lage waren, andere Möglichkeiten der Schmerzbewältigung zu akzeptieren, z. B. eine muskelaufbauende Physiotherapie oder die Durchführung von Entspannungstechniken. Schmerzmittel ermöglichen es dem Patienten, sich neu zu orientieren und anderen Gedanken Platz zu geben.

> »Solange der Schmerz in mir wütete, konnte ich an nichts anderes denken. Dieses Rasen und Toben löste Panik in mir aus und deckte alles andere zu. Ich war weder bereit noch in der Lage, intensive Gespräche zu führen oder mich auf Trainingsprogramme einzulassen. Allein der Gedanke an Berührungen oder Bewegung ließ mich aufschreien. So waren die Medikamente für mich ›lebensrettend‹. Sie nahmen dem Schmerz die Spitze. Dadurch wurde ich ruhiger, ich wurde wieder ein Mensch! Nach und nach lernte ich dann andere Möglichkeiten kennen, lernte mit meinen Schmerzen umzugehen. Heute fühle ich mich mit meinem ›Therapiepaket‹ wohl, zu dem Medikamente, eine Heim-Stromtherapie, Entspannungs- und Bewegungsübungen aber auch ein achtsamerer Umgang mit meiner Energie und meinem Körper gehören.«
>
> (Frau P., 45 Jahre, Zustand nach Bandscheibenvorfall)

Bei akuten Schmerzen kann die kurzfristige Einnahme eines Medikaments Schmerzfreiheit oder -linderung bewirken. Dies ist bei chronischen Schmerzen anders. Hier muss die Einnahme über einen längeren Zeitraum hin erfolgen. Die Art der Einnahme soll sich an den Möglichkeiten und Bedürfnissen der Patienten orientieren. In den meisten Fällen werden die Medikamente in Form von Tabletten oder Tropfen in unterschiedlicher Dosierung angeboten. Ein sorgfältig zusammengestellter Medikamentenplan, in dem auf ein optimales Zusammenwirken der chemischen Substanzen und auf einen genau einzuhaltenden Zeitplan geachtet wird, gibt dem Patienten wichtige Richtlinien. Ziel einer medikamentösen Schmerztherapie bei chronischen Schmerzen ist eine ausreichende Schmerzlinderung, um die Lebensqualität des Patienten zu verbessern und den Zugang zu anderen Therapieangeboten – etwa der Physiotherapie – zu erleichtern.

Wesentlich für den Erfolg einer guten Schmerztherapie ist die zusätzliche Verordnung und Einnahme von Begleitmedikamenten. Sie sollen auftretende Nebenwirkungen wie etwa Magengeschwüre oder Verdauungsstörungen vermeiden helfen. Darüber hinaus dienen sie einer Symptomkontrolle, was ganz besonders im Bereich der Palliativmedizin (= »umhüllende«, unterstützende Begleitung schwerstkranker und sterbender Menschen) wichtig ist. Durch den Einsatz von medikamentösen und nichtmedikamentösen Therapien werden auf diese Weise Begleitphänomene wie Atemnot, ausgeprägte Stuhlprobleme, verstärkter Speichelfluss oder Schleimhautverletzungen gelindert bzw. therapiert.

Das WHO-Stufenschema

Im Rahmen der intensiven Bemühungen um die Therapie von Schmerzen, die im Zusammenhang mit Krebserkrankungen auftreten, kam es zur Entwicklung eines Medikamentenstufenschemas. Dieses von der Weltgesundheitsorganisation (WHO) erstmals 1986 vorgestellte Modell sorgte für einen entscheidenden Durchbruch in der Therapie sämtlicher Schmerzen. Ursprünglich gedacht zur Therapie von Krebsschmerzen, hat es sich in jeglicher Form von akuten bis zum chronischen Schmerz, malignen (»bösartig«) wie nicht-

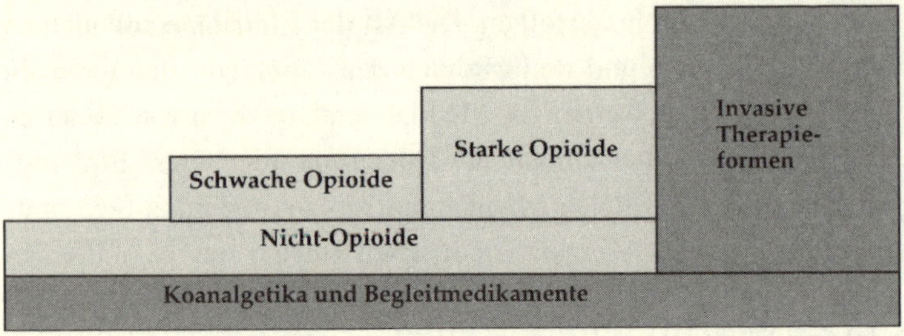

Abbildung 24: Das WHO-Stufenschema

malignen (»gutartig«), bewährt und ist als »WHO-Stufenschema« oder »Schmerztherapie-Stufenleiter« nicht mehr aus der Schmerztherapie wegzudenken. Bahnbrechend war der Behandlungsgrundsatz »By the mouth, by the clock, by the ladder«: Die Schmerztherapie erfolgt durch den Mund (durch Schlucken), in vorgegebenen Zeitintervallen (und nicht dann, wenn es wieder schmerzt, also bei Bedarf) und gemäß der WHO-Stufenleiter.

Das WHO- Stufenschema orientiert sich an der Stärke der auftretenden Schmerzen, also an der Schmerzintensität. Die Verabreichung der Medikamente erfolgt streng nach der Stufenfolge (hellgraue Felder): Stufe 1, falls unzureichend Stufe 1 und 2, falls unzureichend Stufe 1 und 3. Weitere (dunkelgrau gefärbte) Medikamente und Therapieformen werden je nach Indikation und Schweregrad der Schmerzen additiv verabreicht bzw. eingebunden. Seit der Revision des WHO-Stufenschemas 1996 (2. Auflage) umfasst es auch eine 4. Therapiestufe, die invasive Therapie.

Durch die konsequente Anwendung dieses Stufenschemas und die uns heute zur Verfügung stehenden oral verabreichbaren Medikamente wurde es möglich, 80–90 Prozent der Tumorschmerzpatienten adäquat zu behandeln.

Bei einer notwendigen Dauertherapie über einen längeren Zeitraum haben sich so genannte Retardtabletten bewährt, die den Wirkstoff langsam abgeben und eine Wirkdauer von 12–24 Stunden haben. Die tägliche Medikamenteneinnahme reduziert sich so drastisch, die Nebenwirkungen und das Suchtpotenzial sind geringer, und der Patient ist in seinem Tag-Nachtrhythmus weniger gestört.

Sämtliche im Folgenden angeführten Medikamentennamen stellen die gebräuchlichen Substanznamen dar. Um die Handelsnamen zu erhalten, empfehlen wir, in den aktuellen Stoffmittellisten nachzuschauen bzw. den behandelnden Arzt oder Apotheker nach dem Handelsnamen zu fragen.

Medikamente des WHO-Stufenschemas

Bei *geringen Schmerzen* kommen Medikamente der WHO-Stufe 1 zur Anwendung. In diese Stufe fallen schmerzlindernde Medikamente (= Analgetika) aus der Gruppe der so genannten Nicht-Opioide. Saure Analgetika wirken schmerzstillend und fiebersenkend: Die unspezifischen COX-Hemmer (COX = Cyclooxygenase, ein Entzündungsprotein, das zur Bildung entzündungsverstärkender Gewebshormone = Prostaglandine notwendig ist) oder die neueren, magenschonenderen »Super-Aspirine«, die selektiven COX 2-Hemmer (= Coxibe); sie wirken ebenso entzündungshemmend (siehe Tabelle 6).

Eine weitere Untergruppe an Nicht-Opioiden stellen die nichtsauren Analgetika dar. Die am häufigsten verwendeten Medikamente aus dieser Gruppe sind das Metamizol und das Paracetamol. Beide Substanzen wirken fiebersenkend und analgetisch, es fehlt ihnen jedoch die abschwellende Eigenschaft. Metamizol zeichnet sich zusätzlich durch seine entspannende (= spasmolytische) Wir-

Nichtsaure Analgetika	Saure Analgetika	
	Unspezifische COX-Hemmer	Selektive COX 2-Hemmer
Paracetamol Metamizol	Ibuprofen Naproxen Acetylsalicylsäure Diclofenac Piroxicam Lornoxicam	Meloxicam Nimesulid Celecoxib Parecoxib Valdecoxib

Tabelle 6: Wichtige Vertreter der drei Gruppen der Nicht-Opioid-Analgetika (WHO-Stufe1)

kung auf die glatte Muskulatur aus. Eine dankbare Indikation für Metamizol sind daher alle Koliken im Bauchraum. Der Vorteil beider Substanzen liegt weiterhin in ihrer Magenverträglichkeit und geringen nierenschädigenden Wirkung. Metamizol kann jedoch durch schwere allergische Reaktionen oder eine so genannte Agranulozytose (= Verlust an weißen Blutkörperchen bei Dauergabe) bis hin zum Tod führen. Paracetamol darf Säuglingen, Kindern, Schwangeren und Stillenden verabreicht werden, jedoch nur bis zu einer Tagesdosis von maximal 4 Gramm. Danach steigt das Risiko eines tödlichen Leberversagens.

Der Nachteil der sauren Nicht-Opioide liegt in der Auslösung von Magen- oder Darmerosionen, die über ein Geschwür zu einer akuten Blutung oder einem Magen- oder Darmdurchbruch und dadurch zum Tod führen können. Um das relative hohe Risiko dieser Nebenwirkung zu senken, muss gleichzeitig ein effizientes Magenschutzmedikament als Begleitmedikament verabreicht werden. Ein weiteres Risiko dieser Medikamentengruppe liegt neben

Indikationen	Nebenwirkungen
Fieber	gastrointestinale Erosionen oder Geschwüre
entzündliche Erkrankungen	gastrointenstinale Blutungen
Knochenschmerzen	Magen- oder Darmdurchbruch
Weichteilschmerzen	Verzögerung der Blutgerinnung (bei unspezifischen COX 2-Hemmern)
Zahnschmerzen	verstärkte Blutgerinnselneigung (Hinweise b. d. COX 2-Hemmern)
Regelschmerzen	Verringerung der Nierendurchblutung
Kopfschmerzen	Nierenversagen
Koliken (hier Metamizol geben!)	Leberschädigung
»Rheuma«	Verschlechterung von Asthma bronchiale
Arthroseschmerzen	(pseudo-)allergische Reaktionen

Tabelle 7: Die wichtigsten Indikationen und Nebenwirkungen der Nicht-Opioid-Analgetika

ihrer leberschädigenden in ihrer die Nierendurchblutung vermindernden Wirkung, was zu einer Verschlechterung der Nierenfunktion bis hin zum Nierenversagen führen kann. Die spezifischen Probleme vieler dialysepflichtiger Patienten entstanden durch einen Missbrauch dieser Medikamentengruppe!

Bei *mittelstarken Schmerzen* werden Medikamente der WHO-Stufe 1 und 2 miteinander kombiniert. Bei den Medikamenten der WHO-Stufe 2 handelt es sich um mittelstark wirksame Opioide. Opioide entfalten ihre Wirkung, aber auch Nebenwirkung über den so genannten Mü-Opioidrezeptor. Eine Sonderstellung nimmt das rein intravenös verabreichbare Nalbuphin ein, weil es seine Wirkung über einen anderen Opioidrezeptor (den Kappa-Rezeptor) entfaltet. Es wirkt dadurch ebenfalls analgetisch, aber bei weitem nicht so stark wie Mü-Rezeptoragonisten und hat nach oben hin eine maximale Wirkgrenze (= Ceiling Effect), s. u. Weiterhin hebt es die Wirkung der Mü-Rezeptoragonisten auf und wirkt stark sedierend, jedoch kaum atemhemmend.

Die gängigsten Medikamente der WHO-Stufe 2 sind:

- Tramadol
- Dihydrocodein
- Tilidin (nur in Deutschland erhältlich)
- Nalbuphin

Für die Medikamente der Stufe 2 sind keine »Suchtmittelrezepte« erforderlich. Ihr Nachteil liegt im Auftreten eines »Ceiling-Effektes«: Ab einer bestimmten Dosis erhöht sich nur noch die Nebenwirkung, aber nicht mehr die schmerzlindernde Wirkung. Ein Vorteil von Tramadol liegt in seiner zusätzlichen antidepressiven Wirkung. Es kann daher in der Therapie einer begleitenden Depression und/oder von neuropathischen Schmerzen (durch die Verstärkung der Wirkung der schmerzhemmenden, absteigenden Bahnen im Rückenmark) genutzt werden. Das Indikations- und Nebenwirkungsprofil gleicht jenem der starken Opioide (WHO-Stufe 3, siehe Tabelle 8).

Bei *starken und stärksten Schmerzen* werden Medikamente der

WHO-Stufe 1 und 3 miteinander kombiniert. Die Kombination von WHO-Stufe 2 und 3 wird nicht empfohlen, weil dies keine Vorteile bringt, sondern sich die Medikamente im schlechtesten Fall sogar gegenseitig in ihrer Wirkung aufheben (z. B. Nalbuphin und Morphin). Bei den Medikamenten der WHO-Stufe 3 handelt es sich um stark wirksame Opioide, für die spezielle »Suchtmittelrezepte« benötigt werden (mehr zum Thema Sucht und Schmerztherapie auf S. 157 ff.).

Häufig verwendete Medikamente der WHO-Stufe 3 sind:

- Morphin
- Hydromorphon
- Oxycodon
- Piritramid
- Fentanyl
- Sufentanil
- Buprenorphin
- (Laevo-)Methadon

Opioide entfalten ihre Wirkung überwiegend indirekt im Sinne einer »Schmerz-Distanzierung«, durch eine Aktivierung der zentral im Rückenmark gelegenen schmerzhemmenden absteigenden Bahn. Bei entzündlichen Prozessen sind jedoch auch im entzündeten Gebiet selbst Opioidrezeptoren vorhanden. In diesem Fall können Opioide nach Verabreichung z. B. in ein entzündetes Kniegelenk dort eine periphere Wirkung entfalten. Zu berücksichtigen ist weiterhin eine Toleranzentwicklung am Beginn der Opioidtherapie: Da sich der Körper an die verabreichte Dosis gewöhnt, d. h. dieselbc Dosis nach wenigen Wochen weniger schmerzlindernd wirkt, muss die Dosis dann angepasst, also gesteigert werden.

Die mit Abstand am häufigsten auftretenden Nebenwirkungen sind Übelkeit und Erbrechen sowie Verstopfung, die sich mit Begleitmedikamenten jedoch gut beherrschen lassen. Übelkeit und Erbrechen treten ausschließlich in den ersten Tagen der Opioidtherapie auf und sind spätestens nach 14 Tagen verschwunden. Daher ist es therapieentscheidend, dem Patienten ca. 30 min. vor der

Indikationen	Nebenwirkungen
Tumorschmerzen	Übelkeit, Erbrechen
Operationsschmerz	Verstopfung (Obstipation)
postoperative Schmerzen	Euphorie
Osteoporoseschmerzen	Sedierung
neuropathische Schmerzen	Hustendämpfung
terminale Sedierung (beim sterbenden Patienten, zusammen mit Benzodiazepinen)	Pupillenverengung (Miosis)
	Juckreiz
andere starke nicht-maligne Schmerzen	Verringerung des Atemantriebs (Atemdepression)
	Harnsperre
	Beeinträchtigung der Sexualfunktion
	körperliche Abhängigkeit

Tabelle 8: Die wichtigsten Indikationen und Nebenwirkungen der Opioid-Analgetika

Opioideinnahme ein Medikament gegen die Übelkeit – ein so genanntes Antiemetikum – in ausreichender Dosierung zu verabreichen! Die Verstopfung bleibt erhalten, solange Opioide eingenommen werden. Alle anderen Nebenwirkungen treten entsprechend der Auflistung in Tabelle 8 seltener auf. Zusammenfassend gehören die Opioide zu den potentesten, »gutmütigsten« und nebenwirkungsärmsten Medikamenten, die in der modernen Schmerztherapie eingesetzt werden.

Eine weitere Besonderheit dieser Gruppe liegt in ihren vielen zur Verfügung stehenden Verabreichungswegen: peroral (über den Mund), intravenös (über Infusionen), subkutan (über Injektionen), rektal (über den Darm), transdermal (über die Haut) und rückenmarksnah (über Katheter). Letzteres wird nur wenigen Patienten in Ausnahmefällen vorbehalten bleiben. Opioide werden überwiegend peroral verabreicht. Die neueste Verabreichungsform sind die »Schmerzpflaster«, die transdermalen therapeutischen Systeme

(TTS). Mit Fentanyl und Buprenorphin stehen uns zwei Pflastersysteme zur Verfügung. Durch ihre gleichmäßige Wirkung bei einem Pflasterwechsel alle drei Tage bieten sie den Patienten einen unschätzbaren Therapiekomfort.

Die wichtigsten Ko-Analgetika

Neben den angeführten Schmerzmedikamenten gibt es noch eine Reihe weiterer Medikamente, die speziell bei chronischen Schmerzen helfen können. Sie werden unter dem Begriff Ko-Analgetika zusammengefasst und umfassen mindestens 15 verschiedene Medikamentengruppen. Dazu gehören die bereits eingangs erwähnten muskelentspannenden Medikamente, Antidepressiva, Antikonvulsiva, Kortisonpräparate, knochenstabilisierende Medikamente (Biphosphonate) u. a.

Die wichtigsten Gruppen der Koanalgetika stellen wir nachfolgend vor.

Muskelentspannende Medikamente wirken entweder an der glatten oder an der quergestreiften Muskulatur. Koliken, also Krämpfe der glatten Eingeweide-Muskulatur, lassen sich gut mit Metamizol oder Butyl-Scopalamin behandeln. Verkrampfungen der quergestreiften Muskulatur, wie sie z. B. nach Bandscheibenvorfällen auftreten, werden mit zentral wirksamen Muskelrelaxantien mit einer sedierenden Wirkung behandelt. Typische Vertreter sind Tiazidin und Tetrazepam. Da sie aber zur Abhängigkeit führen können, sollten sie nicht über längere Zeit angewendet werden. Baclofen gehört in die Gruppe der zentral wirkenden Muskelrealxantien ohne sedierende Wirkung. Es wird zur Linderung von Spastiken eingesetzt, wie sie z. B. nach Schlaganfällen, Rückenmarksverletzungen oder -entzündungen auftreten können.

Antidepressiva dienen ureigentlich zur Behandlung von Depressionen, Schlafstörungen oder zur Antriebssteigerung. Häufig sind

Indikationen	Nebenwirkungen
diabetische Neuralgie und Postzosterneuralgie	Mundtrockenheit
Phantomschmerzen	Sedierung oder Antriebssteigerung
Kreuzschmerzen	Schwierigkeiten in der Nah-Ferneinstellung der Augen (Akkomodationsstörungen)
Migräne- und Spannungskopfschmerzen	weite Pupillen (Mydriasis)
Tumorschmerzen	beschleunigter Herzschlag (Tachykardie)
Depressionen	Verstopfung (Obstipation)
Schlafstörungen	Harnsperre
Antriebssteigerung/-schwäche	Störung in der Reizleitung des Herzens
	Störung der Blutdruckregulation (orthostatische Fehlregulation)
	Herzmuskelschädigung
	Kopfschmerzen
	Schwindel
	Senkung der Krampfschwelle
	delirante Zustände

Tabelle 9: Die wichtigsten Indikationen und Nebenwirkungen der Antldepressiva

Depressionen aber auch Ursache oder Folge einer Schmerzkrankheit. Unter bestimmten Voraussetzungen wirken dann Antidepressiva besonders günstig und zwar auch analgetisch (schmerzlindernd). Ihr Einsatz muss jedoch aufgrund der hohen Wahrscheinlichkeit, dass Nebenwirkungen auftreten können (speziell bei den alten Trizyklika), kritisch abgewogen werden (siehe Tabelle 9).

Typische Medikamente aus der Gruppe der Antidepressiva sind:

- Amitriptylin
- Imipramin

- Doxepin
- Milnacipran
- Trazadon
- Seroxat
- Mirtazepin
- Venlafaxin
- Citalopram

Antikonvulsiva hemmen die plötzliche Entladung von Nervenzellen. Bei der Epilepsie verhindern sie so die Entstehung von Krampfanfällen. Ähnlich unterbinden sie beim neuropathischen Schmerz die Entstehung von spontanen Entladungen bei Nervenverletzungen, die für die Entstehung einer Neuropathie verantwortlich sind. Das erklärt, warum diese Medikamente beim einschießend-elektrisie-

Indikationen	Nebenwirkungen
Neuralgien, z. B. die Trigeminusneuralgie	Sedierung
Phantomschmerzen	Übelkeit, Erbrechen
Nervenwurzelkompressionssyndrom, z. B. durch einen Bandscheibenvorfall	Gangunsicherheit (Ataxie)
andere Formen von einschießend-elektrisierenden Schmerzen (Neuropathien)	Mundtrockenheit
	allergische Blutbildveränderungen (Leukopenien, Thrombopenien)
	Hautveränderungen
	Leberzellschädigung
	Sehstörungen
	Koordinationsstörungen
	Verstopfung
	Zahnanomalien
	erhöhte Krampfneigung
	Wasseransammlung in den Beinen (Ödeme)

Tabelle 10: Die wichtigsten Indikationen und Nebenwirkungen der Antikonvulsiva

renden Schmerz (spontan oder getriggert auftretend) schmerzlindernd wirken. Neueste Studien wiesen ebenfalls ihre Wirksamkeit bei diabetischen und postzosterischen Neuralgien nach, die durch einen eher brennenden Schmerz charakterisiert sind. Auch ihr Einsatz muss kritisch abgewogen werden (siehe Tabelle 10).

Typische Vertreter der Antikonvulsiva sind:

- Carbamazepin
- Gabapentin
- Lamotrigin
- Pregabalin
- Clonazepam
- Oxcarbazepin

Neuroleptika wirken nicht analgetisch. Sie werden in der modernen Schmerztherapie als »Schlafmittel« oder »Antiemetika« (Mittel gegen die Übelkeit) eingesetzt.

Typische Vertreter dieser Gruppe sind:

- Haloperidol
- Triflupromazin
- Levomepromazin
- Prothipendyl

Der Einsatz von *Schlaf- und/oder Beruhigungsmitteln* (speziell die Medikamente der Gruppe der Benzodiazepine) ist in der medikamentösen Schmerztherapie nur in Ausnahmefällen zu vertreten. Diese Medikamente, die von vielen Menschen als Schlafmittel verwendet werden, können zwar Angst- und Spannungszustände reduzieren sowie die Muskulatur entspannen, haben aber ein hohes Sucht- und Abhängigkeitspotenzial. Das Risiko dafür ist ungleich größer als bei Opioiden. Aus diesem Grund ist ein unkritischer Umgang mit dieser Medikamentengruppe besonders bedenklich. Chronische Schmerzpatienten sollten diese Medikamente – wenn überhaupt – nur zur Überbrückung akuter Krisensituationen verschrieben bekommen und ausdrücklich auf das Suchtproblem bei Dauereinnahme hingewiesen werden.

Häufig verwendete Medikamente dieser Gruppe sind z. B.:

- Flunitrazepam
- Diazepam
- Lorazepam
- Bromazepam
- Oxazepam
- Alprazolam
- Tetrazepam

Sollte ein Schlafmittel notwendig sein, ist die Verordnung von Antidepressiva oder Neuroleptika zu empfehlen, weil diese Medikamente kein Suchtpotenzial besitzen.

Kortison hat eine Reihe von Wirkungen, die in der Schmerztherapie erwünscht sind: antientzündlich, antiödematös, euphorisierend, antiallergisch, appetitsteigernd. Eine großzügige Verordnung verbietet sich jedoch durch die möglichen Nebenwirkungen (siehe Tabelle 11).

Biphosphonate erzielen ihre schmerzlindernde Wirkung durch eine Hemmung des Knochenabbaus (Osteoklastenaktivität), speziell bei

Indikationen	Nebenwirkungen
Arthritis	erhöhter Blutzucker
Sehnenscheidenentzündung	Psychosen, Angstsyndrome, Depression
Nervenkompressionssyndrome, z. B. durch einen Bandscheibenvorfall	erhöhte Neigung zu Geschwüren und Blutungen im Magen-Darm-Trakt
Knochentumorschmerz	Cushing-Syndrom
Leberkapselspannungsschmerz, z. B. durch eine Lebermetastase	erhöhte Krampfneigung
erhöhter Hirndruck, z. B. im Rahmen einer Hirnmetastase	Schlaflosigkeit

Tabelle 11: Die wichtigsten Indikationen und Nebenwirkungen von Kortison

Osteoporose und bei Knochentumoren. Sie benötigen mindestens zwei Wochen bis sie ihre Wirksamkeit erreicht haben.

Typische Vertreter dieser Gruppe sind:

- Clodronat
- Pamidronat
- Zoledronat

Invasive Therapie (WHO-Stufe 4)

Diese Stufe kommt üblicherweise erst nach allen anderen medikamentösen und nichtmedikamentösen Therapien zum Einsatz, weil sie für den Patienten sehr belastend ist und die Indikationen aufgrund der Nebenwirkungen sehr eng zu stellen sind. Meist steht ein hoher logistischer Aufwand für den Patienten und Therapeuten dahinter. Zusätzlich können diese Therapieformen nur in ausgewählten Therapiezentren durchgeführt werden.

Man unterscheidet bei den invasiven Therapien vier große Gruppen: anästhesiologische Eingriffe, strahlentherapeutische Behandlungen, Chemotherapie und chirurgische Eingriffe.

- In die Gruppe der *anästhesiologischen Eingriffe* gehören sämtliche Nervenblockaden: periphere (an den Extremitäten) oder rückenmarksnahe (spinal oder epidural), mit und ohne Katheter, reversible (regionalanästhesiologische) oder irreversible (neurolytische) Nervenblockaden.
- *Strahlentherapie* kann bei lokal begrenzten Prozessen eingesetzt werden, z. B. bei Knochenmetastasen oder Verkalkungen in Sehnen.
- Im Rahmen einer *Chemotherapie* wird versucht, einen Tumor zu verkleinern und auf diese Weise Körperfunktionen wieder zu normalisieren oder Schmerzen zu reduzieren.
- *Operationen* können kausal-kurativ – z. B. zur Entfernung eines Primärtumors oder einer Metastase – oder symptomatisch-palliativ eingesetzt werden. Hier sei die irreversible Unterbrechung von Schmerzbahnen genannt, die so genannte Neuroablation (= Zer-

störung von Nervengewebe), wie etwa die Durchtrennung der Schmerzbahnen im Rückenmark (Chordotomie) oder von Nervenwurzeln (Rhizotomie).

Bei der invasiven Schmerztherapie werden auch Verfahren verwendet, die aus einer Kombination der oben genannten Bereiche bestehen. Neuromodulative Verfahren (= reversible Modulation oder Unterbrechung der Nervenbahnen) stellen üblicherweise eine Kombination aus einem anästhesiologischen und chirurgischen Eingriff dar: Für eine Hinterstrangstimulation (SCS, Spinal Cord Stimulation) werden Spezialkatheter ans Rückenmark gelegt, deren Enden meist vier leitende Strompole besitzen, die im Bereich der schmerzauslösenden Stelle zu liegen kommen. Über einen unter der Bauchhaut implantierten Stromgenerator kann eine elektrische Schmerzhemmung erreicht werden, die ähnlich wie bei einem TENS-Gerät (vgl. S. 171) vom Patienten gesteuert wird. Diese »elektrischen Schmerzkatheter« sind einerseits sehr teuer, andererseits nur für eine ganz kleine Patientengruppe nach Nervenverletzungen indiziert, d. h. bei Schmerzen in einem regionalen Nervenversorgungsgebiet (Dermatom).

Ein anderes neuromodulatives Verfahren ist die »Schmerzpumpe«: Über einen intrathekal (in den Rückenmarkssack hinein), seltener epidural (zwischen Rückenmarkssack und Knochen des Rückenmarkskanals) gelegten Katheter werden Medikamente verabreicht, die im entsprechenden Bereich die Schmerzweiterleitung oder Reflexbahnung unterbrechen. Für epidurale Katheter werden überwiegend externe, tragbare Schmerzpumpen in Kombination mit einem subkutanen (unter der Haut liegenden) Port verwendet, weil diese aufgrund der hohen Durchflussraten oft gefüllt werden müssen. Intrathekale Katheter werden fast ausschließlich subkutan unter der Bauchhaut implantiert und sind ebenfalls ein teures, therapeutisch sehr anspruchsvolles Therapiesystem. Diese Schmerzpumpen werden meist für Schmerzen im Rahmen einer Tumorerkrankung, selten für nicht-tumorbedingte Schmerzen eingesetzt. Häufig und mit gutem Erfolg werden sie jedoch bei therapieresistenten

Spastiken verwendet, z. B. nach Querschnittsverletzungen des Rückenmarks oder bei Multipler Sklerose.

Eine weitere Form der Schmerzpumpe ist die intravenöse oder subkutane patientenkontrollierte Analgesie (PCA). Hier kann der Patient im Rahmen der vom Arzt voreingestellten Möglichkeiten direkten Einfluss auf seine Schmerztherapie nehmen. Durch Knopfdruck wird ihm eine vorprogrammierte Menge eines Schmerzmittels (üblicherweise eines Opioids) verabreicht. Ein Missbrauch dieses Systems wird durch Einstellen einer Sperrzeit verhindert: Die PCA-Pumpe lässt nach einer Bolusgabe für eine definierte Zeit keine weitere Bolusgabe zu. Die klassische Indikation für eine PCA ist der postoperative Schmerz. In der Therapie chronischer Schmerzen wird sie fast ausschließlich ambulant wie stationär bei Tumorpatienten eingesetzt, wenn über ein Ausschöpfen der gesamten nicht invasiven Schmerztherapie keine zufrieden stellende Linderung erreicht werden kann.

Sucht und Abhängigkeit

Bestimmte Medikamente werden auch als Suchtmittel bezeichnet, dazu zählen auch die oben erwähnten Opioide. Der Begriff »Suchtmittel« löst bei Patienten, Angehörigen und selbst bei Therapeuten oft eine unnötige Scheu vor der Einnahme bzw. Verschreibung von Opioiden (»Morphinen«) aus. Durch die Auflagen für die Verschreibung entsteht ein hoher und abschreckend wirkender bürokratischer Aufwand, gleichzeitig eine vermeidbare Stigmatisierung des Patienten. Darüber hinaus impliziert die Bezeichnung »Suchtmittel« die beiden affektiv sehr negativ besetzten Begriffe »Sucht« und »Abhängigkeit«. Da tauchen Bilder drogenabhängiger Menschen vor dem inneren Auge auf, Bilder von Menschen, die nur noch für ihre Sucht leben und damit ihr Leben zerstören. Schmerzpatienten möchten wirksame Medikamente zur Bekämpfung ihrer Schmerzen – ja! Aber sie wollen doch auf keinen Fall »Junkies« werden!

Tatsächlich herrscht enormer Aufklärungsbedarf um den Einsatz von Opiaten zur Schmerztherapie. Grundsätzlich ist festzuhalten, dass für die Entwicklung eines Medikamentenmissbrauchs drei Faktoren zusammenspielen:

- Das Medikament mit seinen Besonderheiten und pharmakologischen Wirkungsmechanismus (»Missbrauchspotenzial«).
- Der Mensch mit seiner speziellen Persönlichkeitsstruktur und Lebenssituation (die so genannte »innere Griffnähe«).
- Die Umwelt mit ihrem Angebot (die so genannte »äußere Griffnähe«).

Substanzen, die in der Lage sind, das Verhalten und Erleben eines Menschen zu beeinflussen, werden als psychotrop oder psychoaktiv bezeichnet. Diese Substanzen haben ein hohes Missbrauchspotenzial. Sie können entweder zentral dämpfend wirken – wie etwa die analgetisch wirkenden Opioide, die Barbiturate und Benzodiazepine – oder wie das in vielen analgetischen Mischpräparaten enthaltene das Zentralnervensystem erregende Koffein.

Auf den ersten Blick scheint es tatsächlich so zu sein, dass Opioide süchtig und abhängig machen können. Prinzipiell trifft dies zu. Nur – und das ist im Zusammenhang mit der medikamentösen Schmerztherapie der entscheidende Punkt – kommt es ganz wesentlich auf die Art der Einnahme an. Opioide, die Menschen in eine Abhängigkeit treiben, werden um des »Kicks«, des High-Gefühls willen eingenommen. Sie werden meist über Injektionen und bei Bedarf – also unretardiert – zugeführt, was zu einem plötzlichen und raschen Ansteigen der Konzentration im Blut führt. Dieser rasche Wirkstoffschub löst die euphorisierende Wirkung, das bekannte »High-Gefühl« aus. Opioide, die gegen Schmerzen verordnet werden, müssen hingegen nach einem festen Zeitschema und in einer speziellen Tablettenaufbereitung – der Retardtablette – eingenommen werden. Dadurch verteilt sich der Wirkstoff langsam über die Zeit, und seine Konzentration bleibt nahezu konstant. Der Kick bleibt damit aus. Das ist ein ganz wesentlicher Beitrag zur psychischen Suchtvorbeugung.

Das Abhängigkeitsproblem ist neben den speziellen Wirkmechanismen der Substanzen auch im Zusammenhang mit der Person des Patienten und seinen persönlichen Motiven zu sehen. Menschen, die ein somatogenes Schmerzverständnis haben und eine passive Haltung entwickeln (»passive Therapieerwartung«), laufen eher Gefahr, abhängig zu werden. Auch das Beharren auf dem »Recht auf Schmerzfreiheit und Wohlbefinden« begünstigt bei gleichzeitig fehlender Selbstinitiative eine Suchtentwicklung (»ausgeprägtes Konsumverhalten«). Darüber hinaus spielt eine hohe Leistungsorientierung eine Rolle, verbunden mit der Einstellung, immer funktionstüchtig sein zu müssen und nie Schwächen zeigen zu dürfen (»Funktionieren um jeden Preis«) – was intensive Schmerzzustände aber meist unmöglich machen. Schließlich können auch Angst und Hilflosigkeit und damit verbundene Gedanken einer Abhängigkeit Vorschub leisten (»Vermeidungsverhalten«). An diesen Fakten zeigt sich einmal mehr, wie wichtig das aufklärende ärztliche Gespräch, ein regelmäßiger begleitender Kontakt und ein multiprofessioneller Ansatz in der Schmerztherapie sind, um durch stützende und vertrauensbildende Maßnahmen einer Suchtgefährdung vorzubeugen.

Mit dem möglichen Auftreten einer *körperlichen Abhängigkeit* unter einer Opioidtherapie muss allerdings gerechnet werden: Zum einen sind die Medikamente dieser Gruppe so potent, dass ein abruptes Absetzen zum sofortigen Auftreten von Schmerzen und entsprechend zum drängenden Wunsch führt, sofort wieder eine schmerzlindernde Tablette einzunehmen (»Pseudoabhängigkeit«). Zum anderen kommt es durch den zuvor aufgetretenen Gewöhnungseffekt zum Auftreten eines Entzugssyndroms mit Schwitzen, Unruhe, Angst, Durchfall, Frösteln, Niesen, Herzklopfen, Blutdruckanstieg, erhöhter Atemfrequenz und Schlaflosigkeit. Dies kann aber durch ein vorsichtiges »Ausschleichen« aus der laufenden Therapie immer vermieden werden. Daher ist es wichtig, diese potenten Medikamente nie abrupt abzusetzen!

Eine *psychische Abhängigkeit* tritt unter Einhaltung der Regeln der modernen Schmerztherapie extrem selten auf (ca. 0,07 % aller

Schmerzpatienten). Abgesehen davon darf die Angst vor einer möglichen »Sucht« bei Tumorpatienten kein Argument gegen die Einleitung oder Durchführung einer wirkungsvollen Schmerztherapie sein. Hier sind aufklärende, vertrauensbildende und stützende Gespräche wesentlich. Ein weiteres, menschenverachtendes Vorurteil gegen eine Verschreibung von schmerzlindernden Opioiden ist der Hinweis, dieses Medikament bekämen nur sterbende Patienten. Gerade die Linderung von Schmerzen gehört zu den medizinethisch wichtigsten und wertvollsten Aufgaben!

Viele Menschen haben zwar Sorge, wenn sie unter kontrollierten therapeutischen Bedingungen und ausschließlich zur Linderung der Schmerzen ein Opioid als Schmerzmittel verschrieben bekommen, schlucken aber häufig bedenkenlos nicht verschreibungspflichtige Medikamente, die oft ein viel höheres Missbrauchspotenzial haben. Ein Beispiel dafür sind freiverkäufliche, also nicht verschreibungspflichtige Kopfschmerztabletten. Im ungünstigsten Fall können diese selbst Kopfschmerzen auslösen – den medikamenteninduzierten Kopfschmerz (vgl. Teil 1, S. 43). Da die Kopfschmerzen nach Abklingen der schmerzlindernden Wirkung wieder auftreten, nimmt der Patient die nächste Kopfschmerztablette – und der Teufelskreis beginnt von vorn. Verstärkt wird diese Medikamentenabhängigkeit durch den Zusatzstoff Koffein, der in vielen Kopfschmerztabletten enthalten ist (z. B. Tonopan®).

Das mit Abstand höchste Suchtpotenzial in der Schmerztherapie haben die Benzodiazepine, allgemein bekannt als Schlaftabletten oder Beruhigungsmittel (s. o., S. 153 f.). Es existieren viele Mischpräparate, die Benzodiazepine enthalten und so den Weg in eine mögliche Abhängigkeit bahnen. Obwohl das bekannt ist, werden diese Medikamente nach wie vor viel zu leichtfertig verschrieben bzw. wird deren Einnahme nicht zeitlich begrenzt. Im Gegensatz zu Opioiden ist ein Entzug kaum ambulant, sondern überwiegend nur stationär durchführbar. Während Patienten nach einer überstandenen reinen Opioid-»Sucht« kaum mehr rückfällig werden, liegt die Rückfallquote bei Benzodiazepinen sehr hoch. Der Auslöser für den Rückfall ist unvorhersehbar. Plötzlich wird aus heiterem Himmel heraus der Wunsch übermächtig, diese Medikamente wieder einzunehmen (»Flash-Back«).

In der ärztlichen Begleitung von Schmerzpatienten ist es besonders wichtig, regelmäßigen persönlichen Kontakt zu halten und nicht nur bei »Bedarf« Rezepte auszustellen. Information über pharmakologische Wirkmechanismen, Anleitung zur Protokollführung, Erstellen eines zeitlich limitierten und in der Einnahmedynamik vorgegebenen Therapieplans gehören zu wichtigen suchtvorbeugenden Maßnahmen.

Was kann der Patient tun, um einer Suchtgefahr zu entgehen?

- Reflexion des persönlichen Umgangs mit Medikamenten, »persönliche Medikamentengeschichte«,
- keine Selbstmedikation über einen längeren Zeitraum,
- Schmerzmittel nur im Rahmen eines Therapieplans einnehmen,
- Vorsicht vor in der Werbung angepriesenen und frei zugänglichen Medikamenten, von denen viele ein hohes Suchtpotenzial haben, wenn man sie unkritisch und über einen längeren Zeitraum einnimmt,
- keine »Mischeinnahme« verschiedener Substanzen (stimulierender oder dämpfender), kein Alkohol in Verbindung mit Schmerzmitteln,
- bei länger anhaltenden Schmerzen (chronischen Schmerzen) keine Medikamenteneinnahme »nach Bedarf«,
- keine »vorbeugende« (prophylaktische) Einnahme von Schmerzmitteln,
- Protokollieren der Einnahmen, der Wirkung und der Wirkdauer sowie auftretender Nebenwirkungen,
- kein eigenmächtiges Erhöhen oder Absetzen der Medikamente,
- regelmäßige Arztbesuche und Arztgespräche – nicht nur zum Abholen der Rezepte,
- beim Auftreten von Nebenwirkungen sofortige Kontaktaufnahme mit einem behandelnden Arzt.

Hilfreiche Berührungen

Lange bevor die Medizin Möglichkeiten entwickelt hat, mit Hilfe von Medikamenten Schmerzen auszuschalten oder zu lindern, haben sich Menschen Berührungen, Wärme und Kälte zu Nutze gemacht. Sonne, Wasser, Schnee und Eis wurden als natürliche Schmerzstiller ebenso zu Hilfe genommen wie Berührungen durch Handauflegen oder Massagen. Dieses uralte Wissen blieb über die Generationen hin erhalten. Bereits kleine Kinder greifen intuitiv darauf zurück, wenn sie sich beispielsweise nach einem Sturz das Knie reiben oder den verbrannten Finger unter den kühlenden Strahl des Wasserhahns halten.

Um mit den kleinen und größeren Schmerzen des Alltags besser umgehen zu können, hat fast jeder Mensch seine eigenen Linderungsrituale entwickelt. Die Palette reicht von der Wärmflasche bis zum wohl duftenden Bad, vom Auflegen nasser Waschlappen bis zum Einreiben mit Schnee, vom sanften Streicheln schmerzender Stellen bis zum Durchkneten der Muskeln. Mag der Ort der Schmerzentstehung auch nicht immer die Haut selbst sein, so werden viele schmerzlindernden Handlungen dennoch an der Haut durchgeführt.

Parallel zu dieser unsystematischen Anwendung »kutaner Stimulation« (kutan = die Haut betreffend) haben sich einzelne Methoden herauskristallisiert, die altes tradiertes Wissen und Handeln mit neuen wissenschaftlichen Erkenntnissen verbinden.

Die gebräuchlichsten Methoden kutaner Stimulation sind:

- Massage (z. B.: klassische Massage, Reflexzonenmassage, Bindegewebsmassage, etc.)
- Shiatsu, Reiki
- Einreibungen
- Vibration
- Akupunktur/Akupressur/Moxibustion/Akupunktmassage (APM)

- Stromtherapie/TENS (Transkutane elektrische Nervenstimulation)
- Schröpfen
- Wärme- und Kälteanwendungen
- Wasseranwendungen
- basale Stimulation

Es gibt eine Vielzahl von Möglichkeiten, wie Schmerzen durch die eine oder andere Methode gelindert werden können. Im Einzelfall wird immer genau zu prüfen sein, was man selbst anwenden möchte bzw. was man dem Patienten anbieten kann. Die Art der Grunderkrankung wird dabei ebenso eine Rolle spielen wie die persönlichen Vorlieben oder Abneigungen. Die verschiedenen Methoden hilfreicher Berührungen allein können meist nicht zu einer anhaltenden Beseitigung des Schmerzes führen. Dies wird – wenn überhaupt – nur in Kombination mit anderen therapeutischen Ansätzen möglich sein. Oft kann jedoch eine Schmerzlinderung erfolgen und Wohlbefinden ausgelöst werden, das die gesamte Schmerzsituation erträglicher werden lässt.

Häufig stellt sich die Frage, welche Stellen sich für schmerzlindernde kutane Stimulationen besonders eignen. Da jeder Mensch unterschiedlich reagiert, ist dies im Einzelfall immer auszuprobieren. Geeignete Körperstellen sind:
- die Schmerzstelle selbst,
- oberhalb (= proximal) oder unterhalb (= distal) der Schmerzstelle,
- der Ort der Schmerzstelle, jedoch auf der gegenüberliegenden Seite des Körpers (= kontralateral).

Wärme- und Kälteanwendungen

Seit Jahrhunderten verwendet man Wärme und Kälte, um Schmerzen zu lindern. Nach und nach hat sich auch die Forschung für die Wirkmechanismen interessiert. Vieles ist noch nicht eindeutig geklärt, anderes macht die schmerzlindernde Wirkung nachvollziehbar. Beispielsweise führt Wärme durch eine Verbesserung der Durchblutung auch zu einer Herabsetzung der Anspannung, wodurch Schmerzen deutlich gelindert werden können. Während Wärme zu einer Erweiterung der Gefäße und damit zur besseren Durchblutung führt, bewirkt Kälte das Gegenteil. Kälte verursacht das Zusammenziehen der Gefäße und kann Blutungen zum Stillstand bringen und Ödemen vorbeugen. Durch die Temperatursenkung wird die Sensitivität herabgesetzt, wodurch die Haut und tiefer liegende Körperstellen wie Muskeln oder Gelenke nicht so schmerzempfindsam werden. Die Wirksamkeit des »Vereisens« ist jedem im Zusammenhang mit Sportverletzungen bekannt.

Die Effekte von Wärme und Kälte können an unterschiedlichen Stellen des Körpers auftreten: unmittelbar an der Kontaktstelle auf der Haut, in den darunter liegenden Muskel- und Nervengeweben oder auch an tiefer liegenden Organen. Reflexbedingt können Wirkungen auch an anderen Körperstellen auftreten (z. B. am anderen Bein), man spricht in diesem Fall von so genannten konsensuellen Reaktionen. Wirkungen einer Wärmeanwendung halten nicht so lange an wie Kälteeffekte. Manchmal erzielt man eine besonders schmerzlindernde Wirkung, indem man Wärme und Kälte wechselweise verwendet, wie z. B. bei Wechselbädern oder Kalt-Warm-Packungen (siehe S. 167).

Bei den meisten Verletzungen oder Erkrankungen kann der Patient selbst entscheiden, ob ihm eher Wärme oder eher Kälte Linderung verschafft. Sinnvoll ist es, unterschiedliche Arten der Anwendung auszuprobieren, um für sich und seine speziellen Beschwerden die bestmögliche Form zu finden. Eine eindeutige Zuordnung bestimmter Krankheitsbilder oder Verletzungen zu Wärme- oder Kälteanwendungen gibt es mit wenigen Ausnahmen nicht. Das Wissen um die prinzipielle Wirkweise von Wärme bzw. Kälte kann jedoch eine erste Orientierungshilfe sein (bei Verbrennungen z. B. wird Kälte zum Einsatz kommen; Magen-Darm-Krämpfe wird man mit Wärme zu lindern suchen). Vorsicht ist bei bestehenden Erkrankungen geboten, hier muss der Arzt mitentscheiden, ob eine Wärme- und/oder Kälteanwendung bedenkenlos anzuwenden ist!

Schmerzen können durch Wärme oder Kälte beeinflusst werden. Wenn die Grunderkrankung bestehen bleibt, können sie allerdings nicht nachhaltig beseitigt werden. Doch auch bei chronischen Schmerzen helfen Wärme- und/oder Kälteanwendungen und leiten wichtige »Schmerzpausen« ein. Die Möglichkeit, selbst und ohne großen Aufwand etwas gegen die Schmerzen zu tun, stärkt zudem das Gefühl der Selbstverantwortung und Selbstständigkeit.

Schmerzlinderung durch Wärme

Eine der häufigsten Formen ist wohl die allen bekannte Wärmeflasche. Sie hilft Säuglingen bei ihren Bauchschmerzen ebenso wie jungen Mädchen bei den ersten schmerzhaften Menstruationen oder älteren Menschen bei Gelenkschmerzen. Ähnliche Effekte wie mit der Wärmeflasche kann man auch mit angewärmten Tüchern, erwärmten Steinen oder selbst gemachten Wärmekissen (mit Kirschkernen oder Dinkel gefüllte Säckchen, die angewärmt werden) erzielen. Prinzipiell ist darauf zu achten, die Haut vor zu hohen Temperaturen zu schützen. Aus diesem Grund empfiehlt es sich, Wärmflaschen oder andere erwärmte Gegenstände in ein Tuch zu wickeln, bevor man sie mit der Haut in Kontakt bringt.

Bei Wärmebestrahlungen (z. B. Rotlicht) ist ein Abstand von ca. 50 cm zwischen Wärmequelle und Hautareal einzuhalten. Neben der trockenen Wärme gibt es auch die Möglichkeit, feucht-warme Kompressen oder Bäder bzw. Waschungen zur Linderung von Schmerzen einzusetzen.

Die wichtigsten Wärmeanwendungen an der Haut (Temperatur: 40–45 °C) sind:

- Wärmflasche/Heizkissen/Wärmekissen
- Wickel und Packungen (z. B. Moor-Fango-Packung)
- Wärme erzeugende Salben zum Einreiben
- Wasseranwendungen (z. B. Ganzkörperbäder, Tauchbäder, Körperteilwaschungen)

- Bestrahlungen
- Sauna
- Einsatz der eigenen Körperwärme (Körperwärme wird z. B. durch aluminiumbeschichtete Folien zurückgehalten)

Schmerzlinderung durch Kälte

Auch *Kälteanwendungen* gehören zu den bewährten Hausmitteln und ist jedem seit der Kindheit vertraut, z. B. der kalte Waschlappen, der bei Nasenbluten helfen soll, das kalte Tuch bei Kopfschmerzen oder der Eisbeutel nach einer Sportverletzung. Bei Kälteanwendungen hält der Effekt länger an als bei Wärmeanwendungen. Die kühlende Wirkung setzt bei ca. 15 °C an der Hautkontaktstelle ein. Auch beim Einsatz von Kälte kann man auf selbst gemachte Packungen zurückgreifen, z. B. verschließbare Gefrierbeutel oder andere Plastikbehälter, die man mit ⅓ Alkohol und ⅔ Wasser füllt und ins Gefrierfach legt. Das ergibt eine nicht gefrorene Masse, die sich gut den unterschiedlichen Körperformen anpasst. Dasselbe geht mit Schmierseife statt der Alkohol-Wasser-Mischung. Auch ein mit Kirschkernen gefülltes Säckchen kann ins Gefrierfach gelegt und als Kältesäckchen zum Einsatz kommen. Bei allen Kälteanwendungen ist es besonders wichtig, die kühlenden Gegenstände in ein Tuch zu wickeln, um Gewebsschädigungen zu verhindern.

Neben der trockenen Kälte kann man auch feuchte Kälte verwenden, die den Vorteil hat, dass sie rascher wirkt. Hier eignen sich beispielsweise in Eiswasser getauchte Handtücher. Da die Kältewirkung sehr viel länger anhält als die Wärmewirkung, sollen Kälteanwendungen nicht länger als über einen Zeitraum von 10 Minuten durchgeführt werden.

Eine besonders intensive Form der Kälteanwendung, die Schmerzen sehr rasch lindert, ist die Eisanwendung. Hier erfolgt die Anwendung direkt (!) an der Haut, was zu einer sofortigen Herabsetzung der Hauttemperatur führt. Um Gewebeverletzungen zu vermeiden, ist hier besondere Achtsamkeit bei der Behandlung erforderlich. Die Empfindungen, die mit einer Eisanwendung mehr oder weniger stark verbunden sind – z. B. Taubheit, Brennen, Stechen –, können stärker sein als der Schmerz selbst. Extreme Kälte ist in diesem Fall eine Form der Ablenkung und überdeckt den eigentlichen Schmerz.

Die wichtigsten Kälteanwendungen (Temperatur: 15 °C) und Eisanwendungen an der Haut sind:

- Packungen (z. B. gefrorene Gelpackungen)
- Wickel (z. B. in kaltes Wasser getauchte Frotteetücher)
- Kältekissen
- Kälte erzeugende Einreibungen (z. B.: mentholhaltige Substanzen)
- Wasseranwendungen (z. B. Tauchbäder, Körperteilwaschungen, Güsse nach Kneipp)
- Eiswürfel
- Tauchbäder in Eiswasser

Manchmal wird Wärme das Mittel der Wahl sein, um Schmerzen zu lindern, ein anderes Mal eher Kälte. In einigen Fällen wird der Wechsel von Wärme und Kälte besonders hilfreich sein wie z. B. beim Wechselbad:

Kalt-Warm-Wechselbad

Man braucht zwei Wasserbehälter, die für den entsprechenden Körperteil groß genug sein müssen. In den einen Behälter füllt man kaltes Wasser mit einer Temperatur von 15 °C, in den anderen Wasser mit einer Temperatur von ungefähr 40 °C. Nun wird der schmerzende Körperteil abwechselnd ins warme und dann ins kalte Wasser getaucht. Die Badezeit beträgt insgesamt 30 Minuten und beginnt mit zehn Minuten Eintauchen ins warme Wasser. Dann folgt ein Wechsel nach dem Rhythmus: 1 Minute ins kalte Wasser – 4 Minuten ins warme Wasser (insgesamt 4 ×). Man beendet das Bad mit einem Eintauchen ins warme Wasser.

Die Methode der Akupunktur und mit ihr verwandter Verfahren sind sehr alte Behandlungsformen aus China. Ihre Wurzeln liegen in der traditionellen chinesischen Medizin, die eng mit der taoistischen Philosophie verknüpft ist. In ihr findet man den Begriff »schöpferische Urkraft«, auch Tao genannt, die aus zwei polaren Kräften, dem Yin und dem Yang besteht. Dieses Prinzip beschränkt sich nicht nur auf die großen Naturerscheinungen, sondern durchdringt alles Lebendige. Auch die unterschiedlichen Organe stehen in einem Yin-Yang-Verhältnis. Von der Ausgewogenheit dieses Verhältnisses hängt es ab, ob ein Mensch gesund oder krank ist. Nur ein harmonischer Fluss der Energie führt zu Gesundheit.

Die Lebensenergie strömt nach Auffassung der traditionellen chinesischen Medizin in vertikal verlaufenden Energiebahnen, den Meridianen, und den horizontal verlaufenden Seitenästen. So entsteht ein Netz von Verbindungen zwischen äußeren und inneren Körperbereichen, die je nach Tages- und Jahreszeit, aber auch Alter unterschiedlich stark von Energie durchströmt werden. Über die Meridiane kann man mit dieser Energie in Kontakt kommen und

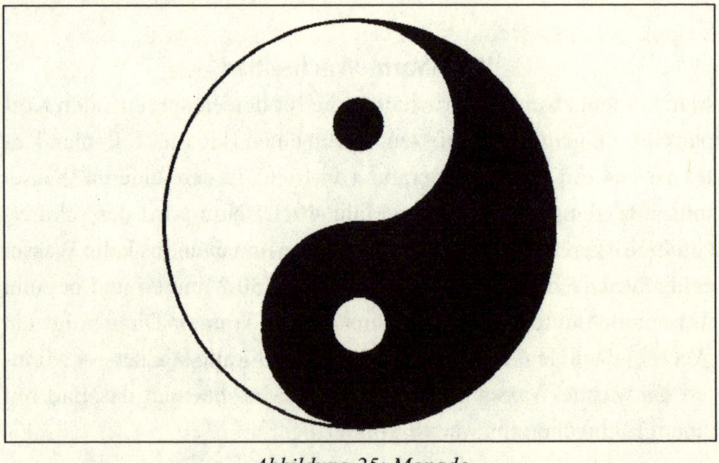

Abbildung 25: Monade

den bei Krankheit und Schmerz veränderten Rhythmus der Energie beeinflussen. Dafür eignet sich die Haut als fühlbare Schranke zwischen Innen und Außen, zwischen Mikrokosmos und Makrokosmos besonders gut. Nicht alle Stellen eines Meridians eignen sich gleich gut für eine Behandlung. Im Laufe der Jahre wurden bestimmte Stellen lokalisiert, über die eine Behandlung besonders gut möglich ist. Man spricht in diesem Zusammenhang von Akupunkturpunkten. An diesen Punkten werden die Akupunkturnadeln »gesetzt«.

Die Akupunktur ruft unterschiedliche Empfindungen an der Einstichstelle der Nadeln hervor. Manche Menschen berichten von einem Druck- oder Schweregefühl, andere wiederum von ziehenden Schmerzen, Kribbeln oder Wärmeempfindungen. Nach einiger Zeit setzt eine Dämpfung der Schmerzempfindung ein. Diesen Effekt hat man sich in China auch bei größeren chirurgischen Eingriffen zu Nutze gemacht. Westliche Untersuchungsergebnisse belegen die Wirkung der Akupunktur speziell bei Zahnbeschwerden und chronischen Rückenschmerzen. Die Behandlungsdauer variiert je nach Art der Erkrankung und dem angestrebten Ziel der Akupunktur. Sowohl einmalige Anwendungen als auch eine Serie von 5–10 Sitzungen, in denen jeweils vier Nadeln gesetzt werden, sind aus der Praxis bekannt.

Neben der Akupunktur sind noch die Akupressur und die Moxibustion bekannt. Beide Methoden arbeiten auch mit den Energieströmen entlang der Meridiane. Bei der Moxibustion handelt es sich um eine historisch noch frühere Therapieform als die Akupunktur. Die so genannte Moxa ist ein Pulver aus Beifußblättern, die zu einem Moxakegel geformt werden. Dieser Kegel wird mit seiner Basis auf die Akupunkturpunkte aufgesetzt und angezündet. Um eine Verbrennung der Haut zu vermeiden, wird nach traditioneller Weise ein Knoblauch- oder Ingwerstück unterlegt. Die beim Abbrennen des Kegels freiwerdende Hitze stimuliert die Haut und stellt eine Art Gegenreizung zum Schmerzgeschehen dar.

Bei der Akupressur verwendet man ebenfalls die bekannten Akupunkturpunkte und stimuliert sie durch eine Druckpunktmassage. Man kann auch sagen, dass die Akupressur eine Akupunktur ohne Nadeln ist. Der Druck wird entweder mit dem Daumen, der Spitze des Zeigefingers oder mit der ganzen Handfläche ausgeübt und soll so stark sein, dass er für den Patienten gerade noch erträglich ist. Wichtig ist, bei den kreisenden Bewegungen (2–3 Kreise pro Sekunde) den Kontakt zur Haut aufrechtzuerhalten.

Außer den Akupunkturpunkten gibt es noch die so genannten Triggerpunkte, die sich ebenfalls für Druckpunktmassagen und andere Gegenreizungen (z. B. Wärme) eignen. Es sind Punkte oder größere Bereiche im Gewebe, die besonders empfänglich für Reizungen sind (= Hyperstimulierbarkeit). Triggerpunkte befinden sich häufig an der gleichen Stelle wie Akupunkturpunkte oder in deren Nähe. Übt man auf diese Stellen einen starken Druck aus (= ischämische Kompression), können diese überempfindlichen Schmerzpunkte außer Kraft gesetzt werden. Der Druck wird ca. 1 Minute lang ausgeübt oder mehrmals am Tag mehrere Sekunden lang. Während der Druckausübung treten meist starke Schmerzempfindungen auf, die jedoch unmittelbar danach aufhören und zu einer weit reichenden Schmerzreduktion führen. Auch die Kombination mit anschließenden warmen Kompressen hat sich bewährt.

Die transkutane Nervenstimulation

TENS steht für den Begriff der transkutanen Nervenstimulation, d. h. es geht um eine Reizung der Nerven durch die Haut. Die Art der Reizung ist in diesem Fall elektrisch. Zwei Elektroden, die auf der Haut angebracht sind, führen über ein Kabel zum TENS-Gerät, das von einer 9-Volt-Batterie mit Strom versorgt wird. Man hat die Möglichkeit, die Frequenz des Stromimpulses, die Amplitude und die Impulsdauer zu verändern und den individuellen Bedürfnissen anzupassen. Die gängigen Geräte sind in der Praxis gut einsetzbar, weil sie leicht zu transportieren und klein sind.

In der Regel wird die Behandlung mit einem TENS-Gerät von einem Arzt verordnet und von einem Physiotherapeuten oder einer Pflegekraft, die dafür eigens geschult ist, durchgeführt. Bei guter

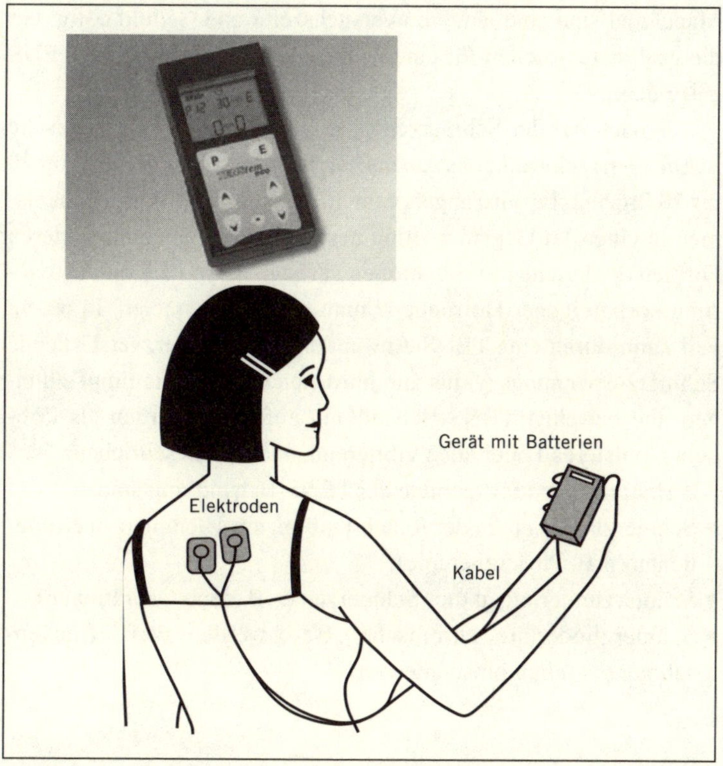

Abbildung 26: TENS-Gerät (Fa. Schwa-Medico, Ehringhausen, Deutschland)

Schulung ist es aber auch möglich, dass der Patient selbst oder ein Familienmitglied nach entsprechender Einweisung die Anwendung vornimmt. Die exakte und auf die individuelle Situation des Patienten optimal abgestimmte Platzierung der Elektroden ist für eine effiziente Schmerzlinderung wesentlich. Je nach Schmerztyp werden die Elektroden an unterschiedlichen Stellen der Haut angebracht. Meist werden sie auf der Höhe jenes Hautsegments angelegt, das von einem Rückenmarksnerv versorgt wird (= »Dermatom«). So wird jener Hauptnervenstamm gereizt, der das Schmerzgebiet versorgt. Aber auch die Akupunktur- und Triggerpunkte können als Anlegestellen der Elektroden gewählt werden.

Manchmal sind eine längere »Versuchszeit« und Geduld nötig, um die geeigneten Stellen für einen wirkungsvollen Einsatz der TENS zu finden.

Je nach Art der Schmerzen (z.B. postoperative vs. chronische Schmerzen) schwankt das Ausmaß an Schmerzverringerung von 20 bis 70 Prozent. Es wird angenommen, dass einer der Wirkmechanismen in einer Art Gegenirritation besteht, wie sie auch bei anderen Formen der kutanen Stimulationen vorliegt. Aber auch die Aktivierung körpereigener Hormone könnte eine Rolle spielen. In jedem Fall kann durch eine TENS-Anwendung der schmerzverstärkende Schmerz-Spannungszyklus durchbrochen werden. Die Empfindungen, die bei einer TENS-Behandlung auftreten, werden als kribbelnd, pulsierend oder auch vibrierend, pochend beschrieben.

Hauptanwendungsgebiete der TENS-Behandlung sind:

- Schmerzlinderung in der Rehabilitation, um Therapien zu ermöglichen (z.B. Physiotherapie),
- Schmerzlinderung akuter Schmerzen (z.B. nach Operationen),
- Schmerzlinderung chronischer Beschwerden (z.B. Rückenschmerzen, Phantomschmerzen).

Entspannung und Bewegung

Unterschiedliche Formen der Entspannung und bewusst ausgeführte Bewegungen sind wesentliche Bausteine einer multiprofessionellen Schmerztherapie. Zusammen mit anderen therapeutischen Maßnahmen können sie Schmerzen beseitigen oder zumindest lindern helfen. Zu den gebräuchlichsten Methoden im Bereich Entspannung und Bewegung gehören:

- Biofeedback
- Autogenes Training (AT)
- Progressive Muskelentspannung (PMR) nach Jakobson
- Hypnose
- Meditation
- Imagination
- Yoga
- Krankengymnastik/gezieltes Bewegungstraining
- Gymnastik, Walken, Laufen
- Ergotherapie
- Manualtherapie/Osteopathie
- Atemarbeit
- Feldenkrais
- Taijiquan /Qigong
- Körperarbeit (z.B. Breema, Eutonie, Eurythmie, Alexander-Methode)
- Kinästhetik

Entspannung und Bewegung werden in multiprofessionelle Therapiekonzepte zur Schmerzbeseitigung oder -linderung immer mit eingebaut. Nicht immer lassen sich die einzelnen »Schulen« klar von einander abgrenzen. Wichtig ist, dass jeder Mensch selbst nach einer Methode sucht, die ihm, seinen Vorstellungen und Möglichkeiten entspricht. Viele Therapeuten bieten die Möglichkeit eines

Kennenlernens an. Auch von Krankenkassen, Volkshochschulen oder anderen Bildungseinrichtungen angebotene Kurse und Seminare machen dem Einzelnen ein »Herantasten« an ihm vielleicht noch ganz unbekannte Formen der – im weiteren Sinn – Schmerzlinderung möglich.

Entspannung

Beim Wort Entspannung denken die meisten Menschen an Ruhe, Wohlbefinden und innere Gelassenheit. In der Tat kann der gezielte Einsatz von Entspannungsübungen in Stresssituationen diese positiven Befindlichkeiten herbeiführen. Viele innere und äußere Reize können wir als negativen Stress (= Distress) erleben, z. B. eine laute Umwelt, schwere Arbeit, Probleme mit Vorgesetzten oder Partnern, Zeitmangel, Verlust von geliebten Menschen – aber auch lang anhaltende Schmerzen. Chronische Schmerzen gelten nach allem, was sie in den Betroffenen auslösen, als »Stressoren« ersten Ranges!

Ursprünglich zielten die *Stressreaktionen des Körpers* darauf ab, dem Menschen ein Überleben zu ermöglichen: Alle Zellen sind in Alarmbereitschaft und stellen die nötige Energie bereit, um eine Bedrohung oder Gefahr auszuschalten. Im Fall von chronischen, nur schwer veränderbaren Zuständen arbeiten Körper und Seele jedoch gleichsam ins Leere – sie können ihr Ziel nicht erreichen; der Stressauslöser lässt sich nicht vertreiben. Dies wiederum löst Angst, Panik und negative Gedanken aus, die Schmerz, Trauer, Einsamkeit noch deutlicher ins Bewusstsein rücken. Ein Teufelskreis von Spannung – Angst – Schmerz – Spannung … beginnt, der sich in aller Regel nicht von selbst auflösen kann. Hierzu bedarf es ganz gezielter Interventionen. Betroffene können jedoch lernen, wie sie diesen Teufelskreis der Spannung unterbrechen können.

Es ist hilfreich zu wissen, dass das Prinzip der Entspannung ein biologisches Grundmuster ist, mit dem unser Körper vertraut ist. Viele körperliche Prozesse sind nur durch einen Wechsel von Spannung und Entspannung möglich, einem Wechsel von Arbeit und Ruhe, von Aktivität und Passivität. Für alle Menschen, die Entspannungsübungen lernen wollen, heißt dies, dass sie nicht wirklich etwas Neues lernen müssen. Es geht viel mehr darum, mit den vorhandenen Möglichkeiten des Körpers bewusster und gezielter umzugehen.

Entspannungsübungen können helfen, Körper und Seele wieder in ein Gleichgewicht zu bringen, sodass ein intuitives Entspannen wieder leichter möglich ist. Und sie können den Körper dabei unterstützen, sich die notwendigen Erholungspausen zu beschaffen, auch wenn einzelne Stressoren – wie z. B. Schmerzen – weiterbestehen. Entspannung allein kann Schmerzen nicht beseitigen, doch wird in den meisten Fällen neben den allgemeinen positiven Auswirkungen auch eine Schmerzlinderung möglich.

Sowohl mit Spannung als auch mit Entspannung sind viele unterschiedliche Körperreaktionen verbunden. In Zeiten der Anspannung atmen wir schneller, die Spannung unserer Muskeln wächst, der Puls schlägt kräftiger, der Blutdruck steigt, wir beginnen zu schwitzen und sind hell wach. Alle Aktivitäten der inneren Organe, die nicht unbedingt zum »Überlebenskampf« gebraucht werden, wie etwa die Verdauung, laufen auf Sparflamme. Ein solcher Zustand lässt sich gut mit einer Notfallreaktion vergleichen.

physiologische Auswirkungen	Verringerung von: • Herzfrequenz • Blutdruck • Muskeltonus • Atemfrequenz • Aktivität der Schweißdrüsen • Wachheit
subjektives Empfinden	Ruhe Schläfrigkeit Wohlbefinden Wärme
andere Auswirkungen	Veränderungen im Hormonspiegel Veränderungen im Immunsystem

Tabelle 12: Auswirkungen der Entspannung

Ganz anders ist das Bild unseres Organismus im entspannten Zustand. Der Blutdruck sinkt, das Herz schlägt langsamer, die Atmung wird gleichmäßiger und ruhiger, die Muskeln erschlaffen, wir werden ruhiger, empfinden Wärme und spüren Ruhe.

Der Einsatz von gezielten Entspannungsübungen kann viel dazu beitragen, dass Menschen von einem Zustand der Erregung, Anspannung, Unruhe und des Unwohlseins zu einem Zustand der Beruhigung, Gelöstheit, Ruhe und des Wohlbefindens gelangen. Diese »Umstellung« bringt die Schmerzen vielleicht nicht zum Schweigen, aber es wird möglich, auf andere Gedanken zu kommen und den Körper nicht nur als schmerzend zu erleben. Entspannung kann helfen, sich selbst immer wieder kleine Inseln der Erholung, des Wohlbefindens und des Genusses zu schaffen.

Leider geht ein intuitiver Umgang mit Entspannung (z.B. Spazierengehen, Musikhören, Naturbeobachtung, Baden ...) in Zeiten dauernder Stresseinwirkung, wie es chronische Schmerzen sind, zunehmend verloren. Aus diesem Grund ist es wichtig, dass gerade Schmerzpatienten die Möglichkeiten der Entspannung wiederentdecken. Es stehen verschiedene Methoden zur Verfügung, aus denen man je nach den persönlichen Vorlieben sowie zeitlichen Möglichkeiten auswählen kann. Im Rahmen einer Schmerztherapie werden vor allem drei Methoden bevorzugt eingesetzt: Biofeedback, Autogenes Training und Progressive Muskelentspannung.

Biofeedback

Biofeedback ist eine Methode, die zur Verbesserung der Wahrnehmung und Kontrolle der autonomen, d.h. nicht willkürlich kontrollierbaren physiologischen Funktionen eingesetzt wird. Sie ermöglicht durch akustische oder optische Signale eine direkte Rückmeldung auf bestimmte Körperfunktionen wie etwa Muskelanspannung oder Blutdruck zu bekommen und ist daher für alle nachvollziehbar.

Viele Menschen können sich mit dieser direkten und unmittel-

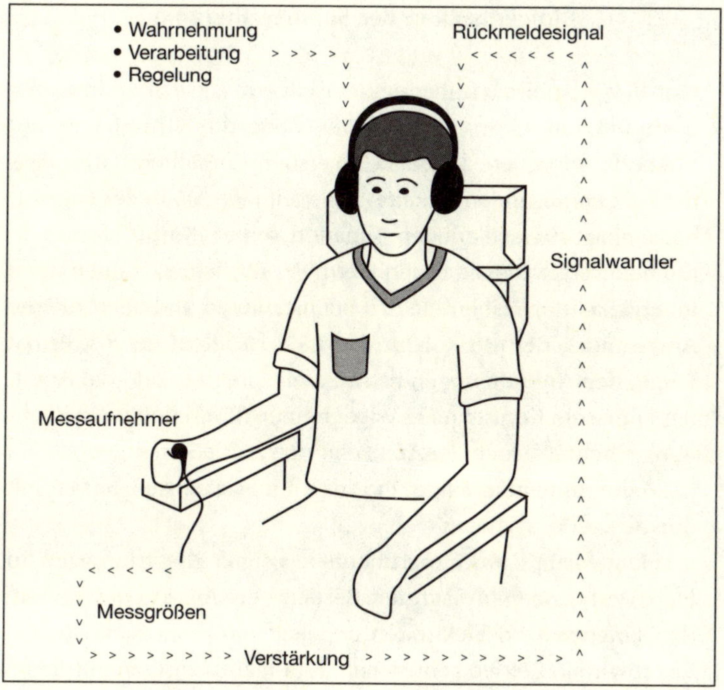

Abbildung 27: Biofeedback-Gerät

bar überprüfbaren Form des Entspannungstrainings besser anfreunden als mit anderen autosuggestiven Übungen. Im Rahmen einer Biofeedbacktherapie kann man direkt erfahren, dass beispielsweise ein Anspannen der Muskeln, Gespräche mit unangenehmem Inhalt oder die Erinnerung an eine Schmerzattacke zu einer Veränderung der Körperfunktionen führt. Genauso wird deutlich, dass man selbst durch Entspannung diese Funktionen in Richtung Normalisierung beeinflussen kann. Patienten, die mit dieser Methode arbeiten, erleben sich selbst als Akteure, die etwas bewirken können. Diese Erfahrung der Selbstwirksamkeit bedeutet für viele einen großen Schritt, um mit ihrer Situation aus eigener Kraft besser umgehen zu können. Durch den Einsatz von Technik zur Objektivierung der Ergebnisse erhält diese Entspannungsmethode explizit einen »nicht-esoterischen« und »nicht-psychologisierenden« Charakter.

Biofeedback in der Schmerztherapie

Horst W. kommt zu seiner ersten Biofeedbacksitzung. In einem ausführlichen Gespräch wird er über die Grundzüge der Methode informiert. Die ersten Versuche bestehen darin, dass der Arzt herausfinden möchte, wie weit Herr W. in der Lage ist, nach einer stressgeladenen Situation seinen Körper wieder in Ruhe zu versetzten. Er fordert Herrn W. auf, seinen Namen rasch in umgekehrter Reihenfolge zu buchstabieren und überprüft die Anspannung der Muskulatur. Herr W. ist leicht nervös, er hat Sorge, den Anforderungen nicht zu entsprechen und hat Angst, dass ihm sein Kopfschmerz wieder einen Strich durch die Rechnung macht ... Doch der Arzt zeigt sich zufrieden, sagt noch ein paar aufmunternde Worte und macht den nächsten Termin mit ihm aus.

»Heute geht's ans Experimentieren«, mit diesem Satz wird Herr W. bei seinem nächsten Besuch begrüßt. Er bekommt an den Fingerspitzen Elektroden angelegt, und das Biofeedback-Gerät wird in Betrieb genommen. Er soll zunächst nur aufstehen und sich wieder hinsetzen, die Stirn runzeln und dann wieder entspannen. Herr W. ist sehr erstaunt, wie stark sich der Signalton ändert, und versucht, dieselben Bewegungen mit weniger Krafteinsatz auszuführen – und tatsächlich gelingt es ihm, den Ton nicht so »aufheulen« zu lassen!

In einem weiteren Schritt erfährt Herr W. den Unterschied zwischen Phasen mit Kopfrechnen und nachfolgender Ruhe sowie zwischen einem Gespräch und Schweigen. Bevor das eigentliche Üben beginnt, wird Herr W. aufgefordert, an eine angstbesetzte, schreckliche Situation zu denken und dann gedanklich zu einer heiteren überzugehen. Der Signalton änderte sich jedes Mal in auffallender Weise.

Diese ersten Erfahrungen haben Herrn W. beeindruckt. Er bespricht sich mit seinem Therapeuten und bekommt als Hausaufgabe, zwei der durchgeführten Übungen zu Hause aus der Erinnerung zu wiederholen. Er soll in einem Übungszeitraum von ca. zehn Minuten versuchen, jenen körperlichen Zustand zu erreichen, bei dem der Signalton nur leise zu hören war. Seine Erfahrungen hält er in einem kleinen Heft fest. Er findet es interessant, welche Zusammenhänge er zwischen der Intensität seiner Schmerzen und seinem Tagesablauf finden kann.

Nach und nach gewinnt Herr W. Sicherheit im Umgang mit seinen Reaktionen und freut sich über die Möglichkeit, selbst die Kontrolle über seine Muskelspannung zu haben. Wenn es mit dem Entspannen einmal nicht so klappt, stellt er sich die Sommerwiese vor dem Haus seiner Großeltern vor. Dort hat er als kleiner Junge oft gespielt und sich mit großer Begeisterung in das duftende Gras geworfen. Dieses innere Bild eines kleinen Jungen, der im Gras liegt und den Wolkengebilden am Himmel Tiernamen gibt, erzeugt in Herrn W. ein ungemein entspannendes, gutes und lebensbejahendes Gefühl. Nach 25 Sitzungen wird die Biofeedbacktherapie erfolgreich abgeschlossen, und Herr W. hat das Gefühl, dass er den herannahenden Schmerzattacken nicht mehr so ausgeliefert ist wie in den letzten Jahren. Insgesamt kommt es nach weiteren drei Wochen zu einer deutlichen Verbesserung seiner Schmerzzustände – als galoppierende Wolkenpferde entlässt er sie in den Himmel seiner Kindheit.

Zu Beginn der Therapie wird gemeinsam mit dem Patienten ein Therapieprogramm zusammengestellt, in dem Ziel und Dauer der Therapie festgelegt werden. Üblicherweise werden 10–20 Sitzungen zu je 45 Minuten angeboten, die ca. drei Mal pro Woche stattfinden. Für die Rückmeldung von Spannung oder Entspannung können verschiedene physiologische Größen herangezogen werden. Bewährt hat sich das Erfassen der Hautleitfähigkeit (man spricht auch vom Erfassen des Hautwiderstandes). Sie reagiert sowohl auf den langsamen Prozess der Entspannung als auch auf plötzlich auftretende Veränderungen, wie sie etwa angstvolle Gedanken oder belastende Gespräche mit sich bringen. Die erfasste Hautleitfähigkeit wird mit einem Signal, etwa einem Ton, gekoppelt. Der Patient erfährt dadurch jene Rückmeldung, die er braucht, um die Kontrolle über seine Körperfunktionen zu erlernen. Ein immer lauter werdender Signalton macht ihm beispielsweise deutlich, wie sein Körper sich verspannt, wenn er an die nächste Untersuchung im Krankenhaus, ein schwieriges Gespräch mit dem Chef oder eine neuerliche Schmerzattacke auch nur denkt. Ziel der therapeutischen Arbeit mit Biofeedback ist es, dass der Patient lernt, das Spannungsniveau in seinem Körper zu senken bzw. nieder zu halten, also den Signalton leise und gleichmäßig klingen zu lassen.

In der ersten Sitzung steht die Vermittlung der Therapiemethode im Vordergrund, wobei der jeweilige Schmerzzustand besonders berücksichtigt wird. Darüber hinaus geht es um das Erfassen der so genannten spontanen Selbstkontrolle des Patienten. Ohne Verwendung des Biofeedback-Gerätes wird geschaut, ob und in welchem Ausmaß nach einer gezielten Stresssituation (z. B. Kopfrechnen) wieder Entspannung eintritt. Dieses »tonische Ruhepotenzial der Muskelspannung« ist eine wichtige Basisinformation, an der man den späteren Therapieerfolg messen kann.

Die zweite Sitzung ist die so genannte Experimentiersitzung. Der Patient wird mit der Methode konkret vertraut gemacht. Bestimmte Übungen veranschaulichen den Zusammenhang zwischen körperlichen und seelischen Prozessen. Es wird möglich, erste Kontrollmöglichkeiten auszuprobieren. Dazu wird der Wechsel von Anspannung und Loslassen verwendet, z. B.

- Arme anspannen – Arme loslassen
- Schultern hochziehen – Schultern fallen lassen
- Bauch einziehen – Bauch loslassen
- Zähne zusammenbeißen – Kiefer lockern
- Stirn runzeln – Stirn ›glätten‹
- Rechenaufgaben – Ruhe
- Erinnerung an belastende Situationen – Erinnerung an angenehme Ereignisse
- Erinnerung an Schmerzattacken – Erinnerung an Zeiten des Wohlbefindens
- Selbstgespräch: »Ich bin aufgeregt und unruhig« – »Ich bin gelassen und zuversichtlich«

Ab der dritten Sitzung setzt das eigentliche Entspannungstraining ein. Zu Beginn und am Schluss der Stunde wird jeweils die Selbstkontrollmöglichkeit überprüft. Es ist wichtig, dass der Patient alles ausprobiert, was hilfreich erscheint, einen entspannten Zustand zu erreichen. Gemeinsam mit dem Arzt/Therapeuten können Strategien entwickelt bzw. besprochen werden, z. B.

- Vorstellung von Orten, an denen man sich wohl fühlt
- Vorstellung von Situationen, in denen man entspannt und heiter ist
- Vorstellung, in einer Hängematte zu liegen
- Gedanken an wohltuende Düfte/Farben
- Leitsprüche wie: »Ich bin ganz ruhig«
- Konzentration auf gleichmäßiges, ruhiges Atmen
- Konzentration auf das Feedbacksignal

Ab der sechsten Sitzung beginnt dann die Arbeit mit den Anwendungsübungen (= Transfer). Dies ist die eigentliche therapeutische Phase, in der die Entspannung als aktive Reaktion zur Bewältigung von Belastung, Stress und Schmerz eingesetzt werden soll. Die Arbeit mit den Stressoren (= Gedanken und Gefühle, die Stress auslösen) muss auf die jeweilige Problemlage sorgfältig abgestimmt werden. Für den einen wird z. B. die Ankündigung schmerzhafter Eingriffe ein besonders belastender Stressor sein, für den anderen etwa die Vorstellung von schmerzhaften Bewegungen oder schwierigen Berufssituationen.

Regelmäßiges Üben ist für einen anhaltenden Erfolg des Trainings wesentlich. Bereits ab der ersten Stunde soll der Patient einmal am Tag ungefähr zehn Minuten ohne Gerät zu Hause üben. Er soll seinen Erinnerungen folgen und versuchen, einen entspannten Zustand zu erreichen. Auch die Nachbesprechung mit dem Arzt/Therapeuten und das Führen eines die Therapie begleitenden Tagebuches sind wichtig. Nach zehn bis zwanzig Sitzungen erfolgt eine Abschlussüberprüfung, in der ein Vergleich mit den Eingangsdaten angestellt und über das Erreichen der zu Therapiebeginn festgelegten Ziele gesprochen wird. Manchmal kommt der erwartete und dringend herbeigesehnte Erfolg erst in der Therapiepause zur vollen Entfaltung, wenn sich die gelernten Mechanismen etwas gefestigt haben. Die Therapiepause sollte mindestens vier Wochen dauern, wobei sich die Pause ausschließlich auf den gezielten Einsatz des Biofeedbackgerätes in einem therapeutischen Rahmen bezieht. Nur bei regelmäßigem Üben und regelmäßigem Einsatz der gelernten Strategien können Angst, Stress und Schmerzen dauerhaft reduziert werden.

Biofeedback kann in der Schmerztherapie bei speziellen Schmerzzuständen eingesetzt werden (= Hauptintervention) wie z. B. dem Spannungskopfschmerz, als Möglichkeit, um prinzipiell eine Entspannungsmethode zur Spannungsreduktion zu erlernen (= Interventionsbaustein) oder zur Verdeutlichung der Zusammenhänge zwischen körperlichen und seelischen Prozessen (= erzieherische Intervention).

Autogenes Training und progressive Muskelrelaxation

Autogenes Training

Auch wenn es eine Vielzahl von Übungen und Techniken gibt, so denken die meisten Menschen bei Entspannungsübungen zunächst an das Autogene Training (AT). Das Autogene Training ist die bekannteste Entspannungsmethode im deutschsprachigen Raum. Sie wurde um 1920 vom deutschen Nervenarzt J. H. Schultz entwickelt und geht auf Erfahrungen mit der Hypnose zurück. In seinem Standardwerk *Das Autogene Training. Konzentrative Selbstentspannung* hebt Schultz neben Erholung, Ruhigstellung, Leistungssteigerung und Selbstregulierung auch die Reduktion von Schmerzen als Ziel des Autogenen Trainings hervor.

Im AT lernt man Schritt für Schritt, durch autosuggestive (= sich selbst beeinflussende) Formeln Empfindungen wie Schwere, Wärme oder Ruhe herbeizuführen. Schultz spricht auch von »formelhaften Vorsatzbildungen« und verweist damit auf den bildhaften

Charakter, den die Instruktionen haben sollen. Die Übenden werden angeleitet, sich die Formeln als Bild vorzustellen und sie nicht in Gedanken konkret auszuformulieren. Dies erfordert hohe so genannte passive Konzentration, was vielen stress- und schmerzgeplagten Menschen nicht gerade leicht fällt. Ein Einüben unter therapeutischer Anleitung und regelmäßiges konsequentes Üben sind wichtige Rahmenbedingungen, um anfängliche Hürden leichter zu überwinden.

Man kennt beim AT eine Grundstufe und eine Oberstufe. In der Praxis kommt allerdings in erster Linie die Grundstufe zur Anwendung, für die auch exakte Übungsvorlagen bestehen. Das AT enthält sechs Stufen. Bevor eine neue Stufe angeboten wird, müssen die vorausgehenden gut beherrscht werden. Dieser langsame Aufbau des Entspannungstrainings und die damit verbundene lange Übungszeit sowie die erforderliche Selbstdisziplin erschweren allerdings den Einsatz in der Schmerztherapie.

Standardformeln der sechs Unterstufenübungen

1. Schwereübung: »Mein rechter Arm ist ganz schwer« (6 ×)
2. Wärmeübung: »Mein rechter Arm ist warm« (6 ×)
3. Herzübung: »Mein Herz schlägt ruhig und gleichmäßig«(6 ×)
4. Atemübung: »Mein Atem ist gleichmäßig und ruhig« (6 ×)
5. Sonnengeflechtübung: »Mein Bauch ist warm« (6 ×)
6. Stirnkühlübung: »Meine Stirn ist angenehm kühl: (6 ×)

Vielen Menschen haben vor allem die Schwere- und Wärmeübungen geholfen, ein besseres Körpergefühl zu bekommen. Zusätzlich stärken die Übungen das Vertrauen in die Möglichkeit, ohne fremde Hilfe positive und wohltuende Empfindungen im Körper auszulösen. Das Üben erfolgt entweder im *Liegen* oder im *Sitzen*. Dabei ist Folgendes zu beachten:

- *Liegende Position*: In bequemer Rückenlage wird der Nacken unterstützt, die Arme liegen mit leicht gebeugten Ellbogen rechts und links neben dem Oberkörper, die Handflächen zeigen nach unten, die Beine sind ausgestreckt und können eventuell mit einem Kissen oder einer Rolle unter den Knien abgestützt werden, die Fußspitzen fallen leicht nach außen.

- *Sitzende Position*: Aus dem aufrechten Sitzen lässt man sich »in sich zusammenfallen«, der Rücken wird krumm, der Kopf hängt nach vorn, Füße und Beine werden leicht gespreizt, beide Unterarme ruhen auf den Oberschenkeln, Handflächen liegen auf den Oberschenkeln. Schultz spricht auch vom so genannten »Droschkenkutschersitz«.

Es ist sinnvoll, abwechselnd einmal im Sitzen und einmal im Liegen zu üben. Schultz empfiehlt als Einstieg, sich mit einem »ruhegetönten Bild« einzustimmen. Jeder Mensch soll sich einen Ort, einen Gegenstand, eine Situation vorstellen, mit der er Ruhe und Gelöstheit verbindet. Für den einen wird das eine blühende Wiese sein, für den anderen der warme Sand, in den er sich fallen lassen kann, oder ein Schaukelstuhl oder … Der Satz »Ich bin ruhig« kann zusätzlich zu den Bildern der Ruhe zu Beginn und zwischen den einzelnen Übungen zur Verstärkung des Ruhegefühls eingesetzt werden. Auch bildhafte Vorstellungen, die der Übung entsprechen, sind hilfreich, wie etwa Sonnenstrahlen, die auf den Arm fallen, oder das gleichmäßige Kommen und Gehen der Meereswellen, die den Atem symbolisieren. Nach jeder Entspannungseinheit muss ein »Zurücknehmen« erfolgen, d.h. der Körper muss auf Aktivität umgeschaltet werden. Dies geschieht durch Strecken der Arme und Beine, kräftiges Ein- und Ausatmen und Öffnen der Augen. Dieses Zurücknehmen ist wichtig, um vegetativen Fehlregulationen wie niedrigem Blutdruck, Benommenheit, Kopfdruck oder Abgeschlagenheit vorzubeugen.

Die Übungsdauer sollte täglich zehn Minuten sein. Die Gesamttrainingszeit beträgt ca. 10 Wochen. Erst ab diesem Zeitpunkt stellt sich ein nachhaltiger Erfolg ein. Nun wird es möglich, die Vorsatzformeln nur noch dreimal zu üben, schließlich genügt es, die Vorstellungen jeweils nur einmal zu üben. Ein konsequentes Üben muss jedoch weiterhin beibehalten werden. Nach und nach wird das AT zu einem Teil des Alltaglebens, was schon so manchen zur Aussage veranlasste: »AT lernt man nicht einfach für ein paar Wochen, AT lebt man!«

Progressive Muskelrelaxation

Die Progressive Muskelrelaxation (PMR) ist eine Entspannungsmethode, die in der Praxis der Schmerzbehandlung häufiger verwendet wird als das Autogene Training. Die Methode wurde in den 20er Jahren von Edmund Jacobson in den USA entwickelt, jedoch in den folgenden Jahrzehnten deutlich verändert, vor allem in der Länge der Trainingssitzungen. Heute gibt es viele verschiedene Zugänge, die alle unter dem Begriff PMR zusammengefasst werden. Gemeinsam ist ihnen das von Jacobson entwickelte Prinzip des Wechsels von Anspannung und Entspannung: Schritt für Schritt werden einzelne Muskelgruppen angespannt und dann wieder bewusst entspannt. Dieser Kontrasteffekt führt dazu, dass Übende sehr genau den Unterschied zwischen Spannung und Entspannung erfahren. So werden im Rahmen der PMR zusätzlich zum Entspannungseffekt auch die Selbstbeobachtung und die Selbstkontrolle gefördert.

In den Übungseinheiten leitet ein Therapeut das Anspannen und nachfolgende Entspannen der Muskelpartien an. Der Übende soll nach einigen Sekunden der Anspannung – z. B. Runzeln der Stirn, Ballen der Faust, Anspannen der Oberschenkel – die Spannung wieder lösen. Die Anspannungsphase dauert etwa 5–7 Sekunden und die Entspannungsphase 20–30 Sekunden. Nach ersten Einweisungen können sich Übende die Vertiefung der Methode selbstständig oder mit Hilfe eines Tonbandes erarbeiten.

Zu Beginn des Trainings sollte zweimal täglich ca. 20 Minuten geübt werden. Nach ca. zwei bis vier Wochen beherrschen die meisten Übenden ein hohes Maß an Entspannungsfähigkeit. Im weiteren Verlauf können die zunächst noch einzeln geübten Muskelgruppen in größeren Einheiten, z. B. der gesamte Arm, trainiert werden. Die Erfahrung zeigt, dass nach ca. sechs Wochen die meisten Übenden sich schnell und tief entspannen können. Zu diesem Zeitpunkt erfolgt der ganz wichtige Schritt der Übertragung (= Transfer) von Entspannungsreaktionen in den Alltag. Um diesen Übertragungsprozess zu unterstützen, werden die Übenden angehalten, die Gefühle wiederzubeleben, die sie während der Entspannung empfanden. Auch eine Verbindung dieses entspannten Zustands mit einem Wort (z. B. Ruhe) oder dem Vorsagen von Zahlen (z. B. eins – zwei, eins – zwei ...) o. Ä. erleichtert diesen Prozess. Das Entspannen im Alltag ist gerade für Schmerzpatienten wesentlich! Um diesen Prozess zu vertiefen und gezielt zur Bewältigung oder Linderung von Schmerzen einzusetzen, ist regelmäßiges Üben wichtig.

Bewegung

Das Repertoire an Bewegungsangeboten ist groß. Es umfasst gezielt eingesetzte Bewegungsübungen zur Kräftigung, Stützung, Dehnung oder Lockerung einzelner Muskeln oder des gesamten Bewegungsapparats. Es werden Methoden zur Verfügung gestellt, durch Bewegung wichtige Energien freizusetzen und so an Körper, Geist und Seele ein Stück heiler zu werden. Schmerzgeplagte brauchen jedoch oft viel Geduld, um sich von der hilfreichen Wirkung gezielter Bewegungen zu überzeugen.

Die meisten Menschen fühlen sich durch Schmerzen in ihrem Bewegungsspielraum eingeschränkt. Manche Bewegungen sind nur schwer oder gar nicht möglich, andere wiederum verursachen Schmerzen. Durch die Reaktionen des Körpers auf Schmerz – z. B. erhöhte Muskelspannung, veränderter Atemrhythmus – werden die alltäglichen Bewegungsabläufe verändert. Auch Trauernde schränken ihren Bewegungsradius ein, sie werden in ihren Bewegungen gleichsam »stiller«. Die mehr oder weniger deutliche Bewegungsreduktion und der Verlust eines angemessenen Krafteinsatzes stellen ein zusätzliches Problem dar. Im Fall von akuten Schmerzen kann eine zeitlich und örtlich begrenzte Ruhigstellung durchaus wichtig und sinnvoll sein. Bei chronischen Schmerzen jeglicher Art kann jedoch eine über Monate und Jahre erfolgte Bewegungseinschränkung nicht nur das allgemeine Wohlbefinden mindern, sondern selbst zu einer Quelle neuer Schmerzen werden.

Feldenkrais: Bewusstheit durch Bewegung

Die Feldenkrais-Methode wurde von Moshé Feldenkrais in den 40er Jahren entwickelt. Für ihn stellte das Arbeiten an der Bewegung eine Möglichkeit dar, das »Ich-Bild« des Menschen zu beeinflussen. Dieses Bild, das Menschen von sich haben, wird entscheidend beeinflusst durch die Bewegung, die Sinnesempfindung, das Gefühl und das Denken. Alle vier Bereiche sind mehr oder weniger an den Handlungen, die man ausführt, beteiligt. Dieses Miteinanderverwobensein führt dazu, dass kein Bereich verändert werden kann, ohne gleichzeitig die anderen zu beeinflussen. Positiv formuliert heißt dies, dass man durch die Arbeit in einem Bereich auch alle anderen Bereiche beeinflussen und verändern kann.

Menschen, die unter Schmerzen leiden, sind beispielsweise oft nicht in der Lage, an etwas anderes zu denken als an den Schmerz. Die Schmerzempfindung besetzt gleichsam ihr ganzes Denken, findet Ausdruck in ihren Bewegungen und erzeugt Gefühle der Bedrohung, Hilflosigkeit oder Angst. Eine Möglichkeit, diese Negativspirale zu unterbrechen, ist die bewusste Auseinandersetzung mit *einem* der in Mitleidenschaft gezogenen Bereiche. Die Feldenkraismethode beschränkt sich auf die Arbeit mit der Bewegung. Sie tut dies im Bewusstsein, dass sich auch die Sinnesempfindungen, die Gefühle und das Denken entsprechend den Bewegungserfahrungen mit verändern. Das Motto lautet: »Man kann nicht eine Funktion verbessern oder verändern, ohne auch die anderen zu beeinflussen.«

Feldenkrais kam ausgehend von einer eigenen konkreten Schmerzerfahrung – er hatte sich sein linkes Knie verletzt – zu der so einfach klingenden und doch so schwer umzusetzenden Frage: »Wie kann ich mich anders bewegen?« Er führte gleichsam ein »wissenschaftliches Experiment namens Knie« durch, indem er sich mit bestimmten Fragestellungen auseinander setzte und genau festhielt, wann und unter welchen Bedingungen er Schmerzfreiheit erzielen konnte. Doch Üben allein führte bald nicht weiter, und Moshé kam zur Einsicht, dass nur ein bewusster Umgang mit der Bewegung den gewünschten Erfolg bringt.

In der Feldenkrais-Methode geht es darum, Situationen zu schaffen, in denen Menschen neue, für sie vielleicht ungewohnte Bewegungserfahrungen machen. Ein Ausbrechen aus eingefahrenen Mustern wird möglich, wodurch sich neue Erfahrungsräume öffnen. Die Einschränkungen, die Schmerzpatienten oft haben, verlieren in diesem Rahmen ihre oft überdimensionale Bedeutung. Der Feldenkraislehrer schafft eine Lernsituation, in der der »Schüler« (bei Feldenkrais spricht man nicht von Patienten) neue Erfahrungen machen kann. Viele Menschen – nicht nur Schmerzpatienten – führen Bewegungen mit viel mehr Energie durch als nötig. Ein Ziel der Methode ist, Menschen dahin zu bringen, ihre Bewegungen in einem gerade richtigen Maß auszuführen. Es geht also auch darum, ein Zuviel an überflüssigem Energieaufwand abzubauen und aufzulösen. Durch ein Ausprobieren und Erforschen der eigenen Bewegungsmöglichkeiten wird ein Lernprozess in Gang gesetzt, der es ermöglicht, die Struktur des eigenen Körpers wiederzuentdecken.

Gertrud S. leidet seit vielen Jahren an Polyarthritis. Im Wunsch nach Schmerzlinderung sucht sie einen Feldenkraislehrer auf. Bei der ersten Kontaktaufnahme berichtet sie von ihrer Erkrankung, stellt Fragen und teilt dem Lehrer ihre Wünsche mit. Zu Beginn der Übungseinheiten weiß der Lehrer noch nicht, welche Bewegungsmöglichkeiten bei Frau S. vorhanden sind. Nach und nach stellt er fest, dass es Gelenke gibt, die offensichtlich aufgrund des Schmerzes ruhig gehalten werden. Andere Gelenke wiederum werden ruhig gehalten, obwohl es weder vom Schmerz noch von der Struktur her notwendig wäre. Ziel der Übungsangebote ist es nun, für Frau S. Lernsituationen bereitzustellen, in denen sie z. B. die Erfahrung macht, dass sie gar nicht so »festhalten« muss oder dass sie in vielen Teilen ihres Körpers noch sehr beweglich ist. Ihr wird während der Stunden bewusst, dass sie ihre Bewegungen weit über das durch die Schmerzen vorgegebene Maß eingeschränkt hat. Schritt für Schritt erobert sich Frau S. nicht nur manche ihrer alten Bewegungsräume zurück, sondern kann auch ganz neue Bewegungsqualitäten erleben.

Parallel zur Arbeit an ihren Bewegungen wird Frau S. aufgefordert, in einem Art Tagebuch Auftreten und Intensität der Schmerzen festzuhalten. Sie soll dreimal am Tag eine Wertung vornehmen und notieren, welche Bewegungen und Handlungsabläufe vorher gemacht wurden. Diese Selbstbeobachtung dient der Analyse jener Bewegungssituationen, die rund um den Schmerz auftreten.

Nicht jede Stunde ist erfolgreich. Frau S. erlebt immer wieder einmal einen Einbruch, sie fühlt sich wieder zurückgeworfen auf ihre eingefahrenen Schonhaltungen und hat Angst, wenn sie nur an für sie schwierige Bewegungen denkt. Manchmal erlebt sie aber auch, dass sich gerade nach solchen »Durchhängern« eine neue Tür öffnet und ein neuer Bewegungsraum betreten und erobert werden kann.

Frau S. zieht die Einzelarbeit den Gruppenangeboten vor. Die taktilen Lernangebote kann sie leichter akzeptieren als die Anleitungen durch Worte. Dennoch besucht sie in regelmäßigen Abständen eine Feldenkrais-Gruppe, in der sie erleben kann, wie verschieden dasselbe Lernangebot von den Kursteilnehmern gestaltet wird. Das angstfreie Klima in den Stunden verstärkt ihre Bereitschaft, sich trotz Schmerzen auf das »Experiment Bewegung« einzulassen.

Chronische Schmerzpatienten erstarren häufig in Schon- oder Vermeidungshaltungen, die nach und nach ins gesamte Bewegungsrepertoire so eingebaut werden, dass dies den Betroffenen gar nicht mehr bewusst ist. Sie können die Einschränkungen und Fehlbewegungen selbst nicht mehr wahrnehmen, geschweige denn verändern. Die Feldenkrais-Arbeit zielt darauf ab, Patienten behutsam an jene Bewegungsräume heranzuführen, die schmerzbedingt verschlossen wurden. Ausgangspunkt ist die Frage: »Wie können wir –

ausgehend von dem, was möglich ist – das, was nicht möglich ist, erleichtern.« Fasst man beispielsweise die Lernangebote bei Schmerzen als Stufenfolge auf, lassen sich folgende Fragen formulieren:

Schritt 1: Wann sind die Momente, in denen der Schmerz gering ist?
Schritt 2: Was ist angenehm, und was ist möglich?
Schritt 3: Wie kann man diese angenehmen und möglichen Bewegungen in eine Aktion bringen?

Beispiel aus der Feldenkrais-Praxis

Edeltraud K. hat aufgrund einer angeborenen Bänderschwäche im Laufe ihres Lebens viele Verletzungen im Knie- und Schulterbereich erlitten. Schmerzen sind ihr seit Jahrzehnten nur allzu vertraut. Sie hat viele verschiedene Therapien kennen gelernt, weiß um den Segen medikamentöser Therapie und kennt die schmerzlindernde Wirkung von Massage und Krankengymnastik. Was ihr gefehlt hat, war die Möglichkeit einer umfassenden und weit reichenden Auseinandersetzung mit ihrem oft schmerzenden und in der Bewegung stark eingeschränkten Körper. Und so entstand der Wunsch, »sich selbst besser kennen zu lernen«. Durch die Begegnung mit der Feldenkrais-Methode entdeckte sie eine Möglichkeit, sich diesen Wunsch zu erfüllen. Heute besucht Edeltraud regelmäßig Gruppenstunden und ergänzt diese durch Einzelarbeit mit ihrem Lehrer. Sie hat durch und in der Feldenkrais-Arbeit nicht nur nachhaltige Schmerzlinderung erfahren, sondern auch eine Erweiterung ihrer Bewegungsmöglichkeiten: »Ich habe ein Haus betreten, in dem sich nach und nach eine Tür nach der anderen öffnet und Neues sichtbar macht.«

Ausschnitt aus einer Übungsstunde für Edeltraut

Setz dich auf den Stuhl ... organisiere dich ... die Füße auf dem Boden ... die Kniegelenke über den Füßen ... die Hände auf den Oberschenkeln ...

Nimm dir einen Moment Zeit, um wahrzunehmen, wie du sitzt … die Höhe des Stuhls … dein Becken … die Wirbelsäule … wie dein Rücken aufrecht sein kann … wie dein Kopf … wie sich dein Atem organisiert … der Atemrhythmus … Richte die Augen auf den Horizont und drehe jetzt deinen Kopf einmal nach rechts … und dann nach links … Lass deine Augen der Bewegung folgen … Wo ist der Bereich, in dem die Bewegung einfach und komfortabel ist? … Wo ist der Moment, in dem sich die Bewegungsqualität verändert? … Verfolge die Bewegung in dem Bereich, in dem sie unspektakulär ist … Lass dabei die Atmung strömen … Führe die Bewegungen mehrmals aus …

Wie viel Kraft verwendest du? … Wo war die Bewegung noch zu spüren? … Im Nacken … im Bereich der Brustwirbelsäule … des Schlüsselbeins? … Was hat sich alles mitbewegt, wenn sich der Kopf nach rechts gedreht hat … und nach links? … Und jetzt versuche das gleiche mit geschlossenen Augen …

Ruh dich aus!

Bewege deine rechte Schulter … vor … und zurück … bewege deine linke Schulter … vor … und zurück … bewege dich so, dass es leicht und angenehm ist … Vergleiche die Bewegungen zwischen der rechten Schulter … und der linken Schulter … Wo ist es einfach? … Wo verändert sich etwas? …

Wie viel Kraft verwendest du? … Wo war die Bewegung noch zu spüren? … Beachte, ob sich etwas an deinem Kontakt zur Sitzfläche verändert … im Kontakt der Füße zum Boden … wie sich dein Rücken organisiert … wie die Atmung …

Ruh dich aus!

Dreh deinen Kopf nach rechts … und nach links … Hat sich etwas verändert im Vergleich zum ersten Versuch? … Ist es leichter … anders … gleich geblieben? … Bewege die linke Schulter vor und dreh den Kopf einmal nach rechts … und einmal nach links … bewege dich so, dass es angenehm ist und leicht geht … Beachte deine Atmung …

Wie viel Kraft verwendest du? … Wo war die Bewegung noch zu spüren? … Bewege jetzt die rechte Schulter vor und dreh den Kopf einmal nach rechts ... und dann nach links ... führe die Bewegung langsam aus... Gibt es einen Unterschied zwischen deiner rechten und deiner linken Schulter? ...

Ruh dich aus!

Bewege deine linke Schulter vor ... Dreh den Kopf einmal nach links und dann nach rechts ... führe die Bewegung mit offenen Augen aus ... Wohin schaust du? ... Folgen die Augen der Bewegung? ... Bleiben sie geradeaus gerichtet? ... Verändert sich in der Bewegung etwas?... Jetzt versuche die Bewegung mit geschlossenen Augen ... die linke Schulter geht nach vorn ... der Kopf geht einmal nach links und einmal nach rechts ... Gibt es einen Unterschied zwischen Augen offen und Augen geschlossen? ...

Wie viel Kraft verwendest du? ... Wo war die Bewegung noch zu spüren?

Dreh den Kopf einmal nach links und dann nach rechts ... führe die Bewegung mit offenen Augen aus ... Lass dann deine Augen nach links gehen, wenn du den Kopf nach rechts drehst und umgekehrt ... Lass die Bewegung immer leichter und fließender werden ... unspektakulär ...

Ruh dich aus!

Lass den Kopf noch ein paar Mal nach links und rechts gehen ... Hat sich etwas verändert im Vergleich zum ersten Versuch? ... Ist es leichter ... anders ... gleich geblieben?

(Ausschnitt aus einem Stundenbild von Kajetan Schamesberger, Feldenkrais-Lehrer, Graz)

In der Feldenkrais-Methode sind zwei Formen von Lernangeboten üblich. Zum einen ist das die Arbeit in Gruppen, zum anderen die Einzelarbeit. In den Gruppen erfolgen die Lernangebote über verbale Anleitungen. In der Einzelarbeit setzt der Lehrer seine Lernimpulse durch Berührung und passive Bewegung. Die Häufigkeit der Lerneinheiten wird individuell geregelt, d.h. auch hier wird gemäß dem Grundsatz »Arbeiten an der Eigenverantwortung« vorgegangen.

Für Menschen, die sich schmerzbedingt nur eingeschränkt bewegen, ist es meist verblüffend zu erfahren, dass ruhig gestellte Körperteile nicht einfach »inaktiv«, sondern meistens im »Dauereinsatz« sind. Dieses andauernde Angespanntsein stoppt den Bewegungsfluss und führt zur Erstarrung. Im Rahmen der Feldenkrais-Methode werden gerade diese Körperteile eingeladen, wach und lebendig zu werden. Manchmal gilt es auch – ganz im Sinne einer Trauerarbeit – zu lernen, dass bestimmte Bewegungen zum gegebenen Zeitpunkt nicht möglich sind.

Psychologische und psychotherapeutische Ansätze

Eine gute Schmerztherapie wird ohne begleitende Gespräche nicht auskommen, sei es in der ersten Phase der Diagnostik, beim Besprechen des Therapieplanes oder bei weiteren Kontrollbesuchen. Die Qualität dieser Gespräche kann wesentlich für den Verlauf der Therapie sein und entscheidet häufig darüber, ob ein Patient das nötige Vertrauen zum Arzt/Therapeuten aufbauen kann.

Darüber hinaus ist das Gespräch der Dreh- und Angelpunkt aller psychologischen und psychotherapeutischen Verfahren, die auch im Rahmen der Schmerztherapie zur Anwendung kommen. Es entfaltet seine Wirkung entweder in seiner Mittlerrolle oder wird direkt als Therapeutikum eingesetzt. Die verschiedenen therapeutischen Schulen beziehen je nach ihrer Ausrichtung unterschiedliche Verfahren in ihre Arbeit mit ein. So spielen beispielsweise Entspannungsverfahren in vielen psychologischen bzw. psychotherapeutischen Ansätzen eine zentrale Rolle.

Die gebräuchlichsten psychologischen und psychotherapeutischen Maßnahmen sind:

- Psychotherapie (Psychoanalyse, Klientenzentrierte Gesprächstherapie, Verhaltenstherapie, etc.)
- psychologische Begleitung und Beratung (z. B. Trauerbegleitung, Lebensberatung)
- gezielte psychologische/psychotherapeutische Interventionen (z. B. Situationsanalysen, Stressbewältigung, Problemlöseverhalten, Ressourcenarbeit, Biografiearbeit)
- Bewegungstherapien (z. B. Tanztherapie, Konzentrative Bewegungstherapie, Atemtherapie)
- Kreativtherapien (z. B. Musiktherapie, Kunsttherapie, Maltherapie)
- Kommunikationstraining
- Anleitung zur Selbsthilfe: Selbsthilfegruppen, Angehörigenarbeit

Der Bogen psychologischer und psychotherapeutischer Möglichkeiten in der Schmerztherapie spannt sich vom einfachen Informations- und Beratungsgespräch bis hin zu komplexen multidimensionalen Therapieansätzen. Wir greifen aus der Fülle von Angeboten den so genannten kognitiv-behavioralen Therapieansatz heraus, der speziell in der Behandlung chronischer Schmerzpatienten häufig verwendet wird, und stellen Aspekte der Trauerbegleitung vor, die Menschen in der Bewältigung ihres Schmerzerlebens unterstützen können.

Kognitive Verhaltenstherapie

Die Verhaltenstherapie geht auf Erkenntnisse der wissenschaftlichen Psychologie zurück, insbesondere der Lernpsychologie. Zwei Grundannahmen stellen die Basis verhaltenstherapeutischer Interventionen dar:

- Jedes Verhalten wird nach gleichen Prinzipien erlernt, aufrechterhalten und auch wieder verlernt.
- Menschen richten ihr Handeln weniger nach den objektiven Gegebenheiten aus als vielmehr nach ihrer subjektiven Wahrnehmung, wobei Kognitionen eine wesentliche Rolle spielen.

Unter Verhalten werden sowohl die äußeren Aktivitäten eines Menschen als auch die inneren Vorgänge sowie die körperlichen Prozesse verstanden. Kognitionen meint aus verhaltenstherapeutischer Sicht die Summe an Einstellungen, »Glaubenssätzen«, Überzeugungen oder Selbstinstruktionen eines Menschen.

Die Verhaltenstherapie geht davon aus, dass die Auseinandersetzung mit der Umwelt von jedem Menschen eine Reihe von Lern- und Anpassungsprozessen erfordert. Das subjektive Wohlbefinden hängt nun davon ab, inwieweit man in der Lage ist, auf die psychischen und physischen Anforderungen flexibel zu reagieren, ohne zentrale Bedürfnisse (z. B. soziale Sicherheit, befriedigende Beziehungen, selbstverantwortliche Lebensgestaltung) zu vernachlässigen. Reichen die eigenen Fähigkeiten dafür nicht aus oder wird dies durch äußere Umstände verhindert, können seelische und/oder körperliche Probleme oder Erkrankungen auftreten.

Im Rahmen einer Verhaltenstherapie sollen Lernprozesse in Gang gesetzt werden, die dazu beitragen, dass alte Verhaltensmuster verändert werden können, die dem »Wohlbefinden« im Weg stehen. Im Wesentlichen geht es also darum, bestimmte Bedingungen zu schaffen, unter denen der Patient/Klient lernt, auf eine »gewünschte« und als positiv und hilfreich erkannte Weise zu reagieren. Dieses allgemein formulierte Ziel der Verhaltenstherapie gilt in modifizierter Form auch für den chronischen Schmerzpatienten: Im Rahmen einer Schmerztherapie sollen unter Einsatz verhaltenstherapeutischer Verfahren Bewältigungsstrategien erlernt werden, die dem Patienten einen besseren Umgang mit dem Schmerz ermöglichen und seine Lebensqualität heben. Im Mittelpunkt therapeutischer Bemühungen stehen die Förderung der Selbstkontrolle und die Eigenaktivität.

Damit steht dieser Therapieansatz im Gegensatz zu solchen, die sich ausschließlich auf eine Schmerzreduktion beziehen. Verhaltenstherapeutisch orientierte Verfahren sind:

- aktiv (der Patient gestaltet wesentlich mit),
- verhaltensbezogen (Orientierung am konkreten Verhalten),
- zeitlich begrenzt (10–15 Einheiten, Auffrischungssitzungen),
- strukturiert (individueller Behandlungsplan).

Die Arbeit mit Schmerzpatienten verläuft in verschiedenen Behandlungsschritten und erfordert eine gute Zusammenarbeit zwischen Arzt, Psychologen und anderen Therapeuten. Die kognitive Verhaltenstherapie ist keine Einheitstherapie, die bei allen Schmerzpatienten in derselben Art eingesetzt wird. Es handelt sich vielmehr um ein auf die individuelle Schmerzproblematik abgestimmtes Therapieangebot. Die bestehenden Fähigkeiten und Fertigkeiten des Patienten stellen in jedem Fall die Basis für neu zu erlernende Bewältigungsstrategien dar. Diese Strategien müssen für den Patienten/Klienten eine persönliche Relevanz haben, sie müssen ihm verständlich und einsichtig sein, gut in sein Verhaltensrepertoire passen und auf seinen Alltag übertragbar sein.

Gerald A. hat Probleme mit einer alten Sportverletzung. Seit vielen Jahren laboriert er an den Folgen einer Knieverletzung, obwohl die Verletzung selbst ausgeheilt ist und keine auffälligen Befunde vorliegen. Immer wieder hat er in den letzten Monaten einen Orthopäden aufgesucht und kehrte jedes Mal »enttäuscht« nach Hause zurück. »Keinen Befund« zu haben löst in Gerald das Gefühl einer großen Hilflosigkeit und Ohnmacht aus. Er befürchtet auch, von seinen Sportfreunden als Simulant hingestellt zu werden. Zunehmend fühlt sich Gerald sowohl im Alltag als auch in seinem Freizeitverhalten stark eingeschränkt. Die Angst vor den immer wieder einschießenden Schmerzen lässt ihn häufig schon im Vorfeld – prophylaktisch – zu starken Medikamenten greifen. Den Sport hat er schließlich gänzlich eingestellt, wodurch auch wichtige soziale Bezüge wegfallen. Er wird zunehmend inaktiv und ängstlich. Schlafprobleme und eine gedrückte Stimmung verschlimmern seine Situation und wirken sich auf seine Beziehung negativ aus. Schließlich sucht er den Weg zu einem Psychotherapeuten, der sich auf die Behandlung von Schmerzen spezialisiert hat und eng mit einer Schmerzambulanz zusammenarbeitet.

Bereits die ausführlichen Gespräche im Rahmen der Diagnosephase bewirken bei Gerald ein Umdenken. Er erkennt beispielsweise, dass er sich im Laufe der Zeit eine Schonhaltung angeeignet hat, die ihrerseits wieder zu erheblichen Verspannungen und Schmerzen führt. Er sieht auch, wie sehr die soziale Situation des Ausgeschlossenseins im sportlichen Bereich zu seiner depressiven Verstimmung beiträgt und in Folge auch schmerzverstärkend wirkt. Gemeinsam mit dem Therapeuten erarbeitet Gerald verschiedene Therapieziele, die nach einer persönlichen Gewichtung in eine Rangreihe gebracht wurden. Als Ziele werden u. a. folgende formuliert:

- Relativierung der Bedeutung, »keinen Befund« zu haben,

- Erarbeiten eines »realeren« Schmerzbegriffs,
- Auflösung des Gefühls, ein Simulant zu sein,
- Beseitigung der Schonhaltung und Erweiterung des Aktivitätsniveaus,
- Entwicklung alternativer sozialer/sportlicher Aktivitäten,
- Erweiterung der »Wohlfühlbereiche«,
- Veränderung/Reduktion der Schmerzmitteleinnahme.

In der therapeutischen Arbeit erstellt Gerald beispielsweise eine »Schmerzbiografie«, in der er sowohl körperliche Schmerzen als auch seelisch kränkende Ereignisse auflistet. So wird ihm das Ineinandergreifen seelischer Befindlichkeiten und körperlicher Zustände bewusster. Ein Clusterbild (vgl. Teil 2, S. 109 ff.) zeigt ihm zu seinem eigenen Erstaunen, wie sehr er den Begriff »Schmerz« mit seelischen Belastungen verbindet und wie stark sein Bedürfnis ist, körperliche Schmerzen mit Chemie zu kontrollieren. Die Frage nach einem geeigneten Medikament wird mit dem Arzt besprochen, der Gerald davon überzeugen kann, die prophylaktische Medikamenteneinnahme einzustellen. Eine vorübergehende Dauermedikamentation mit Mitteln der Stufe 1 des WHO-Stufenschemas (vgl. S. 145 ff.) bringt gute Erfolge.

Parallel zur medikamentösen Therapie und den therapeutischen Gesprächen finden krankengymnastische Stunden statt. Gerald lernt, sein hohes Spannungspotenzial wahrzunehmen und schrittweise abzubauen. Neben dem Entspannungstraining wird eine Analyse der Bewegungsabläufe beim Gehen durchgeführt und ein gezieltes Bewegungsprogramm erarbeitet. Übungen zu Hause und Anregungen für ein funktionales Training führen Gerald nach und nach aus seiner Passivität hinaus. Ein gezieltes Gehtraining bringt ihn auf die Idee, zusammen mit seiner Lebensgefährtin regelmäßig zu »walken«. Durch die Wahrnehmungs- und Körperschulung findet er einen neuen Zugang zu seinen sportlichen Möglichkeiten, was ihm einen enormen Auftrieb gibt. Die schrittweise Reduktion der medikamentösen Schmerzmittel erfolgt in Absprache mit dem behandelnden Arzt.

Gerald nimmt sich aus den Gesprächen mit dem Therapeuten wichtige Anregungen für eine persönliche Auseinandersetzung mit seiner Situation in den Alltag mit. Die Kontrollbesuche im Abstand von drei Monaten nimmt er ebenso regelmäßig wahr wie über ein Jahr verteilte »geblockte« Übungseinheiten bei der Krankengymnastin. Gerald bezeichnet sein Knie zwar immer noch als »wunden Punkt« und trauert der Zeit des aktiven Sports im Verein nach. Er hat aber in der Zwischenzeit einen Weg gefunden, aus der lähmenden Passivität herauszukommen und positiv mit seinem »wunden Punkt« umzugehen.

Das Beispiel verdeutlicht folgende Behandlungsschritte im Rahmen einer kognitiven Verhaltenstherapie:

- *Informationsaufnahme*: Mit Hilfe der ganzen Palette diagnostischer Hilfsmittel und eines intensiven Gesprächs versucht der Therapeut, möglichst viel über den Patienten, seine Persönlichkeit, seine aktuelle Lebenssituation u. Ä. zu erfassen. Er will jene Bedingungen herausfinden, die für die aktuelle Schwierigkeit von Bedeutung sind (z. B. Erfassen schmerzverstärkender oder schmerzauslösender Verhaltensweisen bzw. Kognitionen, Abklären konkreter Ziele und Erwartungen des Patienten).
- *Erstellen eines Bedingungs- oder Erklärungsmodells:* Erkenntnisse aus der individuellen Lerngeschichte und den derzeitigen Lebensbedingungen werden mit Erkenntnissen aus der Therapieforschung (z. B. Hinweis auf das biopsychosoziale Schmerzmodell) in einen verstehbaren Zusammenhang gebracht. Der Patient und sein Therapeut planen gemeinsam das weitere Vorgehen.
- *Kennenlernen unterschiedlicher Bewältigungsfertigkeiten:* Auswahl der für den Patienten jeweils geeigneten und/oder bevorzugten Strategie, Erlernen der Methoden (z. B. krankengymnastische Übungen zur Aktivitätsmodifikation, Stressreduktion) und konkretes Einüben neuer Verhaltensweisen in Zusammenhang mit unterstützenden Methoden wie etwa einem Entspannungstraining (z. B. Progressive Muskelentspannung, Imagination) oder Rollenspielen stehen im Mittelpunkt. Durch Konfrontation mit unange-

messenen, irrationalen Verhaltens- und Denkweisen oder Gefühlen soll eine »Desensibilisierung« schrittweise erreicht und neue Verhaltensweisen eingeübt werden.

- *Transfer und Generalisierung:* Durch Übungen zu Hause soll der Patient/Klient lernen, unter welchen Umständen und wie das Erlernte umzusetzen ist. Dies soll den Glauben in die Selbstwirksamkeit stärken und jene Sicherheit (»Selbstbehauptungstraining«) vermitteln, auch neu auftretende schwierige Situationen (z.B. neue Schmerzepisoden) meistern zu können, statt in Panik zu geraten oder diese Situationen zu meiden. In dieser Phase der Therapie spielt das soziale Umfeld des Patienten eine wesentliche Rolle. Wichtige Bezugspersonen sollten über die Therapieschritte und deren Prinzipien informiert sein und diese unterstützen.
- *Rückfallprävention:* In einem letzten Schritt werden Maßnahmen getroffen, die das Festhalten an positiven Strategien über die Therapiezeit hinaus möglich machen. Dazu können therapeutische

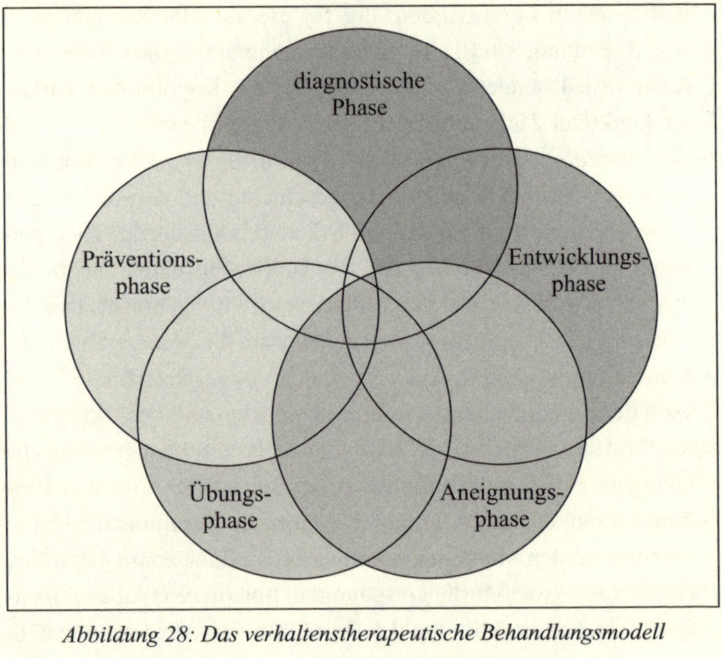

Abbildung 28: Das verhaltenstherapeutische Behandlungsmodell

»Auffrischungssitzungen« im Abstand von ca. drei Monaten hilfreich sein.

Sehr oft wird es bei der Begleitung von Schmerzpatienten notwendig sein, den engen Rahmen bestimmter therapeutischer Verfahren zu verlassen und unterschiedliche therapeutische Möglichkeiten zu nutzen. Der nachfolgende Bericht einer Verhaltens- und Familientherapeutin gibt einen sehr eindrucksvollen Einblick in die therapeutische Arbeit mit einer jungen Schmerzpatientin. Die Leidensgeschichte des Mädchens zeigt die enge Verbindung zwischen körperlichen Schmerzen und Trauerprozessen. Die Therapeutin meint dazu: »Meine Aufgabe war es, dem Kind zu helfen, die Schmerzen loszuwerden. Hierzu gehörten der Trauerprozess, das Annehmen der Wirklichkeit und das Zulassen der inneren seelischen Schmerzen.«

Die Mutter der 9-jährigen Anna bat um Hilfestellung wegen der fortlaufend wechselnden körperlichen Beschwerden ihrer Tochter. Die Mutter gab im Erstgespräch an: »Mal klagt Anna über Kopf- und auch Augenschmerzen, dann tun ihr die Beine weh, dann sind es Hals-, Rücken- und Bauchschmerzen. Sie klagt über Einschlafstörungen. Sehr häufig fühlt sie sich müde und erschöpft.«

Die Neunjährige wirkte schon auf Grund ihres äußeren Erscheinungsbildes äußerst sensibel. Wie die Anamnese ergab, reagierte die Drittklässlerin bereits seit frühester Kindheit äußerst empfindsam auf kleinste Veränderungen im täglichen Leben. Veränderungen in der Wohnung, wie z.B. das Umstellen der Möbel, brachten sie in der Säuglingszeit zum Schreien. Die Mutter erzählte, dass ihr die Unruhe bei Familienfesten »bis ins Mark gegangen sind« und dass sie mit Schreien und großer motorischer Unruhe zu reagieren pflegte.

Während des letzten halben Jahres vor Therapiebeginn gab es einige einschneidende Ereignisse in der Familie: Die Eltern haben sich getrennt; beide Großeltern, zu denen Anna eine intensive Beziehung hat, sind an Krebs erkrankt; ein Kind aus der Nachbarschaft verunglückte tödlich durch einen Verkehrsunfall. Anna redete überhaupt nicht über die Geschehnisse. Sie verhielt sich so, als berührten sie diese Veränderungen nicht. Hinweise ließen jedoch vermuten, dass die Neunjährige innerlich sehr heftig auf diese Ereignisse reagierte, auch wenn sie ihre Betroffenheit nicht zeigte. So klagte sie während des letzten halben Jahres ständig über wechselnde Schmerzen und quälte sich abends mit dem Einschlafen. Es war zu vermuten, dass sich die inneren Spannungen in körperlichen Beschwerden zeigten.

Nach einer ausführlichen Anamneseerhebung mit der Mutter kam es zu mehreren Probekontakten mit Anna, um zu sehen, ob die Voraussetzungen auf beiden Seiten für eine vertrauensvolle Zusammenarbeit gegeben waren. Anna äußerte schon nach der ersten Stunde den Wunsch, weiterhin »zum Sprechen« zu kommen. Da auch die Zusammenarbeit mit der Mutter gegeben war, wurde bei der Krankenkasse ein Antrag auf Verhaltenstherapie mit folgenden Behandlungszielen aufgestellt: Das Mädchen sollte behutsam lernen, die veränderte Lebenssituation durch die Trennung des Vaters von der Familie anzunehmen. Anna sollte ermutigt werden, sich zu öffnen, Ausdrucksformen für ihren Schmerz zu finden und im Laufe der Zeit erleben, dass sie verstanden und angenommen wird. Das Mädchen sollte andere neue Bewältigungsformen als die körperlichen Beschwerden im Erleben und Verarbeiten der schmerzhaften Ereignisse für sich finden. Parallel zu den Gesprächen mit Anna sollte mit der Mutter gearbeitet werden, um sie in der veränderten Lebenssituation bei der Erziehung zu unterstützen. Auch der Vater sollte zu Gesprächen ermuntert werden.

Zu Therapiebeginn standen die somatischen Beschwerden, die keinen medizinischen Befund zeigten, im Vordergrund. Es wurde über die Frage gesprochen: »Warum geht es mir nicht gut? Was heißt das? Was tut mir weh? Wie zeigt sich der Schmerz? Wie gehen die anderen mit meinen Schmerzen um?« Die Neunjährige führte ein Schmerztagebuch über Art, Zeitpunkt, Dauer, Intensität und die Häufigkeit ihrer Schmerzen. Zu Beginn der Therapie war es der Kopfschmerz. Gemeinsam wurde eine Skala mit den Werten von 1–10 für die Ausprägung des Schmerzes aufgestellt. In den Gesprächen und über Selbstbeobachtung fand das Mädchen schnell zu einer bewussteren Wahrnehmung der Schmerzen und auch ihrer Auslöser.

Die Kopfschmerzen ließen nach einigen Wochen nach. Gleichzeitig mit dem Nachlassen der Kopfschmerzen traten quälende krampfartige Spannungen in den Beinen auf. Die Beinkrämpfe dauerten ca. eine Stunde bis maximal drei Stunden und brachten kein Taubheitsgefühl. Eine erneute medizinische Abklärung brachte keinen somatischen Befund, also war die Ursache im psychischen Bereich zu suchen. Es wurde überlegt, ob und wie Anna möglicherweise selbst diese Schmerzen »überlisten« könnte. Es war ihre Idee, dass Laufen oder Bewegung ihr gut täten, und sie setzte dies auch um. Da die Schmerzen meist abends im Bett auftraten, begann sie im Bett Rad zu fahren. Alternativ joggte sie vor dem Zubettgehen. Vorübergehend hörte sie Kassetten zur Entspannung. Im Laufe der Zeit lernte Anna ihren Körper immer besser kennen. Sie konnte angeben, dass die Schmerzen verstärkt in Stress-Situationen (»wenn ich mich aufrege«), nach Schlafentzug (»zu viel und zu lange ferngesehen«) und bei Infekten auftreten.

Erst nach vier Monaten mit wöchentlichen Stunden begann Anna langsam über die Trennung der Eltern, die Alkoholprobleme des Vaters wie auch dessen Unzuverlässigkeit zu reden. Es fiel ihr schwer, ihre Gefühle zuzulassen, und sie schaffte es immer wieder geschickt auszuweichen. Zunehmend begann sie sich jedoch zu öffnen. Sie selbst brachte das Bild von ihrem Kleiderschrank im Kinderzimmer ein, den sie nicht offen, sondern geschlossen sehen möchte. Während der Stunden malte sie viel und so malte sie während des Erzählens auch einen Kleiderschrank mit offenen Türen. Dieses Bild machte ihr klar, dass sie auch »ihre inneren Türen« öffnen kann. Tiefe Schmerzen überwältigten sie während dieser Stunde. Sie schämte sich für das Verhalten ihres Vaters im alkoholisierten Zustand.

Während der folgenden Stunde stieß sie beim Erzählen in ihren Erinnerungen auf ein Ereignis, das zur therapeutischen Schlüsselmetapher, zum Verstehen von tiefer Verletzung wurde. Anna war ungefähr sieben Jahre alt, als sie auf dem Boden ihres Kinderzimmers die geliebten Micky Maus-Heftchen um sich ausgebreitet hatte. Ihr Vater kam mit schmutzigen Schuhen ins Zimmer. Er stank nach Alkohol und stapfte lallend und lachend über sämtliche Hefte, bis diese zerknittert und dreckbeschmiert waren. Diese Erfahrung wurde zum so genannten »narrativen Entstehungspunkt«, über den wir immer wieder gesprochen haben und der einen Einschnitt im Leben des Mädchens bedeutete. Das Erzählen und damit das Wiedererleben dieses Ereignisses löste zunehmend ihre Starrheit. Auf einmal begann Anna sich zu spüren und konnte nun über die verletzten Gefühle reden und auch weinen.

Die Mutter führte von Beginn der Therapie an täglich Tagebuch über das Zusammenleben mit ihrer Tochter. Neben der Beschreibung des Tagesablaufs ergänzte sie die Aufzeichnungen mit Anmerkungen, worüber sie sich bei ihrem Kind gefreut bzw. was sie traurig gemacht hatte. Es wurden auch Gespräche mit dem Vater geführt, die jedoch keine anhaltenden Veränderungen brachten.

Annas Beziehung zum Vater, ihre sehnsuchtsvollen Gefühle, von diesem anerkannt und beachtet zu werden, standen lange Zeit im Mittelpunkt der Gespräche. In projektiven Tests, bei Satzergänzungen und beim Malen ging es um die Bemühungen, Sprache für die Beziehung zum Vater zu finden. Das Trinken des Vaters war für Anna ein großes Problem. Immer wieder begann sie, von ihren Erfahrungen mit dem Vater beim Alkoholtrinken zu erzählen. So beendete sie folgende vorgegebene Sätze spontan: »Es ist mir peinlich … dass Papa so viel trinkt« oder »Ich wünsche mir … dass Papa nicht mehr so viel trinkt«. Im Laufe der Zeit lernte sie zunehmend besser, ihre Gefühle in Worte zu fassen.

Nach zwei Jahren Therapie klagte die inzwischen 11-jährige Anna nur vereinzelt über Schmerzen. Meist fand sie allein die Ursache und wusste sich besser zu helfen. In diesem Zeitraum hatte sie mit viel Freude Klavier spielen gelernt und schaffte es, sich über Musik zu entspannen. Auf ihren Wunsch wurde die Therapie nach zwei Jahren, nach 50 Therapiestunden, beendet.

Inzwischen sind weitere drei Jahre vergangen. Anna hat sich zu einer selbstbewussten Jugendlichen entwickelt. In ihrem Verhalten zeigt sie größeren Abstand zum Vater. Nach den Angaben der Mutter schmerzt sie diese Entwicklung, aber sie sieht den Vater kritischer. Inzwischen kann sie ihre inneren Schmerzen im Musikhören und auch durch Klavierspielen, im Reden und im Schreiben ausdrücken und verarbeiten. Die Krankheitssymptome sind überflüssig. Anna verfügt über eigene Bewältigungsstrategien.

Der Schlüssel für die erfolgreiche Behandlung ist sicher in der guten vertrauensvollen Beziehung zwischen der Patientin und der Therapeutin zu suchen und in der schnellen Reaktion der Mutter auf die wechselnden Schmerzen des Kindes, die sie sehr wohl als Hilferuf verstanden hat.

(Barbara Cramer, Verhaltens- und Familientherapeutin, Düsseldorf)

Trauerbegleitung

Die Wirkung, die Schmerzen auf Menschen ausübt, zeigt sich sowohl in körperlich sichtbaren und an physiologische Parameter gebundenen Symptomen als auch in einer seelischen Trauerreaktion. Speziell bei chronischen Schmerzzuständen wird deutlich, dass Trauer keinesfalls nur bei Todesfällen auftritt. Sie zeigt sich auch bei einer schweren Erkrankung, bei schmerzbedingten Einschränkungen oder einem Leben, das nur noch unter Schmerzen möglich ist. Diese Lebensumstände führen dazu, dass Menschen sich von vielen Dingen verabschieden müssen – von Lebensperspektiven, Hoffnungen, Möglichkeiten und nicht zuletzt auch von ihrem Bild von sich selbst. Besonders der Verlust der vertrauten körperlichen Integrität ist eine enorme seelische Kränkung.

In Teil 1 (S. 62 ff.) wurde Trauer als Ausdruck seelischer Schmerzen beschrieben und die Verschränkung von körperlichen Schmerzzuständen und Trauer deutlich gemacht. Die Auseinandersetzung mit den Trauergefühlen, die einen Schmerz begleiten – die Trauerarbeit –, kann einen wichtigen positiven Beitrag im Umgang mit der eigenen Schmerzsituation leisten. Und so sollte die Trauerbegleitung integraler Bestandteil einer multiprofessionellen Schmerztherapie sein. Das Wissen um die Stationen des Trauerprozesses (vgl. Teil 1, S. 63 ff.) spielt in der Begleitung von Schmerzpatienten eine große Rolle, weil sich die jeweils unterschiedlichen seelischen Befindlichkeiten auf das gesamte Leben und Erleben auswirken. So stehen das konkrete Schmerzverhalten sowie die Bereitschaft und innere Möglichkeit, sich mit dem eigenen Schmerz auseinander zu setzen, oft in direktem Zusammenhang mit dem Trauerprozess. Wesentlich ist die Erkenntnis, dass dieser Prozess in immer wiederkehrenden Schleifen abläuft (»Gefühlsrad«).

Etliche Jahre nach einer Brustkrebserkrankung erfährt Hannelore O. bei einer Nachsorgeuntersuchung, dass sich Knochenmetastasen gebildet haben. Diese Nachricht ist für die 39-jährige Krankengymnastin ein schwerer Schock, der sie sehr hilflos macht. Sie fühlt sich wie gelähmt und möchte mit niemandem über ihre erneute Erkrankung sprechen. Tagsüber führt sie ihr Leben wie bisher, verscheucht aufkommende Schmerzen in der Hüfte und schiebt weitere Arztgespräche und therapeutische Schritte hinaus. Dem Partner und den Kindern sagt sie nichts. In der Nacht wird sie jedoch von Alpträumen geplagt. Dieser Zustand dauert ungefähr drei bis vier Wochen; es ist die Phase der Ablehnung der Trauer, des Nicht-wahrhaben-Könnens.

Dann dringen ihre Gefühle langsam an die Oberfläche und eines Tages spürt sie, wie eine heiße Welle der Wut und des Zorns in ihr hochsteigt, – ihre Trauergefühle brechen auf. Vollkommen außer sich teilt sie sich ihrem Partner und ihrer besten Freundin mit. Die Kinder – zwei Mädchen im Alter von 14 und 16 Jahren – will sie »verschonen«. Vor allem aber sucht sie das Gespräch mit den Ärzten der Klinik. Sie klagt an. Sie wütet. Sie beschuldigt die Ärzte, die Gefahr nicht rechtzeitig erkannt zu haben. Sie schreit und weint. Nur durch das ruhige und verständnisvolle Verhalten des behandelnden Arztes, der Hannelore schon seit ihrer Brustkrebserkrankung kennt, findet sie langsam aus ihrer Auflehnung heraus. Sie erklärt sich schließlich mit einer Chemotherapie und einer Bestrahlung einverstanden.

In den folgenden Wochen versucht Hannelore, ihr Leben zu ordnen. Sie sieht ihre einzige Chance darin, sich intensiv mit den Möglichkeiten einer umfassenden Behandlung auseinander zu setzen. Wehmütig denkt sie an die Zeit zurück, als sie glaubte, den Krebs besiegt zu haben. Ihre Traurigkeit nimmt immer wieder Gestalt an, sie setzt sich intensiv mit ihren Trauergefühlen auseinander. Hannelore beginnt zu malen. In dieser Zeit entstehen Farbbilder, abstrakt, meist dunkel gehalten, da und dort ein greller Blitz, eine brennende Fackel. Sie hat in den ersten Wochen der Chemotherapie auch den Mut gehabt, ihren Kindern die Wahrheit zu sagen. Das offene Reden über die Krankheit war entgegen ihrer Erwartung eine Befreiung. Die Mädchen versuchen, ihre Mutter im Haushalt zu entlasten, und sprechen ihr – und damit auch sich selbst – viel Mut zu.

Der Verlauf der Therapie entspricht zunächst den Erwartungen: Hannelore kommt mit der Chemotherapie gut zurecht und erfährt die Einstellung auf ein Medikament der Stufe 2 des WHO-Stufenschemas als entlastend. Sie erhält große Unterstützung von ihrem Partner sowie ihrem Kollegen- und Freundeskreis. Schritt für Schritt lernt sie, mit den neuen Anforderungen besser umzugehen und ihr Leben trotz Einschränkungen und immer wiederkehrender Ängste aktiv und positiv zu gestalten. Es gelingt ihr, die Trauer um den Verlust ihrer Gesundheit und eines so ersehnten unbeschwerten Lebens anzunehmen.

Relativ bald stellt sich aber heraus, dass sie ihren Beruf wohl für länger – für immer? – nicht mehr ausüben kann. Dieser Abschied von ihrer Berufstätigkeit löst erneut eine tiefe Traurigkeit aus. Und wieder spürt Hannelore den Wunsch, sich in ein Schneckenhaus zu verkriechen, mit niemandem zu sprechen, die Augen zu schließen und einfach zu warten, bis der Spuk vorbei ist. Ihr Partner sorgt in dieser Zeit dafür, dass der alltägliche Rhythmus im Tagesablauf eingehalten wird. Er stellt keine Fragen, er ist einfach an ihrer Seite. Und auch die Wut kehrt wieder: »Warum trifft es mich noch einmal? Warum?« Mit dieser quälenden Frage geht Hannelore abends schlafen, mit dieser quälenden Frage steht sie morgens auf. Sie erlebt einen Rückfall, eine schwere Krise und verliert auch die bereits gewonnene Sicherheit im Umgang mit der Therapie. Hannelore führt in der Klinik ein Streitgespräch nach dem anderen. Sie klagt oft und lautstark über Schmerzen, fühlt sich schlecht betreut, zweifelt an der Richtigkeit ihrer Entscheidung und steht knapp vor einem Therapieabbruch. Lange Gespräche mit einer vertrauten Krankenschwester und ihrem Arzt, in denen sie von der großen Enttäuschung ihres Ausscheidens aus dem Beruf berichten kann, lösen schließlich den inneren Knoten. Hannelore weint lange und intensiv. Das Angebot einer psychologischen Begleitung nimmt sie dankend an. Zusätzlich wird die medikamentöse Schmerztherapie der neuen Situation angepasst.

Ihr Partner versucht, die Ausbrüche und Rückfälle nicht auf sich zu beziehen und unterstützt Hannelore bei ihrer Suche nach neuen Möglichkeiten der Lebensgestaltung. Er ahnt schmerzhaft, dass dieser Rückfall wahrscheinlich nicht der letzte sein wird ...

Nach anderthalb Jahren der Therapie und einer intensiven Auseinandersetzung mit alternativen Behandlungsmethoden hat Hannelore ein wichtiges Stück Weg zurückgelegt. Auch wenn sie keine Wunder erwartet, so ist es ihr nicht zuletzt durch die Unterstützung eines weit verzweigten sozialen Netzes gelungen, ihre erneute Erkrankung und die damit verbundenen Einschränkungen und Schmerzen relativ gut anzunehmen.

Schwere Erkrankungen und chronische Schmerzzustände können zu massiven seelischen Trauerreaktionen führen und schaffen eine seelische Situation, in der sich Menschen überfordert und hilflos fühlen. Sie brauchen neben einer guten medizinischen Versorgung auch psychologische Begleitung. Wie bei jeder Begleitung handelt es sich auch bei der Trauerbegleitung um ein Hilfesystem von »Menschen für Menschen«. »Bitte hilf mir, meine Möglichkeiten zu nutzen und zu erweitern!« lautet die direkt oder indirekt gestellte Bitte an professionelle Helfer, Ärzte, Pflegepersonen und Therapeuten. Sie sind aufgerufen, ihr Wissen und ihre Fähigkeiten dem Patienten zur Verfügung zu stellen. Die Kunst dabei ist, dieses Wissen so anzubieten, dass der Hilfesuchende es auch annehmen kann.

Neben den Kontakten zu professionellen Begleitern gehört die Familie und das nähere soziale Umfeld zu den wesentlichen tragenden Säulen einer Begleitung. »Hilf mir, meine Lage zu ertragen!« ist jene Bitte, die sich an die Familie, Freunde und Kollegen richtet.

Orientierungshilfen für eine Trauerbegleitung

In der Zeit der Ablehnung der Trauer, des Nicht-wahrhaben-Könnens müssen Begleiter aktiv auf den Trauernden zugehen:

- Gehen Sie auf den trauernden Menschen zu, reichen Sie ihm die Hand.
- Achten Sie darauf, dass der Tagesrhythmus aufrechterhalten bleibt.
- Bieten Sie Ihre Unterstützung an für die Regelung notwendiger Termine, Arztbesuche o. Ä.
- Stellen Sie nicht zu viele Fragen, versuchen Sie, einfach da zu sein.

In der Zeit des Aufbruchs der Trauergefühle müssen sich Begleiter bei aller Anteilnahme auch abgrenzen können:

- Betrachten Sie alle Gefühlsausbrüche als heilsamen Prozess und nicht als »Störung«.
- Beziehen Sie die heftigen negativen Gefühle nicht auf sich.

- Lassen Sie dem Trauernden seine Sicht der Dinge, reden Sie ihm nichts ein oder aus.
- Geben Sie Anregungen und Impulse, die Zeit aktiv zu gestalten (Spazierengehen, Malen, Schreiben ...).

In der Zeit der Auseinandersetzung mit den Trauergefühlen braucht der Trauernde einen geduldigen Begleiter, der die Suche nach einem gangbaren Weg unterstützt.

- Üben Sie sich in Geduld. Der Trauernde braucht viel Zeit, um seine schmerzhaften Erfahrungen zu bearbeiten.
- Hören Sie dem Trauernden gut zu – auch wenn Sie seine Geschichte schon zu kennen glauben.
- Akzeptieren Sie, dass jeder Mensch sein eigenes Tempo bei der Bewältigung schwieriger Situationen hat.
- Scheuen Sie sich nicht, bei Bedarf selbst professionellen Rat einzuholen (z. B. bei Selbstmordäußerungen).

In der Zeit der Annahme geht es darum, den Trauernden bei der notwendigen Neuorientierung zu unterstützen.

- Hören Sie gut zu und nehmen Sie an den konkreten Veränderungen positiv Anteil.
- Unterstützen Sie den Trauernden, seine Vorstellungen zu verwirklichen.
- Entlassen Sie den Trauernden Schritt für Schritt aus der nahen Begleitsituation.
- Denken Sie an den oft wiederkehrenden Trauerprozess (Gefühlsrad), speziell bei Schmerzpatienten, und bleiben Sie wachsam.

Was für Trauernde hilfreich ist

Das Zusammentreffen körperlicher und seelischer Schmerzen führt zu einem Gefühl der Hilflosigkeit. Schmerzpatienten fühlen sich oft überfordert und vergessen in dieser Situation häufig, wie sie sich selbst helfen können. Einige Möglichkeiten wurden im Zusammenhang mit Entspannung (vgl. S. 174 ff.) u. a. bereits angeführt. Um mit den Gefühlen der Trauer besser umzugehen, können folgende Impulse hilfreich sein:

- Versuchen Sie, die Grenzen Ihrer Belastbarkeit anzunehmen, gehen Sie behutsam mit sich selbst um und versuchen Sie nicht, eine rasche körperlich-seelische Anpassung an die Situation zu erzwingen.
- Lassen Sie Ihre Trauergefühle und Trauerreaktionen zu; alle Gefühle, Gedanken und Reaktionen ihres Körpers dürfen sein, z. B. Wut, Angst, Schuldgefühle, Tränen, Ärger, Verzweiflung …
- Verstehen Sie die eigene Empfindsamkeit (»Alles geht mir so unter die Haut!«) nicht als Schwäche, sondern als ganz natürliche Folge Ihrer Situation.
- Gönnen Sie sich immer wieder Ruhe und suchen Sie eine Umgebung, die es Ihnen möglich macht, auf sich zu achten. Verbringen Sie Ihre Zeit mit Menschen, von denen Sie sich angenommen und verstanden fühlen.
- Suchen Sie nach persönlichen Auseinandersetzungsmöglichkeiten mit den Gefühlen der Trauer (z. B. Tagebuchschreiben, Kontakt zur Natur, Musik …).
- Halten Sie auch in schweren Zeiten den Rhythmus Tag/Nacht, Wachen/Arbeiten, Schlafen/Ruhen ein und denken Sie an regelmäßige Nahrungsaufnahme, auch wenn es nur kleine Portionen sind.
- Haben Sie den Mut, andere um Hilfe und Unterstützung zu bitten. Denken Sie dabei nicht nur an Freunde und Kollegen, sondern auch an professionelle Helfer (z. B. Beratungsstellen, Seelsorger u. a.). Auch der Kontakt zu Menschen, die in einer ähnlichen Situation sind, kann hilfreich sein.
- Haben Sie Geduld! Ein Trauerprozess kann viele Monate dauern.

Ausklang

»Die Hand dort auflegen, wo eine Not ist«: Miriam Goldberg – aus dem Leben und Wirken einer großen Therapeutin

Schmerzpatienten haben sehr oft einen langen Weg zurückzulegen, bis sie den Arzt oder Therapeuten, den Menschen treffen, der sie in ihrer Not annimmt und ihnen ein Stück weiter hilft. Trifft man als Leidender einen solchen Menschen, ist das meist ein ganz besonderer Augenblick und kann der Beginn grundlegender Veränderung werden. Für einige der in diesem Buch zu Wort gekommenen Patienten (vgl. S. 117 ff.) war die Begegnung mit Miriam Goldberg die entscheidende Wende im Umgang mit ihrer Schmerzsituation. Aus dem Schatz ihrer reichhaltigen beruflichen Erfahrungen und nicht zuletzt aus eigenem tiefen Schmerzerlebnissen heraus konnte sie den Betroffenen jene Hilfestellungen anbieten, die es ihnen vor allem möglich machte, trotz Einschränkungen und Schmerzen »lebendig« zu bleiben. Ein Blick in Leben und Werk von Miriam Goldberg soll es Begleitern wie Betroffenen möglich machen, Impulse, Tipps und Anregungen zur Gestaltung ihres eigenen Weges herauszunehmen.

Miriam Goldbergs Leben und Wirken steht beispielhaft für interdisziplinäres Denken und Handeln – lange bevor dieser Begriff Eingang in therapeutisches Handeln gefunden hat. Sie war Lehrerin, Therapeutin, Künstlerin – und bis zu ihrem Lebensende immer auch Lernende. Ihr therapeutisches Konzept hat Generationen von Therapeuten, Lehrern, Sozialtätigen geholfen, einen eigenen Weg zu finden. Vielleicht gerade weil sie sich immer dagegen wehrte, eine eigene Schule oder therapeutische Richtung zu begründen, hat sie viele Bewegungen und therapeutische Schulen beeinflusst. Für Experten ebenso wie für Laien ist Miriam Goldbergs Weg ein Beispiel dafür, wie fundiertes Wissen verbunden mit Weltoffenheit und einer Liebe zu allem Lebendigen zu einem Feuerwerk an kreativen Arbeitsmöglichkeiten werden kann. Keine »Schule« – dafür lebens-

Abbildung 29: Miriam Goldberg

lange »Schulung«! Keine »Lehre« – dafür lebenslanges »Lernen«! Dieser Haltung gerecht zu werden bedeutet lebenslange Auseinandersetzung mit geistigen Strömungen und neuen Entwicklungen. Diesem Grundgedanken blieb Miriam Goldberg, die große »Pionierin der Körperarbeit«, bis zu ihrem Tod treu. Ihr therapeutisches Handeln und menschliches Vorbild hat unzähligen Menschen geholfen, sich mit schwierigen Situationen auszusöhnen, neue Möglichkeiten der Schmerz- und Krankheitsbewältigung zu suchen und ihr Leben trotz Einschränkungen positiv zu gestalten.

Beim Versuch, Miriam Goldbergs Arbeit zu skizzieren, geht es nicht darum, ein fertiges Therapiegebäude darzustellen. Es geht vielmehr darum, jene Elemente zu beleuchten, mit denen sie ihre therapeutischen Hilfestellungen wie Kunstwerke baute – konzentriert, kreativ und doch flüchtig wie die Mandalabilder buddhistischer Mönche…

Miriam Goldberg wurde am 22. Oktober 1926 im slowakischen Bratislava (Pressburg) geboren. Als 10-Jährige ist sie mit ihren Eltern und Geschwistern nach Palästina ausgewandert: *»Ich lebte* *im Kibbuz Hefziba im Emek Israel am Fuß des Berges Gilboa, der jeden Winter voll mit Blumen, Cyklamen, war. Das Tal war im Winter voller Narzissen. Da lebte ich.«*

Die erste Begegnung mit dem, was später ihr Beruf – ihre Berufung – wurde, hatte sie 1945, als sie auf Initiative einer Kinderärztin einen Kurs für orthopädische Gymnastik besuchte, um das nötige Rüstzeug für ihre Arbeit mit den Kibbuzkindern zu bekommen. Mit diesem dreimonatigen Intensivkurs bei Vera Jaffe war der Grundstein für eine Entwicklung gelegt, die Miriam Goldberg viele Jahre – nein, ein Leben lang – in neue Lernsituationen brachte, denen sie sich intensiv verband: Anatomie, Physiologie, Psychologie, Gymnastik, »erzieherisches Tanzen«, Musiktherapie, Kunstgeschichte, Philosophie, Naturheilkunde, Psychoanalyse, Meditation. Aufgeschlossen für alles Neue, setzte sie sich mit vielen Methoden und Arbeitsmöglichkeiten auseinander. So war sie beispielsweise Teilnehmerin der ersten Feldenkrais-Gruppe in Tel Aviv, in der Moshé wichtige Grundzüge seiner Arbeit entwickelte (vgl. S. 187 ff.). Zahlreiche Reisen führten sie durch ganz Europa, wo sie als Seminarleiterin und Bewegungstherapeutin hoch geschätzt und gefragt war. Von 1963 bis 1982 leitete sie bei den Lindauer Psychotherapiewochen Kurse, für die der Begriff »Konzentrative Bewegungstherapie« verwendet wurde. Aus dieser Bewegung entwickelte sich die heute als eigenständige Psychotherapieform anerkannte KBT. In den letzten Jahren hat Miriam Goldberg Erfahrungen mit dem Zen-Buddhismus in ihre Arbeit einfließen lassen.

Die Arbeit mit schwerstbehinderten Kindern und mit Kriegsversehrten machte es Miriam Goldberg möglich, zu beobachten, »wie Bewegung und Körper einander formen«. Das bildhafte Erleben von neuen Bewegungsmöglichkeiten in einem spielerischen und »freien« therapeutischen Rahmen stellte die Weichen zu ihrem »besonderen« therapeutischen Zugang. Sie ließ sich nicht so sehr von theoretischen Annahmen und daraus abgeleiteten strengen Maßnahmen leiten als vielmehr durch die konkrete Erfahrung im Umgang mit Patienten: *»Zu sehen, wo sich das Gewünschte ereignet und wo sich Veränderung verwirklichen kann«* – das war ihr unvoreingenommener Zugang zum Patienten. Einen Einblick in ihre Arbeitsweise bekommt man, wenn man ihren Text über den Beginn einer therapeutischen Begegnung liest. Miriam schreibt:

> *Meine Einzelbehandlung beginnt oft damit, dass ich mich neben jemanden setze, seine Hand nehme und ihm meine Hand gebe. Aus dieser Handlung heraus beginnt eine Entwicklung. Um sie zu verstehen, ist es wichtig, die Aussage zu erkennen, die in ihr liegt, ihren eigentlichen Sinn: das Handgeben als eine Zusammenfassung von etwas Vielschichtigem; es ist zum einen eine Begrüßung, ich sage dir damit: »Hallo, ich bin jetzt zu dir gekommen und habe mich zu dir gesetzt.« Ich sage dir: »Du hast Zeit.« Ich sage dir auch: »Ich brauche auch eine Zeit, die ich noch nicht vorherbestimmen kann. Ich weiß auch noch nicht, was in ihr geschehen wird, und wie es sein wird.« Ich sage dir auch: »Du kannst, du musst nicht. Es ist keine Forderung an dich.« Dann nehme ich deine Hand und lege sie vielleicht eine Spur zur Seite oder hebe deine Hand. Und während ich etwas tue und warte, kommt auch von dir irgendeine Reaktion: Du lässt mich oder du eilst vor oder du bist hilfsbereit oder hältst zurück – irgendeine Geste kommt aus deiner Hand.*
>
> *Ich verstehe das so, dass ich damit einen Bericht von deinem Lebensstil bekomme. Ich fange damit an, dass ich dir das sage, aber wenn wir darüber sprechen, was eigentlich geschieht, so erhalte ich durch dieses Geben der Hand einen Bericht über dein jetziges Dasein, deine Einstellung, auch davon, ob du Angst hast, und wie du reagierst. Das sind Details und sie sind für mich die Ausgangspunkte zum nächsten Schritt.*
>
> *(Goldberg, 1995, S. 56f.)*

Nach und nach hat Miriam Goldberg durch und im Kontakt mit Menschen, die ihre Unterstützung suchten, eine »Therapieformel« entwickelt, mit deren Hilfe man ihre Arbeit ansatzweise beschreiben kann und die Betroffenen Einblick in Behandlungsmöglichkeiten gibt. Die Therapieformel beinhaltet zwei Pole und den Weg zwischen diesen Polen. An der einen Seite steht der Pol »Problem«, ihm gegenüber der Pol »kein Problem«. Die Frage, der sich Miriam Goldberg zuwandte, lautete nun, wo der Übergangspunkt zwischen dem Bereich des einen Pols und dem des anderen zu finden ist. Das klingt einfach, fast zu einfach – und doch liegt gerade in dieser Einfachheit der Schlüssel für die so wichtige »Veränderung der kleinen Schritte«. Immer dann, wenn eine Klage oder ein Schmerz auftaucht, wenn das Bedürfnis nach Entwicklung oder Selbstentfaltung geäußert wird, geht es in einem ersten Schritt um ein genaues Kennenlernen dieses ersten Pols, um ein »Untersuchen der Klage«, wie Miriam Goldberg es nannte. Dieses Untersuchen der Klage erfolgt mit all den Fragen, die wir im Zusammenhang mit der Schmerzdiagnostik (vgl. Teil 2, S. 97) beschrieben haben, etwa: »Wo ist der Schmerz?«, »Wie äußert er sich?« »Wann tritt er auf?« »Seit wann besteht er?« Die anschließende therapeutische Frage zielt darauf, ob es einen Bereich gibt, in dem das beschriebene Problem nicht auftritt. Die nächsten Schritte bestehen in einer genauen Analyse dieser Situation.

Das Festlegen und Beschreiben der Pole »gesund – krank«, »Schmerz – kein Schmerz«, »Problem – kein Problem« öffnet dem Patienten sehr oft die Augen dafür, dass Gesundheit und Krankheit, Schmerzfreiheit und Schmerz, Problemfreiheit und Problem nicht mehr als Gegensatzpaare verstanden werden müssen, sondern vielmehr auf einem Kontinuum einzuordnen sind, auf dem Übergänge fließend sind. Und so ist es auch der Weg zwischen den beiden beschriebenen Polen, dem Miriam Goldberg in ihrer Arbeit ganz besondere Beachtung schenkte. Dieser Weg kann von beiden Seiten her beschritten werden – in Gedanken, im Spüren oder im konkreten Handeln: *»Es gibt keine Problematik, die sich nicht in Handlungen äußern würde. Du verspürst doch etwas, wenn ein Mensch in den Raum kommt! Ich habe noch nie jemanden nur als Seele hereinkommen sehen.«*

Eine besondere Schulung erfolgt durch Miriam Goldbergs Arbeit darin, die Aufmerksamkeit auf den Übergangspunkt oder

Wendepunkt zu lenken, wo aus einem »Schmerz« ein »kein Schmerz« wird und umgekehrt aus einem »kein Schmerz« ein »Schmerz«. Dieser Wendepunkt enthält zwei wesentliche Komponenten: das Ereignis selbst und die Bedeutung, die dem Ereignis beigemessen wird. Das Ereignis ist etwas Körperliches, man kann es sehen, spüren oder tasten. Es zeigt sich beispielsweise in einem Stocken der Bewegung und des Atems, einer Richtungsänderung der Bewegung oder einem »Fallenlassen«. Die Bedeutung weist auf etwas Seelisch-Geistiges hin und ist ein Spiegel der Erziehung, der Erfahrung, Vorstellung oder Gewohnheit. Das Ereignis selbst (z.B. der Schmerz) tritt immer gleichzeitig in einem Bedeutungszusammenhang (vgl. Teil 1, S. 51) auf. Ereignis und Bedeutung sind untrennbar miteinander verbunden, sie sind in einander verwoben. Hier liegt ein Problem – und eine Chance zugleich.

Miriam Goldberg versuchte durch ihr therapeutisches Handeln kleine Freiräume zu schaffen, in denen das Problem für einen Augenblick gelöst werden kann. Die Wahrnehmung einer »Minute Schmerzfreiheit« wird so zum Anfang eines effizienten Therapieweges. Um einen Heilungsprozess einzuleiten und zu ermöglichen, geht es nicht um Wertung der Beschwerden oder des Problems, sondern um die Schulung der Unterscheidungsmöglichkeit: *»Ist die Unterscheidung nicht möglich, so wird die eine Minute der Gesundheit nicht angenommen, also weggeworfen«.*

Das Herantasten an therapeutische Schritte erfolgte bei Miriam Goldberg über die ganze Bandbreite geäußerter Mitteilungen – vom Wort bis zur Gestik, von der Klage bis zum Blick. »Berichte«, wie sie diese auch nannte, geben immer einen Einblick in die persönliche Welt der Menschen (vgl. Teil 2, S. 109), dies gilt auch und gerade für Aussagen über Schmerzen oder andere schwerwiegende Probleme. Für Miriam Goldberg war es immer wichtig, einen Blick auf jene Aussagen zu werfen, die ihr zeigten, ob sich Patienten eher als »Opfer« (= passive Haltung) oder »Akteure« (= aktive Haltung) darstellten. Die therapeutische Begleitung lag darin, Menschen auf ihrem Weg vom Passiven zum Aktiven zu unterstützen, vom Opfer-Sein zum Verantwortung-Übernehmen. Dieser Weg führt von einem

»Der Schmerz hat mich überfallen!« über ein »Was passiert hier?« zu einem »Kann ich hier vielleicht etwas anderes versuchen, einen anderen Krafteinsatz, ein anderes Tempo?« In dieser fragenden Haltung liegt der Ansatz, Verantwortung für sich zu übernehmen und selbst Veränderungen einzuleiten: *»Die Entscheidung liegt darin, einen anderen Weg zu gehen – oder denselben Weg anders zu gehen.«*

Neben der Dimension Aktiv–Passiv spielte in Miriam Goldbergs Arbeit noch die Zeit in ihrer Gerichtetheit auf Gestern–Heute–Morgen eine wesentliche Rolle, sowie Aussagen zum Arbeits- bzw. Ruhesystem der Menschen. Bewegten sich Patienten in ihren Aussagen über ihre Schmerzsituation eher in der Vergangenheit, sah Miriam Goldberg darin einen Wunsch nach Mitteilung und Klage, dem sie ausgiebig Raum gab. Für viele wurde sie so zur Klagemauer und ließ Betroffene die heilsame Wirkung des »Aussprechens« (vgl. S. 85 ff.) erfahren. In problembezogenen Äußerungen, die sich stark auf die Zukunft beziehen, schwingt nach Miriam Goldbergs Auffassung sehr oft Angst mit, die es anzuschauen und wenn möglich aufzulösen gilt. Um die Realität anzunehmen und damit auch eine Basis zu haben, von der aus der Therapeut in Zusammenarbeit mit dem Patienten eine Veränderung einleiten kann, ist eine Aussage mit Gegenwartsbezug notwendig: *»Die Gegenwart in der Aussage weist auf die Möglichkeit hin, einen Schritt weiter zu gehen.«*

In der immer wiederkehrenden »therapeutischen Schleife« von »Information–Erwägung–Schlussfolgerung« sah Miriam Goldberg nicht nur ein wichtiges Handwerkzeug für Begleiter, sondern ebenso für jeden Einzelnen, der sich mit einem Problem um Hilfe an Therapeuten wendet: *»Ich kann mich immer wieder neu informieren und daraus die richtige Schlussfolgerung ziehen. Das ist etwas, das man bis zum Tode beibehalten kann. Du musst deine Lebenseinstellung finden, herausfinden, wie du leben möchtest. Und das musst du jeden Tag tun.«*

Miriam Goldberg hat verschiedene Formen gefunden, ihre Aufmerksamkeit, Wachsamkeit, Beobachtungsgabe, aber auch Disziplin zu schulen. Auch in diesem Punkt wurde sie vielen Patienten

Vorbild. In kleinen Ritualen, täglichen Übungen und unterschiedlichen kreativen Ausdrucksformen verband sie ihren Schulungsweg mit lustvollem Ausprobieren und Herantasten an Neues. Dabei griff sie gern auf das »Gegebene« zurück, auf das, was im Moment gerade vorhanden und möglich war, z. B.:

> *Nun lagen die Steine auf meinem Balkon auf der Balustrade. Trocken sahen sie ganz anders aus. Es war die Ansammlung der Ausgewählten. Ich legte sie der Größe nach in eine Runde, die sich zur Schnecke, Spirale wand, und bewunderte die Wirkung dieser Form auf mich. Rhythmus und Harmonie so verschiedener Steine in Größe, Farbe und Form verbunden durch das Gelegtwordensein in einer neuen Form. Und so ließ ich sie da liegen, sich sonnen und auf mich warten, bis ich wiederkam und mich wirklich nochmals mit ihnen befasste. Staunen über die Wirkung, über die Schönheit, die Harmonie, und ich begann mit den Veränderungen: die Steine verschieben, neu legen und der Faszination folgen, die mit jeder neuen, kleinen Handlung erzeugt wurde. Eine neue Gestalt, eine andere erzeugt, die alte verschwand.*
>
> *(Goldberg, 1995, S. 64)*

Eine andere Form der Schulung fand Miriam Goldberg eine Zeit lang im täglichen Schreiben kurzer Texte. Sie stellte sich eine Sanduhr auf den Schreibtisch und schrieb täglich eine halbe Stunde. Das Ergebnis sind die »Übungen mit der Sanduhr«, kleine stimmungsvolle Geschichten oder Selbstreflexionen, z. B.:

> *15.2.1996: Wieder dieser spannende Augenblick. Leer und gefüllt mit dem lauernden Staunen vom Nicht-Wissen im Voraus. Was werde ich diesmal schreiben? Mir fällt immer nur dasselbe ein. Dass ich mich dazu hinsetze, das Papier vor mir, den Block gewendet, die leere Seite das Datum geschrieben. Eine Aufgabe, die mir niemand gestellt hat; mir selbst die Disziplin gestellt, die ich nicht einhalten muss, doch manchmal*

einhalte. Die Übung, etwas zu schreiben, mir etwas vornehmen, von dem ich nicht weiß, wozu, dem Nicht-Nachfragen wozu oder warum. Disziplin, die ich für mich brauche, Disziplin, die ich mir wünsche ... mehr Disziplin zu erlangen.

(Goldberg, 1996, S. 30)

In den letzten Jahren ihres Lebens führte Miriam Goldberg eine besondere Art des Tagebuchs: ein Skizzentagebuch. Ein kleiner Skizzenblock begleitete sie überall hin und so entstanden im Laufe der Jahre viele schnell hingeworfene Impressionen von Gesichtern ihrer Familienangehörigen, ihrer Freunde, Patienten und Schüler – Menschen unterschiedlichster Nationalität. Es entstanden auch Skizzen von Landschaften in ganz Europa, Israel und Asien, von den einfachen Gegenständen in Beduinenzelten ebenso wie von Kunstwerken europäischer Museen. Ein Teil dieser Arbeiten ist in Berlin (Heinrich Jacoby/Elsa Gindler-Stiftung. Teplitzer Straße 9, D-14193 Berlin) zu sehen.

Allen, die Miriam Goldberg persönlich kannten, wird der besondere Umgang mit der Sprache in Erinnerung geblieben sein – das Spiel mit Wort und Wortmelodie, der Singsang der Sprache ihrer Kindheit. Auch der Einsatz von Witz und Humor, von kleinen, liebevollen Bemerkungen, die so mancher Schmerz-Dramatik einen Augenblick die Spitze nahm, gehörte zu den atmosphärischen Besonderheiten sowohl ihrer Kurse und Seminare als auch ihrer therapeutischen Einzelarbeit. Worte wurden in Miriams Übungsanweisungen oft in andere Bedeutungszusammenhänge gestellt, verdreht, neu zusammengesetzt – ein Spiel mit intellektuellem Tiefsinn und großer Lust am Ausprobieren!

Miriam Goldberg gelang es, wissenschaftliche Erkenntnisse und Fakten auf einfache und anschauliche Art und Weise den Betroffenen nahe zu bringe. Es waren Einladungen, sich auf die Suche nach sehr persönlichen Bewältigungsmöglichkeiten zu begeben. Ihr Umgang mit Menschen war geprägt von großer Achtsamkeit und Respekt vor der Welt des anderen:

Eine Beziehung zwischen zwei Mensche hat keine Richter. Das, was ich meine zu spüren, muss mit dem nicht übereinstimmen, was du spürst.

Ihre Behandlungen, therapeutischen Interventionen und Reflexionen glichen einem Herantasten an neue Möglichkeiten – und sei dies auch nur für kurze Zeit:

Was ich mache, ist eine Diagnose oder Charakteristik für eine Minute, die ich überhaupt nicht fixieren will. Ich muss mir keine Kartei anlegen oder was sammeln, was ich sowieso wieder vergesse. Ich bin daran interessiert, ob sich etwas verändern lässt. Die Dynamik interessiert mich.

Behutsam nahm sie Schmerzpatienten an die Hand:

Erkenne zuerst, was ist. Dann erkenne, was nicht ist, nicht mehr ist, noch nicht ist! Frage zuerst, ob es so bleiben kann, wie es ist. Wenn nicht, dann erkunde, wie du es selbst behutsam verändern kannst. Selbst, heißt nicht immer allein, denn verändern heißt oft, eine Beziehung gemeinsam verbessern.

In der Arbeit mit Schmerzpatienten war es ihr besonders wichtig, Lern- und Erfahrungsangebote zu machen, die den Betroffenen neue Freiräume boten:

Mein Angebot ist es, die Schmerzempfindung in kleine Einheiten aufzuteilen, in Minuten, in Phasen, in denen der Schmerz weg ist oder auch wiederkommt. Ich versuche, den Menschen diese Fähigkeit, sein Schmerzempfinden zu differenzieren, zu lehren.

Wie sehr Denken, Handeln und Empfinden ineinander greifen und einander beeinflussen, erfuhr sie in den vielen Berufsjahren immer wieder:

Wir müssen unser Denken überprüfen. Wir denken über Krankheit und Schmerz, dass sie etwas seien, was wir bekommen haben, was uns überfallen hat. Unseren Anteil daran aber, den sollten wir auch in Frage stellen.

Und weiter:

Es ist auf jeden Fall wichtig, sich anzuschauen, welches Bild beim einzelnen Menschen hinter diesem Schmerz steckt, welche Assoziationen und Verbindungen.

Dass dies manchmal sehr weit reichende Folgen haben kann, war ihr durchaus bewusst:

So taucht oft etwas auf, das lange verschüttet war und sich auch nochmals neu ordnen kann.

Dieses »Neu-Ordnen« bringt neue Möglichkeiten und Einsichten:

Durch eine Korrektur gewinnst du eine neue Sicht, eine neue Erwägung, ein neues Handeln. Darum ist Ausprobieren als Weg so wichtig.

Das Ausprobieren erfolgte stets in einer heiteren entspannten Atmosphäre, in der Klagen, Jammern und Weinen ebenso erlaubt und möglich waren wie lustvolles Stöhnen und Lachen:

Meine Anleitung ist eine Verleitung zum Ungeordneten ... Und aus der Unordnung zur Ordnung kommen ... und umgekehrt ... Die Unordnung in Bewegung bringen!

Die therapeutische Begleitung bestand darin, wachsam zu sein für den Bewegungsablauf:

Beim Auftreten eines Problems, anhalten, es sich anschauen und die Bewegung nochmals durchgehen, sie nochmals versuchen und zwar langsamer und weicher.

Miriam Goldbergs Anweisungen waren immer schlicht:

Meine einfache Unterweisung an andere besteht meist darin, dass Alltägliche so zu machen, wie es dem eigenen Wunsch und Stil entspricht, und wenn man dabei auf Schwierigkeiten trifft, wenn Beschwerden auftauchen, diese unter ein »Mikroskop der Beachtung« zu legen ... Dort wo ich Widerstand spüre, muss ich mich zurücknehmen und es nochmals sanfter anbieten. Dem anderen sagen »Entspanne dich!« bringt nichts.

Die sanfte Art im Umgang mit schwierigen Schmerzsituationen bewirkte in manchem Schmerzpatienten ein Umdenken:

Es hat sich schon oft gezeigt, dass man keine Überbrückung findet, wenn man einen Schmerz oder einen Feind nur abschreckt oder wegscheucht. Aber wenn man sagt, komm her, lass dich anschauen, ich will mich für dich interessieren – dann findet man fast immer Wege.

Leben und Wirken von Miriam Goldberg machen deutlich, dass die Arbeit mit und am Menschen immer auch ein kreativer Akt ist, eine Herausforderung, das persönliche Wissen und Können zu überprüfen und auf eine andere, vielleicht noch nie versuchte Art und Weise neu zusammenzustellen. In diesem Sinn war Miriam Goldberg beispielgebend für eine ganze Generation von Therapeuten, Lehrern, Künstlern. Sie hat Mut gemacht, sich auf das »Wagnis Begleitung« einzulassen. Wissen, Können, Offenheit, Neugierde – aber auch ein hohes Maß an Disziplin waren jene Aspekte, denen sie für ein erfolgreiches Handeln größte Bedeutung zumaß.

Unzähligen Patienten – Menschen mit ganz unterschiedlichen Beschwerden, Krankheiten, Behinderungen und Schmerzen – hat sie Mut gemacht, unkonventionelle Wege zu gehen, sich über enge Grenzen bestimmter Denkweisen hinwegzusetzen und Neues auszuprobieren. Ziel ihrer Arbeit war es, jeden Menschen bei seiner Suche nach dem für ihn richtigen Weg zu unterstützen. Es lag ihr fern, diesen Weg vorzugeben, vielmehr regte sie Schüler wie Patienten gleichermaßen dazu an, die jeweils vorhandenen Stärken zu nutzen und lustvoll zu erweitern.

Im Februar 2000 ist Miriam Goldberg in Tel Aviv gestorben. Auszüge aus der »Totenklage für Miriam« lassen noch einmal ihre Lebendigkeit und Außergewöhnlichkeit auferstehen:

(...) Eine der Kindergeschichten erzählt über den großherzigen Baum, der einem kleinen Kind gewährt, zwischen seinen Blättern zu spielen, an seinem Stamm lehnend zu lieben, sein Haus aus seinen Zweigen zu bauen und am Ende, als das Kind alt wurde, auf seinem abgesägten Stamm sitzend auszuruhen.

Das Leben Miriams war wie dieser Baum, der uns Schatten spendete, uns seine Früchte schenkte. Nur war dieser Baum anders als alle anderen Bäume, die wir kannten, eine besonders seltene Art Baum. Obwohl die gleiche Erde, Sonne, Mineralien, Strahlungen und Wasser ihn nährten – ganz gewöhnliche Dinge, die Bäume nähren –, verwandelten sie Miriam zu etwas Besonderem, zu einem einzigartigen Baum. (...)

Dieser großherzige »miriamische« Baum dehnte seine Wurzeln, Äste und sein Blattwerk aus und erfasste zugleich so viele Welten. Die tief gründenden Wurzeln sogen an der europäischen, deutschstämmigen (»jekkischen«) Kultur. Andere Wurzeln reichten zur Gründung des Staates Israel, der »Palmach«, zur Pflege von Kriegsopfern und zu dem Verlust des Bruders im Krieg in der Kolonne auf dem Weg nach Jerusalem.

Sein Stamm bewegte sich im Wind, Bewegung, die zu einem Beruf wurde, einem Glaubensbekenntnis, einer Lebenseinstellung und tradierten Wertvorstellung, die mit den Jahren so viele Menschen erreichte und an Generationen von Lehrenden weitergegeben wurde. Bewegung, die in Bescheidenheit und Verschwiegenheit belastete, bedürftige Menschen heilte und stützte.

Die Zweige ringsherum verbanden ältere und jüngere Menschengruppen, brachten drusische, arabische, deutsche Menschen einander näher, Möbelschreiner, Maler – eine unendliche Vielfalt von Menschen: Miriams Freunde.

Der Wipfel des Baumes berührte Zen, Meditation östlichen Mönchtums. All dies wohnte beieinander in einem Baum, in einem Menschen, eine reiche Beute aus unterschiedlichen Welten, Farben- und Formgemischen wie die Patchwork-

Decken und die Batik-Arbeiten von Miriam, zusammen eine aufregende Harmonie bildend, stürmisch und beruhigend zugleich. So beim Menschen Miriam – Fleisch und Blut – in ihr waren kindliche Frische, ewige Blüte, Abenteuerlust, Bubenstreichhaftes mit Lebensweisheit und Ruhe eines erwachsenen, erfahrenen Menschen vereint.

Unter der Baumrinde waren offensichtlich Trauer und Krisen verborgen, wie Erwins Tod (Erwin war der Ehemann von Miriam Goldberg, Anm. d. A.), der hier im Wald begraben liegt, wie ihre ungeborenen Kinder und der Verlust ihrer Lieben.

Und dann kam der Holzfäller, der Baum ist gefällt und die Waldlichtung verbreitet sich um uns, teure Menschen gehen von uns ohne Rückkehr.

Auch in ihren letzten Tagen war sie ihrer Lebensart treu, eine natürliche, selbstverständliche, so sehr »miriamische« Art, ihren Zustand zu begreifen. In einer atemberaubenden Weise hatte sie das Haus geordnet, sich vom Ballast im Haus befreit, Gegenstände und Anweisungen verteilend, mit dem Minimum bleibend, das noch nötig für ihre letzte Reise war, zum allerletzten Konzert. (…)

Hagar denkt, dass Miriam und Simcha jetzt oben beieinander sitzen und Backgammon spielen. Vielleicht. Ich glaube, dass sie einfach wieder mal auf einer ihrer Reisen weilt, einer ihrer vielen geheimnisvollen Reisen. Ich fange jedoch an zu verstehen, dass es diesmal möglich ist, dass sie nicht mehr zurückkehrt, dass sie diesmal zu einem anderen Stern gereist ist, zurück zu dem Ort, aus dem sie kam, nur zu einem langen Besuch weilend.

Miriam sagte mir einmal, dass man Menschen nicht zu verstehen braucht, man muss sie nur genießen. Dies ist genau die Art, mit der Miriam uns so reich beschenkt hat.

(Noam, 21.2.2000, Hazorea, Israel)

Abbildung 30: In memoriam: Miriam Goldberg

Wir sprachen miteinander. Wir bestaunten den Weg. Wir gingen rückwärts, wir gingen vorwärts und spielten mit unseren Blicken und Schritten, erfüllten unsere Zeit und kamen an.

(Goldberg, 1995, S. 48)

Anhang

Literatur

Bader, R., Gallacchi, G.: Schmerzkompendium. Schmerzen verstehen und behandeln. Thieme, Stuttgart 2001

Baron, R., Comberg, G., Eisentraut, R., Diener, H. C., Maier, C.: Das Schmerztherapiebuch. Urban & Fischer, München 2003

Basler, H. D.: Schmerz im Alter. Lukon, München 1999

Basler, H. D., Franz, C., Kröner-Herwig, B., Rhefisch, H. P.: Psychologische Schmerztherapie. Springer, Berlin/Heidelberg 2004

Beck, H., Martin, E., Motsch, J., Schulte am Esch, J.: Schmerztherapie. Thieme, Stuttgart/New York 2004

Bernatzky, G., Sittl, R., Likar, R. (Hrsg.): Schmerzbehandlung in der Palliativmedizin. Springer, Wien/New York 2004

Bernhard, Th.: Frost. Suhrkamp, Frankfurt 1976, S. 284

Beubler E., Kress, H. G., Gustorff, B., Ilias, W., Likar, R., Sandner-Kiesling, A., Schlager, A., Schuckall, H.: Konsensus-Statement Postoperative Schmerztherapie. In: Schmerznachrichten. Österr. Schmerzgesellschaft (ÖSG) 2003, S. 1–11

Broome, A., Jellicoe, H.: Mit dem Schmerz leben. Anleitung zur Selbsthilfe. Hans Huber, Bern 2002

Bruns, C., Walter, T. (Hrsg.): Von Lust und Schmerz. Eine historische Anthropologie der Sexualität. Bölau, Weimar 2004

Conradi, E. (Hrsg.): Schmerz und Physiotherapie. Verlag Gesundheit, Berlin 1990

Daudet, A.: Im Land der Schmerzen. Manholt, Bremen 2003

Domin, H.: Gesammelte Gedichte. Frankfurt am Main 1987

Egel, U. T., Hoffmann, S. O., Lehmann, K. A.: Handbuch chronischer Schmerz. Grundlagen, Pathogenese, Klinik und Therapie aus bio-psychosozialer Sicht. Schattauer, Stuttgart 2003

European Pain Survey, All-inclusive Pan-Europe Report 2003 (http://www.efic.org/index.htm)

Feldenkrais, M.: Bewusstheit durch Bewegung. Suhrkamp TB, Frankfurt 1996

Glier, B.: Chronische Schmerzen bewältigen. Verhaltenstherapeutische Schmerzbehandlung. Klett-Cotta, Stuttgart 2002

Goldberg, M.: Die Migo-Geschichten. Sanduhr Selbstverlag, Berlin 1997

Goldberg, M.: Übungen mit der Sanduhr. Sanduhr Selbstverlag, Berlin 1996

Goldberg, M.: Eine Minute Warten. Über Aufmerksamkeit und Selbstbestimmung. Verlag für pädagogische Medien, Hamburg 1995

Goldberg, M.: Über meine Therapie-Formel in der Konzentrativen Bewegungstherapie. In: Erziehung zur Behutsamkeit: Miriam Goldberg. Behinderte in Familie, Schule und Gesellschaft. 1993, 16. Jahrgang, Sonderheft 3, S. 63ff.

Herrera, H.: Frida Kahlo. Die Gemälde. Schirmer/Mosel, Darmstadt 2002

Husebö, S.: Was bei Schmerzen hilft. Ein Ratgeber. Herder, Freiburg/Breisgau 1999

Husebö, S., Klaschik, E.: Palliativmedizin. Springer, Berlin/Heidelberg 2003

Juchli, L.: Wohin mit meinem Schmerz. Herder, Freiburg/Breisgau 2002

Kahlo, F.: Meisterwerke. Schirmer/Mosel, Darmstadt 1992

Kuiper de, M.: Schmerz und Schmerzmanagment bei Kindern. Urban & Fischer, Frankfurt 2002

Le Breton, D.: Schmerz. Eine Kulturgeschichte. Diaphanes, Berlin 2002

Lenz, S.: Über den Schmerz. dtv, München 2000, S. 10

Litscher, G., Sandner-Kiesling, A., Schwarz, G.: General Effects of Acupuncture on Cerebral Blood Flow Velocity and on the Oxygenation of Cerebral Tissue. In: Litscher, G., Cho, Z. H. (eds.): Computer Controlled Acupuncture. Lengerich. Papst Science Publishers, Berlin/Rom u. a. 3, 2000, S. 11-24

Mao-Liang, Q.: Chinese Acupuncture and Moxibustion. Churchill-Livingstone, London/New York/Tokyo 1993

McCaffery, M., Beebe, A., Latham, J.: Schmerz. Ein Handbuch für die Pflegepraxis. Ullstein Mosby, Berlin/Wiesbaden 1997

Melzack, R., Wall, P. D.: Handbook of Pain Management (A Clinical Companion to Wall and Melzack's »Textbook of Pain«). Churchill Livingstone, London/New York u. a. 2003

Mitgutsch, A.: Die Züchtigung. dtv Taschenbuch, München 2003, S. 96 f.

Petermann, U.: Entspannungstechniken für Kinder und Jugendliche. Ein Praxisbuch. Beltz TB, Weinheim/Basel 2004

Rauch, C.: Der kleine Therapiekompass. Kreuz, Stuttgart/Zürich 2003

Schultz, H. J.: Schmerz. Dimensionen einer Empfindung. Herder Spektrum, Freiburg 1998

Schultz, J. H.: Das Autogene Training. Konzentrative Selbstentspannung. Versuch einer klinisch-praktischen Darstellung. 20. Aufl. Thieme, Stuttgart/New York 2003

Schultz, J. H.: Übungsheft für das Autogene Training. Thieme, Stuttgart 1953

Schulz v. Thun, F.: Miteinander reden. 3 Bd. Rowohlt TB, Reinbek bei Hamburg 1998

Sölle, D.: Leiden. Herder Spektrum, Freiburg 1998

Sandner-Kiesling, A. et al.: Lamotrigine for Control of Posttraumatic Neuralgia. In: Acta Anaesth Scand, 46(10), 2002, S. 1261–1264

Sandner-Kiesling A. et al.: Laser Doppler Flowmetry in Combined Needle Acupuncture and Moxibustion – A Pilot Study in 12 Adults. In: Lasers Med Sci, 16 (3), 2001, S. 184–191

Sandner-Kiesling, A. et al.: Acupuncture History, Education Practice and Licensing in the United States with a short comparison to Europe. In: Dt. Zeitschrift für Akupunktur, 43 (1), 2000, S. 33–38

Schutt, K.: Massagen. Gräfe & Unzer, München 2002

Specht-Tomann, M.: Erzähl mir dein Leben. Zuhören und Reden in Beratung und Begleitung. Walter, Düsseldorf/Zürich 2003

Specht-Tomann, M.: Familienhospizkarenz. Angehörige begleiten – Ein Leitfaden. Amt der Steiermärkischen Landesregierung, FA6C – Jugend, Frauen, Familie und Generationen, Graz 2002

Specht-Tomann, M., Tropper, D.: Hilfreiche Gespräche und heilsame Berührungen im Pflegealltag. Springer, Heidelberg/Berlin 2003

Specht-Tomann, M., Tropper, D.: Wir nehmen jetzt Abschied. Kinder und Jugendliche begegnen Sterben und Tod. 2. Aufl. Patmos, Düsseldorf 2002

Specht-Tomann, M., Tropper, D.: Zeit des Abschieds. Sterbe- und Trauerbegleitung. 4. Aufl. Patmos, Düsseldorf 2002

Specht-Tomann, M., Tropper, D.: Wege aus der Trauer. Kreuz, Stuttgart 2001

Specht-Tomann, M., Tropper, D.: Zeit zu trauern. Kinder und Erwachsene verstehen und begleiten. Patmos, Düsseldorf 2001

Stevens, J. O.: Die Kunst der Wahrnehmung. Übungen der Gestalttherapie. Gütersloher Verlagshaus, Gütersloh 2002

Storm, Th.: Gesammelte Werke. Bd. 2. Artemis & Winkler, Düsseldorf/Zürich 2000

Thomm, M.: Schmerzpatienten in der Pflege. Kohlhammer, Stuttgart/Berlin/Köln 2001

Vaitl, D., Petermann, F. (Hrsg.): Handbuch der Entspannungsverfahren. Beltz, Weinheim 1994

Zenz, M., Jurna, A. (Hrsg.): Lehrbuch der Schmerztherapie. WVG, Stuttgart 2001

Zenz, M., Strumpf, M., Willweber-Strumpf, A.: Taschenbuch der Schmerztherapie. Bochumer Leitlinien zur Diagnostik und Therapie. Wissenschaftliche Verlagsanstalt, Stuttgart 2004

Adressen der drei deutschsprachigen Schmerzgesellschaften

Schmerzpatienten, Ärzte, Therapeuten und am Thema Interessierte können sich mit ihren Fragen und Anliegen an die unten angeführten Adressen wenden.

Deutsche Gesellschaft zum Studium des Schmerzes
DGSS-Geschäftsstelle, Obere Rheingasse 3, 56154 Boppard
Tel.: (06742) 8001-21, Fax: (06742) 8001-22
e-mail: info@dgss.org, Internet: www.dgss.org

Österreichische Schmerzgesellschaft
Sekretariat: St. Veiter Str. 34, 9020 Klagenfurt
Tel.: (0463) 5856-17, Fax: (0463) 514222, Internet: www.oesg.at

Schweizerische Gesellschaft zum Studium des Schmerzes
Zentralsekretariat: Reppischtalstr. 25, 8914 Aeugstertal
Tel.: (01) 7602031, Fax: (01) 7604185
e-mail: bschwegler@gmx.ch, Internet: www.pain.ch

Bildnachweise

21	Die Gate-Control-Theorie. Aus: S. Husebö: Was bei Schmerzen hilft. Ein Ratgeber. © Eiche Gorlag AS, Bergen.
76	Kommunikationsmodell. Aus: M. Specht-Tomann, D. Tropper: Hilfreiche Gespräche und heilsame Berührungen im Pflegealltag, Springer Verlag GmbH, Heidelberg/Berlin 2003, S. 13.
115	Selbstporträt von Frida Kahlo. © 2004 Banco de México Diego Rivera & Frida Kahlo Museums Trust. Av. Cinco de Mayo No. 2, Col. Centro, Del. Cuauhtémoc, 06059 México, D. F.
138	Brücke. Foto von Peter Weissensteiner.
213, 226	Miriam Goldberg. Fotos von Bärbel Weissensteiner.

Zitatnachweise

13	Siegfried Lenz: Über den Schmerz. Copyright © 1998 by Hoffmann und Campe Verlag, Hamburg.
48/49	Anna Mitgutsch: Die Züchtigung. © 1985 Anna Mitgutsch, c/o Deutscher Taschenbuch Verlag, München.
108	Hilde Domin: Haus ohne Fenster. Aus: dies., Gesammelte Gedichte © S. Fischer Verlag GmbH, Frankfurt am Main 1987.
113/114	Alphonse Daudet: Im Land der Schmerzen, 2. Auflage, Manholt Verlag Bremen 2003.
215, 219, 226	Miriam Goldberg: Eine Minute warten. Über Aufmerksamkeit und Selbstbestimmung. Verlag für pädagogische Medien, Hamburg 1995.
219/220	Miriam Goldberg: Übungen mit der Sanduhr. Sanduhr Selbstverlag, Berlin 1996. Publikation der Heinrich-Jacoby/Elsa-Gindler-Stiftung.